이 책 한 권이면 깨달음도 끝!

세뇌

박병용 지음

사람들은 태어나면서 부모에게 세뇌 받고
또한 삶 속에서 세뇌 받아
인간으로 삶을 살아가고 있다

도서출판 청어

* 이 책은 명상도 할겸 새벽녘에 읽으시면 더 좋습니다.

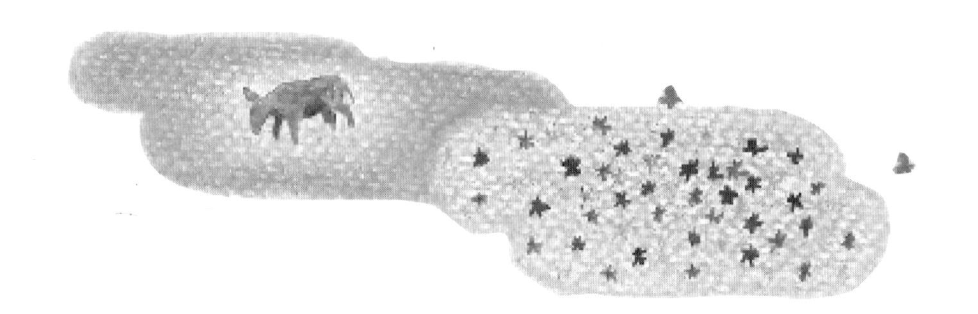

세뇌

이 책 한 권이면 깨달음도 끝!

박병용 지음

차 례

2장 깨달음 편

3장 수련 편

4장 마음 편 「0+1=마음」

5장 마음 편 2

[잠깐 들여다보기]

인간이라면 누구든지 삶에서 한번쯤은 갖는 의문?

죽으면 어떻게 되나?

사후가 정말 있는 것인가?

여러분들의 의견은 어떻습니까?

저는 우선 여기에 대한 답보다는

인간이 삶에서 왜 이런 의문을 갖게 되었나?

이게 먼저일 것 같습니다.

저는 이것을 삶 때문이라 보고 있습니다.

생각해보십시오.

순수한 인간적인 입장에서 죽는다는 그 개념이 무엇입니까?

삶과 연관 지어 간단히 말씀드린다면,

'본인이 삶 속에서 지은 모든 것들과의 헤어짐'

이것이 죽음입니다.

여기서 한발 짝 더 나아가

'정들었던 이 삶을 떠나 어떻게 되는 지도 전혀 모르는 미지의 상태!' 이런 모든 것들이 결국은 삶에 너무 깊이 빠져있다 보니 이런 의문들을 갖는 것이 아닐까,라고 보는 것이지요.

저는 이것을 **세뇌**라 말씀드립니다.

즉 삶에 너무 세뇌 되다보니,

죽음이 두렵고,

사후가 현 삶과 어떤 관계에 있나,

하는 막연한 불안감을 갖는 것입니다.

어린아이들에게 이런 질문을 한번 해보세요.

관심도 갖고 있지 않을뿐더러 굳이 알려고 하지도 않습니다. 그만치 아직 삶에 덜 세뇌되어 있기 때문이라고도 볼 수 있습니다.

그렇다면 이런 의문의 답이 무엇일까.

여기서 그 답을 논하기엔,

이 책의 전체적인 문맥을 바꾸어 놓는 결과를 가져오는 관계로, 본문을 참조해 주십사 당부드립니다.

세뇌!

별것 아닌 단어인 것 같지만

인간에게 있어선 모든 것을 완전 뒤바꾸어 놓는 결과를 초래하는 아주 중요한 단어임을 분명히 아셔야 합니다.

인간은 세뇌에 의하여 자신의 본래를 망각한 채,

끝없는 인간의 삶에 끌려 다니고 있습니다.

저는 이 책을 통해서
세뇌가 인간에게 끼치는 그 영향력이
얼마나 크고, 무섭고, 대단한지를 알려드려
더 이상 세뇌에 들지 않고,
인간 본연의 자리로 회귀할 수 있도록 도움을 드리기 위해 이 글을 쓰는 것입니다.

그러다보니 진리·깨달음이라는 명분을 또 내세우게 되는데, 분명한 것은
그런 것들 또한 인간 삶속에서 세뇌에 의해
만들어지고 형성되었다는 사실입니다.
원래 진리나 깨달음이라는 것은 없었습니다.
일체 전체 모든 것들이 다 완전한데,
인간만이 삶속에서 자기만의 한계와 분별하는 마음을 가지고 내면서 불완전한 삶을 살아가고 있는 것이지요.
이 모든 원인의 발단이 곧 세뇌입니다.
세뇌된 삶 속에서
어느 수련을 통해,
제 스스로가 각성하고 보니,
내 본래 그리고 진리나 깨달음을 가로막는 제1의 요인이

바로 세뇌였음을 진정으로 알게 되었습니다.

어느 종교나 단체의 선택,
법, 수련, 수행 등을 행하기 전,
반드시 세뇌에서만은 벗어나야함을 분명히 말씀드립니다.
우리 인간은 그 어느 것에도 치우침이 없는
대 자유 그 자체입니다.
대 자유 한자가 어느 한쪽에 치우쳐 세뇌된다는 그것이 과연 말이나 되는 일입니까?
세뇌된 상태에서는 결코 그 무엇에도 자유로울 수가 없습니다. 그래서 깨어나기가 힘들고 어려운 게지요.

2020년 봄 어느 날

들여다보기 2

다시 한번 질문을 해봅니다.

당신은 왜 삽니까?

살면서 당신이 지금까지 한 일이 무엇입니까?

이 질문에 어떤 분이 이렇게 답변하더군요.

그 누구든 태어남에 이유와 목적이 어딨나.

태어났으니 사는 것이고,

살아남기 위해 평생을 발버둥 친 일밖에 없다.

이제 어느 정도 살만하니까,

병마와 늙음과 죽음만이 나를 반기니

삶이 참으로 허망하다.

여러분들의 의견은 어떻습니까.

나이가 많을수록 삶의 허망함을 말씀하시는 분들이 의외로 참 많았습니다. 어찌 보면 참으로 당연한 말씀이기도 하지요.

또한 삶 그 자체에서도

오로지 나만, 내 가족만을 위한 삶을 살고 있지 않나.

본인 스스로에게 자문해보십시오.

그렇다면 인간이 겨우 위와 같은 삶을 살아가기 위해 태어났나. 이것입니다.

물론 태어남에 어떤 특별한 정해진 이유와 목적은 없지만…

저는 현 인간의 삶을 **【깨달음의 장】**으로 보고 있습니다.

이 말을 좀 더 풀이해 본다면,

'인간은 깨닫기 위하여 이 삶을 살아가고 있다'

라고 감히 말씀드립니다.

그 이유는 깨달은 선각자들의 말을 빌리면,

사람은 본래가 완전 그 자체라 하는데,

완전 그 자체가

어찌해서 힘들고 어려운 삶을 살아가고 있는지?

한마디로 자신의 완전함을 망각하고,

자꾸만 인간으로 변모되어가는 삶을 살아가고 있습니다.

도대체 왜 그럴까요?

여러분들은 그 원인이 어디에 있다고 보십니까?

저는 그것을 알아내는 것을 깨달음이라 하고,

거기서 벗어나는 방법을 수련 수행이라 표현해봅니다.

그러기 위해선 그 주체가 되는 **나**와 **이 삶**이 무엇임을 아는 것이 매우 중요하다고 보는 것이지요.

인간적인 표현으로

사람들은 자기가 왜 태어났고,

왜 사는지도 모르는 삶을 살아가고 있습니다.

마치 정체성이 없는 잃어버린 삶을 사는 것 같이

삶에 휩쓸려 간다고나할까.

우선 당장 먹고살기 급박하다보니 그럴 수도 있겠지요.

오로지 물질과

자기라고 하는 아(我)만을 좇고, 위하는 삶만을 살다보니,

언제 나를 찾을 시간이나 있었겠습니까.

그러기 때문에 삶에서 쉽게 감정을 드러내고, 좌절하며,

온갖 스트레스에 시달려 우울증에 빠지고,

어떤 이는 자살까지 행하기도 합니다.

도대체 그런 나는 누구이고?

어디서 와서?

어디로 가며?

삶을 살아가는 그 목적이 무엇인가?

과연 신이 있는가?

삶에서 흔히 말하는 **운, 운명, 숙명, 업이 있고?**

실제로 거기에 영향을 받는 것인가?

이런 많은 물음표가 결국은 내가 무엇임을 모르는데서 비롯된다 봅니다.

대한민국 최초 대 그룹의 창시자이신 분이 죽음을 얼마 안

남기고 신부님께 24가지의 질문서를 냈다는 한 일화가 전해지면서 당시 사회적 이슈가 되기도 했지요.

그 질문의 대다수는 위 물음표속의 내용들에서 파생된 것들에 불과합니다.

그분이 삶에서 무엇이 부족해서 그런 질문을 했겠습니까.

인간은 태어나면 아니 삶을 영위해 나가려면

자신의 육신을 보존해야하고, 육신을 보존하기 위해선 의식주(衣食住)가 반드시 필요합니다.

그 의식주는 유한하여

그것을 각 개개인 스스로가 가져야만 하는데,

갖기 위해선 서로 경쟁을 해야 하고,

경쟁이 곧 모든 고통의 근원으로 저는 보고 있는 것이지요.

인간은 태어나면서 부모에게 세뇌되어,

'나'라고 하는 '아'의 한계에 머물면서

분별하는 마음을 갖게 됩니다.

그로 말미암아 집착과 욕망이 싹 트고,

그 집착과 욕망은 스스로의 삶을 참으로 힘들고 어렵게 만드는 요인으로 작용 하면서

인간전체 삶 자체 또한 그렇게 형성되고야 말았습니다.

한계와 분별 심에 세뇌되면서 끝없는 집착에 빠지는 것,

이것이 바로 고통을 수반하는 삶을 만든 것입니다.

그 고통의 대표적인 표현이 생로병사(生老病死)인데,

삶에서는 그 누구도 피할 수 없는 필연이라 볼 수 있지요.

그것은 본인 스스로의 의지와는 전혀 상관없이 작용합니다.

그 중에서도 특히 병은 육신의 고통이 수반되는 것으로서 많은 사람들이 몹시 두려워합니다.

지구상 내적종교인 불교의 창시자이신

부처님께서는 이것을 스스로 타파하기 위해 출가까지 하셨지요.

이것이 곧 **깨달음의 근원**이라 볼 수 있습니다.

완전 그 자체가

삶 속에서 '자기'라고 하는 '아(我)'에 빠진 그 자를,

본래 완전 그 자체로 재 환원시키는 그것을

저는 위에서 **【깨달음의 장】**으로 말씀드린 것입니다.

깨달음이란

한계와 분별 심을 갖지 않는 모든 종교적 행위입니다.

여기에는

종교 혹은 어느 단체를 선택해서 믿는 것,

신에 의지하는 것,

나름 봉사활동, 기도, 구도, 헌신하는 것,

또한 모든 종교의 법,

수행·수련·참선·숭배·의식·예절 등

이런 모든 행위를 통하여

인간 스스로가 각성하는 것을 깨달음이라 표현합니다.

깨달음의 길은 딱 정해짐이 없는 무궁무진 그것입니다.

그 무궁무진 속에서 무엇을 선택하든 그것은 각자 나름이지요. 저는 이 길을 선택해서 깨달음을 이루었고

또한 이루고 보니, 이러 저러한 부분이 힘들고 어려우며,

이렇게 저렇게 하면 쉽고 빨리 갈수 있다는 제 나름대로의 경험 체험담을 이 책을 통해서 알려드리려 합니다.

한마디로 제 깨달음 **수련의 자서전**임을 분명히 말씀드립니다.

이 책은 제 깨달음 수련의 자서전에 불과합니다.

자서전이기 때문에 옳고 그름 또한 없습니다. 제가 행했던 수련법이 독자 분들과 맞으면 다행이고,

안 맞으면 어쩔 수 없는 것이지요.

분명한 것은 현재 나와 있는 수련법 중에 아주 쉽고 가장 빨리 갈 수 있는 최선의 수련법임은 제 스스로 자인합니다.

수련이라는 것이 공연히 시간만 낭비하고,

이리저리 머리를 굴려야하는
또한 지루하면서 별 진전이 없이 알음알이만 커진다면,
본인과는 맞지 않는 수련이 될 수 있습니다.
그럴 경우 빨리 새로운 수련법을 찾는 것도 방법 중에 하나입니다.

사실 진리나 깨달음에 옳고 그름이 어디 있습니까.
깨닫는 방법 또한 마찬가지입니다.
어느 종교를 믿든, 어느 법을 수련하든, 아무런 상관이 없습니다.
스스로 깨어나기만 하면 됩니다.
모두 다 옳고 진리 그 자체들인데,
인간 자기만의 한계와 분별 심이 이단, 사이비를 만드는 것입니다.
옳고 그름, 잘잘못, 해라 하지마라, 됐다 안됐다 등도 마찬가지입니다.
그것 또한 **세뇌**입니다.
특히 아예 모르면 상관없는데,
많이 아는 사람들이 맞고 틀리고를 더 철저히 분별합니다.
그들만의 법규와 규제를 만드는 그것이
인간의 삶이고, 삶의 방식이며,
그것이 세뇌로 변화됩니다.

본래 그 자리에 맞고 틀리고의 분별 심이 어디 있습니까.

깨달음에 정해진 룰과 법이 어디 있습니까.

모두가 다 인간 각 개개인의 잣대이고 편 가르기입니다.

비록 하찮은 이 책도 분명히 진리의 지침서가 될 수 있습니다.

또한 인간 삶속에 모든 문제의 답들이 다 내포해 있음을 제 스스로는 확신하고 있습니다.

우리들의 일상 삶 속에서 행해지고 변화되어가는 여러 과정들을 보면,

그것이 우연이든 필연이든,

진리와 깊은 연관을 갖고 작용하고 있다고 봅니다.

그래서 저는 이 책을 통해서 깨닫고 난 이후의 결과론에 대한 말보다는

우리들 삶속에서 풀 수 없는 많은 물음표.

사람들이 흔하게 사용하는 말씀 속의 내용,

종교적 용어 등을 진리와 연관시켜,

한번 풀어보자는 게 이 책의 주요 핵심입니다.

그렇게 하다보면 자연스럽게 앎과 동시에 이해의 폭이 넓어지면서 그 결과가 곧바로 깨달음으로 이어져, 쉽게 깨달음을 이룰 수 있지 않을까, 하는 저만의 생각을 해봅니다.

그러기 위해서 성경과 경전의 일부 내용을 인용했고,
글 중간 중간 답변식의 물음과 대화,
생각하고 명상하는 자아 통찰의 시간을 가져,
흔히 이런 책들에게서 느끼는 딱딱함과 지루함을 최소화 시키려 나름 최선을 다해보았는데 과연 얼마나 어필이 될는지 모르겠습니다.

이 책의 모든 내용들은
필자가 나름대로 깨달은 결과물을 현 삶에 접목시켜
【그럴 것이다】라는 한 생각에 준한 것이지,
〈사실이 그러하다〉라고,
제 스스로가 확답을 짓는 것은 결코 아님을 말씀드립니다.
이 글이 깨달은 사람의 입장에서 보면, 필자가 지금 한참 생각과 개념에 빠져 한계를 짓고 있고, 분별 심을 일으키는 것으로 받아들여질 수도 있겠지만
저는 일반인들을 상대로 이 글을 쓰는 것입니다.
삶에서 아직까지는 그분들이 대다수를 차지하고 있기에 그분들과 똑같이 삶에 빠져서 삶의 이야기를 하는 것입니다. 이 점 깊이 양지해 주시고 참작해 주시길 부탁드립니다.

저는 세상을 삶을 바꾸려고 이 짓거리를 하는 것은 결코 아닙니다.
세상은 이미 완전합니다.

단지 한계와 분별하는 마음으로 세상을 보고 거기에 빠져있기 때문에 삶이 힘들고 어려운 것이지요.

그런 사람들의 눈을 뜨게 해드리려 이 짓을 하는 것입니다.

글의 옳고 그름 확답은 독자 여러분 각지의 판단에 맡기고,

저는 제 마음만을 냈을 뿐입니다.

삶을 **【깨달음의 장】**

〈인간은 깨닫기 위하여 이 삶을 살아가고 있다〉라는 말의 본뜻을 이제부터 본격적으로 논해 보기로 하겠습니다.

한 가지 덧붙인다면,

만약 인간 삶에 깨달음이 없다면 어떻겠습니까?

항상 감사드리고 고맙고 사랑합니다.

[용어 정리]

물론 본문에서 자세하게 설명드리겠지만 책의 앞부분부터 나오고, 또한 이 책에서 아주 중요하면서도 잘못 이해되면 큰 착각을 불러일으킬 수 있는 소지가 아주 강하여, 처음부터 확실하게 짚고 넘어가기 위해 부연 설명을 드립니다.

분별과 **분별 심**을 정말 잘 이해하고 파악해야 합니다.

말이 비슷비슷해서 많이들 혼동하는 경우가 있는데,

그 뜻은 참으로 상이 합니다.

분별은 우리 몸의 6근(안이비설신의, 眼耳鼻舌身意) 중 '의'를 뺀 5근의 물질적인 면으로 분류, 분리 등 쪼개고 나누는 것들을 분별이라 할 수 있으며,

이것은 신의 능력이라 할 수 있지만(예: 하늘과 땅, 나무와 돌) **분별 심**은 '의' 즉 마음으로 분별하는 것을 분별 심이라 합니다.

(예: 좋고 나쁘고, 되고 안 되고, 선과 악)

분명하게 분별하는 마음으로서 인간 개체들이 자기 스스로 마음의 기준을 정해놓고 분별을 하는 것입니다.

이것을 좀 더 쉽게 설명한다면,

분별은 어느 한 대상과 대상을 비교분석하는 즉 상(모양)을 분리하고 나누는 것이며,

분별 심은 상이 아닌 마음으로 나누는 마음의 나눔 분리입니다.

이 공부의 개념부터 간단히 알기 쉽게 정의 내려 본다면,

이 공부는 한마디로 **의식전환** 공부입니다.

인간 개체에만 머물러 있는 의식을
전체로 전체의식으로 전환시켜 내 본래에 안착하는 공부입니다.
그러기위해선 모든 것에 주체가 되는
'내가 무엇임'을 알고(초견성)
그 자체가 됨(견성)으로서
의식전환을 확실하게 이룰 수 있습니다.

진리와 관련된 책들을 보면 추구하는 내용적인 면도 일반인들이 쉽게 이해하기가 힘들고 어려운데 거기에 나오는 용어 또한 만만치가 않습니다. 그러다보니 책에 대한 사고방식부터가 다릅니다.

접하기도 전에 미리부터 대체적으로 어렵고 딱딱하고 지루하다는 반응을 보이면서 일반인들에게는 크게 주목 받지를 못하고 있습니다.

사실 우리들 삶에서는 상당히 중요하고,
인간이라면 한번쯤 꼭 읽어야 할 필독서임에도,
그저 그렇게들 생각하고 그냥 방치해 버립니다.

거기에는 여러 가지 이유가 있겠지만 그중에서도 사용되는 용어에도 문제가 크다고 봅니다. 일반인들이 알아듣고 이해하기엔 너무 어렵고 난해해 막히는 부분이 많고 또한 혼동하는 경우가 참 많습니다.

그래서 일단은 이 책에서 많이 나오는 용어들에 대한 개념정리를 하는 것도, 이 책을 이해하는 데에 있어서 많은 도움을 줄 것 같아 간단하게 글로 한번 옮겨보았습니다.

각 용어의 해석은
이 책이 의도하는 바에만 중점을 두었음을 미리 밝힙니다.

한 가지 여러분들에게 사적으로 죄송한 말씀을 드리면, 사실 저는 기본적인 상식도 갖추지 못한 무식에 가까운 사람입니다. 그러다 보니 용어에 대한 해석이 상당히 서툴고, 그냥 글자의 뜻대로만 풀어서 전하는 그런 상황이다 보니, 엉뚱하게 해석 전달하는 오류를 범할 수 있음을 미리 말씀드립니다. 이것이 제 한계인지도 모르지만….

제가 스스로 증득한 바를 사심 없이 알기 쉽게 표현하고자 나름대로는 열심히 했는데, 그것이 여러분들에게 원래의 뜻대로 정확하고 분명하게 어필이 될까 매우 걱정스러울 뿐입니다.

사실 저도 종교적인 면에서는 전혀 문외한으로 아무것도 모르고, 그냥 시키는 대로 따라하면서 용어에 대한 개념도 없이 짐작과 그럴 것이다,라는 추측으로 일관하다가

깨닫고서야 문자에 대한 모든 이해를 하게 되었습니다.

비록 이해가 안 되는 부분이 있고 또한 원문과 상이하게 해석된 면이 있다 해도 깨닫는 과정이다 생각하시고 넓으신 아량으로 받아주시길 바랍니다. 이것 역시도 깨닫고 나서 제 스스로 결론을 내린 저만의 한 생각이므로, 그 내용의 맞고 틀리고는 받아들이는 각 개개인의 한 의견일 뿐임을 확실히 해둡니다.

이 책에 나오는 용어에 대한 개념정리가 한편으론, 또 하나의 분별심을 불러일으키는 결과를 초래할 수도 있지만,

이해의 도모와 분석을 통해서 정확하게 인식시켜 드리기 위해 불가피하게 나누었음을 시인합니다. 사람들이 하도 분별 심에 익숙하다보니, 차라리 개념정리를 해서 그쪽 방향으로 틀어놓고 설명을 하다보면, 어느 순간 제대로 자리를 잡을 수 있지 않을까하는 나만의 생각에서 방편으로 활용하는 것임을 말씀드립니다.

○ 무명(無明)과 원죄

'무명'이라는 용어는 내적종교인 불교에서 나오는 용어로써 사전적의

미로는 진리의 근본에 통달하지 못한 마음의 상태를 의미합니다.

근본 번뇌, 무지를 뜻하며, 일체 사물에 대한 도리를 밝게 알지 못한다는 뜻으로 사용됩니다. 글자의 뜻으로는 어리석은 어두운 마음입니다. 깨어나지 못한 중생의 마음으로, 이 책에서는 한계를 짓는 근본원인으로 받아들이면 무난합니다.

'원죄'는 외적종교인 기독교, 구약성경의 천지창조 선악과에서 유래된 용어로서 '인간이 최초로 지은 죄'라 해서 지어진 용어입니다.

이 책에서는 분별 심 즉 분별하는 마음을 의미하는 것으로서 마음으로 짓는 분별로 받아들이면 됩니다. 인간의 모든 고통의 근원으로, 이 책에서는 상당히 중요한 핵심으로 다루고 있습니다.

○ 전체와 개체

이 책뿐만이 아니라 명상과 관련된 책들을 보면, 책 내용 중에 개체니, 전체니, 개체의 나, 개체의 아(我), 전체가 된 나, 개체인간 등 '개체' '전체'라는 단어가 참으로 많이 나옵니다.

본래는 하나인데, 이해를 돕기 위해 이렇게 나누어 설명을 했을 뿐입니다. 국어사전엔 '개체'를 '전체나 집단에 상대하여 하나하나의 낱개를 이르는 말'로 표현되고 있고, '전체'를 '개개 또는 부분의 집합으로 구성된 것을 몰아서 하나의 대상으로 삼는 경우에 바로 그 대상'을 전체라 표현하고 있습니다.

저는 이것을 좀 더 쉽게 표현하기 위해 한 비유를 들었습니다.

여기 아주 오래된 큰 아름드리 벚꽃나무 한 그루가 있습니다.

그 벚꽃나무에는 수억에 가까운 벚꽃들이 피는데, 여기서 수억에 가까운 벚꽃 각각의 꽃들을 '개체'라 표현하고, 그 각각의 꽃들을 피워내는 벚꽃나무 한그루를 '전체'라 표현합니다.

제가 왜 이런 비유를 들었나하면, 전체와 개체는 서로 상대성이 아닌, 전체에 포함된 개체의 일부라는 것을 분명히 하기 위해서입니다.

이 책에서는 이점을 아주 깊이 새겨두시길 바랍니다.

전체 따로 개체 따로 각각이 아닌 전체 속의 개체입니다. 이 책이 깨달음과 관련된 책이므로, 깨달음을 전제로 해서 말씀드리면, 전체는 개체의 모든 것을 다 아우르는 하나를 의미합니다. 이 사실을 분명하게 아셔야 합니다.

그래서 전체를 하나, 신, 완전함, 깨달은 사람으로 표현했고, 개체는 인간, 불완전, 깨닫지 못한 사람으로 표현했습니다.

결국 이 책에서도 '개체'는 인간인 나로, '전체'는 신으로 많이 표현했고, 또한 의식을 개체로, 무의식을 전체로, 제 개인적으로는 이렇게 표현도 해보았습니다. 깨달은 개체는 전체가 된 개체 혹은 거듭난 개체, 부활한 개체로 위에서 말하는 개체와는 상이하게 표현했습니다.

여기서 한 가지 참으로 주목해야 할 사항으로서는 나에 대한 개념입니다.

나는 개체이냐, 전체이냐?

이렇게 나누는 이 자체부터가 분별 심입니다. 그러나 이미 한계와 분별 심에 빠져있는 그 나를 본래 자체로 돌려놓기 위한 수단의 한 방법으로 이 짓거리를 하는 상황에서의 나눔 임을 분명히 아셔야 합니다. 개체니 전체니, 나니 너니, 있다 없다 등 앞으로 이런 단어들이 무수히 이 책에서 등장하는데 여기에 일일이 그때그때 대응해 드릴수가 없음을 분명하게 말씀드립니다.

본래마음자리엔 그런 나눔을 결코 내지 않는 그냥 하나입니다. 필요하면 그때그때 스스로 내는 것이지요. 없다하니까 진짜 없는 것으로 착각 혹은 오인하지 말길 바라면서 미리 한 말씀드리는 것입니다. 깨달은 상황에서의 나는 개체를 아우르는 전체로서 전체와 개체가 계합된 하나인 나로 표현이 되지만 깨닫지 못한 상황에서의 나를 어떻게 표현할 것이냐 인데, 이럴 경우의 개체는 인간 개체로, 전체는 전체, 거듭난 개체, 부활한 개체, 전체가 된 개체 등으로 그때그때 상황에 맞춰 표현할 것이니 착오 없으시길 당부드립니다.

'전체'가 짓는 마음을 '전체마음'이라하고, 이것이 곧 깨달은 사람의 마음으로 〈본래마음〉 〈한마음〉 〈참마음〉 〈신의 마음〉이라고도 합니다.
'개체'가 짓는 마음을 '개체마음'이라하고, 깨닫지 못한 마음으로 〈사람마음〉 〈인간마음〉이라고도 하지요.

○ 내적인 종교와 외적인 종교

깨달음에 대한 용어가 대다수를 차지하는데, 깨달음에 대해선 그때그때 상황에 맞춰 설명을 드릴 것이고, 여기서는 이것만 먼저 말씀드리겠습니다.
깨달음의 과정을 저는 **공부**라 표현했으며,
공부에는 '아는 공부'와
'되는 공부' 이렇게 둘로 나누었습니다.
아는 공부는 스스로 증득하는 초견성을 그 목적으로 하고,
되는 공부는 말 그대로 그 자체가 되는 즉 견성을 그 목적으로 하고 있습니다.
여기서는 이렇게 간단하게만 설명드립니다.
초견성과 견성에 대해선 뒤에 다시 다루겠습니다.

여기서 잠시 이 지구상에 존재하는 모든 종교를 저는 크게 두 가지로 분류해보았습니다.
앞에서 잠깐 언급한 **'내적인 종교' '외적인 종교'**입니다.

내적인 종교는 불교와 같이 자신의 내면을 통해서 인간 본연의 이상향을 스스로 실현해 내는 종교이고,

외적인 종교는 기독교와 같이 자신의 내면보다는 외면에서 자신의 행위를 통해 인간 본연의 이상향을 실현해 내는 종교라고 보는 것입니다.

이 분류 역시도 제 개인적인 한 견해에 불과합니다.

또한 이 책에서 저는 몸과 마음을 분리해서 설명을 많이 하고 있는데, 일반인들의 보편적인 견해에 맞추기 위함임을 미리 밝힙니다. 그냥 알기 쉽게 표현하자면,

내적인 종교는 마음이 주가 되어 위에서 말씀드린 아는 공부의 근간이 되고,

외적인 종교는 몸이 주가 되어 행을 중점적으로 하는 되는 공부의 초석을 이루고 있다고 저는 생각하고 있습니다.

종교적인 측면을 이렇게 크게 두 가지로 나누어서 중점적으로 말씀드리려 합니다. 이점 참고해 주시기 바랍니다.

○ 수련과 수행

그 다음으로 많이 나오는 수련·수행에 대해서 말씀드립니다.

'수련'과 '수행'도 비슷한 용어이지만 여기에 대해서만은 제 개인적인 소견을 분명하게 밝혀드리려 합니다.

많은 사람들이 수련과 수행에 대해서 그 의미를 크게 염두 해 두지 않고, 그냥 비슷비슷한 단어로만 여기고 대충 넘어가고 있는데, 저는 결코 그렇게 보질 않습니다. 수련과 수행을 확실하게 하지 않기 때문에 많은 시행착오들을 일으키고 있지 않나 저는 보고 있습니다.

그럼 제가 보는 수련과 수행을 간략하게 말하면,

수련은 알기 위한 공부이고,

수행은 되기 위한 공부이다,라고 저는 개념 짓고 있습니다.

〈수련〉은 깨닫기 위한 〈닦는 과정〉이고,

〈수행〉은 깨닫고 난 이후, '본래'의 자리에 확고하게 서기 위한 행의 과정으로서

내적인 종교에서는 흔히 〈보림의 과정〉이라고도 하지요.

이 책에서 말씀드리는 수련의 대표적인 공부법이 무정도입니다. 무정도란 인간 개체인 내가 완전하게 사라진 나 없음의 도입니다.

무정도!

본래를 드러나게 하는 도법이고 이 상태를 전체라 표현합니다. 내적인 종교에서 말하는 진공이 이에 속하며, 대표적인 법전인 반야심경(般若心經, 지혜의 완성에 대한 핵심을 설한 경) 내용 중, 색즉시공(色卽是空, 물질과 인연 또는 인연과 물질의 무릇 형상을 갖춘 만물은 인연(因緣)으로 말미암아 생긴 것이며, 원래 실재(實在)하는 것이 아니므로 그대로 텅 비어 없음을 이르는 말)이 이것을 의미합니다. 참으로 중요한 공부법이고, 이 책이 바로 무정도를 이루게 하기 위한 책입니다. 초심자들에게는 반드시 겪고 넘어가야 할 대표적인 도법이지요.

그렇다면 수행은 유정도를 이루는 완전한 그 자체가 되기 위한 공부법입니다.

유정도!

무정도를 이룬 전체가 개체로 새롭게 거듭나는 공부법입니다. 여기서의 개체는 전체를 가진 개체로서 깨달은 개체, 부활한 개체, 거듭난 개체입니다. 한마디로 본래의 행을 위주로 하는 도법으로서 묘유가 이에 속하며, 반야심경 내용 중 공즉시색(空卽是色, 온갖 집착의 대상이 공함을 밝히고, 마침내는 그 공도 또한 공임(空空)을 이르는 말)을 의미한다 봅니다.

여기서 중요한 것은 완전한 무정도로서 유정도를 해야 합니다. 이것이 내적인 종교에서 많이 행하는 도법으로, 이 책에서 적극 권장하는 도법입니다. 유정도의 행 속에서 완전한 무정도가 되어야 합니다. 이것이 외적인 종교에서 하는 도법이라 할 수 있습니다. 그런데 지금 현재의 도법들을 보면 완전한 무정도가 아닌 인정하고 수용하는 무정도를 또한 유정도를 말로만 혹은 어느 조건이 결부되는 이것이 참으로 큰 문제라 저는 보고 있습니다.

그렇다면 수련과 수행은 반드시 필요한 것이냐.

저는 인간 각 개개인의 모든 문제를 일으키고, 그 원인을 제공한 이 인간 개체를 놓는 수련만은 반드시 꼭 필요하다고 단언합니다. 요즘엔 이 수련만을 전문으로 하는 단체가 등장하면서 이곳저곳에서 깨달았다는 분들이 심심찮게 나오고 있습니다. 이것만 보아도 그냥 무시해 버릴 수련은 결코 아닙니다.

요즘 신생 명상단체를 운영하는 대다수의 도인들이 한번쯤은 꼭 겪고 넘어갔다는 사실만 봐도 이 수련은 참으로 대단하다 봅니다. 그래서 저는 이 수련을 깨달음의 첫 필수코스라 단정 지으면서 수련하는 모든 특히 초심자분들에게 반드시 권장합니다.

이것이 된 다음에는 각자 스스로가 알아서 자신과 맞는 수행을 하시면 됩니다. 사실 수행 역시도 반드시 필요한 단계라고 저는 보고 있습니다. 수행이 곧 보림(保任, 선불교에서 깨달아 부처가 된 이후의 수행)이고, 보림은 완전하게 되기 위한 하나의 숙달과정으로 봅니다. 특히 세뇌된 인간의 삶속에서는 꼭 해야 할 필수과제이지요. 이것이 수련과 수행에 대한 제 견해입니다.

○ **본래**

그 다음으로 많이 나오는 용어로서 〈본래〉가 있습니다.

〈본래〉라는 말은 '원래' 혹은 '처음'을 의미하는 뜻으로, **근원**이며 **실체**인 동시에 영입니다.

내 〈본래〉라는 말은 나의 근원을 말하는 것으로서 왜람 된 말이지만 '본래'를 의인화 신격화 시켜서, '하나님'이니 '부처님'이니 '법신불'이니 '신'이니 '절대자' 혹은 명상 수련·수행 단체에서는 '우주'라고도 명명하지만, 이 모두는 한낱 이름 자에 불과하고 중요한 것은 그것들을 '형상'으로 만들어 '상'에 빠지는 우를 범하는 경우가 종종 있다 해서 그것을 매우 경계하는 곳도 있는데, 그것은 한계를 짓지 말라는 뜻이지 별 큰 의미는 없습니다.

'상'도 한계를 짓지 않는 것이라면 별 무관하다 봅니다.

내 안의 우주와 내 밖의 우주가 결국엔 하나이지 않습니까. 그리고 외적인 종교에서 가장 중요시하는 '구원'이라는 것도 결국 '신'과 하나 됨으로서 이룰 수 있는 것이므로 '구원'도 '깨달음'과 같은 맥락으로 보면 됩니다.

○ **있다 없다**

그 외에도 '있다' '없다'라는 말을 많이 사용하는데, 여기서 한 가지 분명하게 집고 넘어갈 것은 본래는 항상 변함없이 그 자리에 있습니다.

있다 없다는 의식이 개체를 상대로 인식을 하냐, 인식을 하지 않느냐의 차이일 뿐이지, 본래와는 전혀 무관함을 분명히 밝혀 드립니다.

'있다'라는 말은 육근(六根) [육식(六識)을 낳는 여섯 가지 근원으로 눈·귀·코·혀·몸·뜻의 총칭]을 통해 육식의 마지막 '의' 즉 마음으로 느끼는 것을 표현한 것이고,

'없다'라는 말은 육식으로 느끼지 못하는 즉 무의식을 표현하는 것으

로, 존재와 유·무와는 분명하게 차이가 있습니다.

존재와 유·무는 형체와 모양을 갖추고 있는 물질이라 말할 수 있지만 이 책에서의 '있다' '없다'는 마음으로의 인식 활동이라 보면 됩니다.

일예로, '없다'하면 분명하게 이 자리에 형체와 존재가 있어도, 마음으로는 '없다'라고 인식하면 그것은 없는 것입니다. 본문에서 많이 나오는 〈나없음의 자리〉가 바로 이것을 말씀드리는 것입니다. 이왕 '있다' '없다'라는 말이 나왔으니, '있다' '없다'의 본뜻은 일체를 물질적인 측면으로 보는 것이고, 에너지적인 측면으로는 '있다' '없다'라는 표현 그 자체가 모순입니다.

진리의 입장에서는 '없다'라는 표현은 아직 창조되지 않은, 드러나지 않은, 느낄 수 없는 그 상태의 표현일 뿐이지 사실은 없음이란, 모순된 표현에 지나지 않다고 봅니다. 있긴 있는데 드러나지 않는 내지 않는 '의(意)' 표현이라 말씀드립니다. 있기 때문에 언젠가는 드러나는 것이므로, 그때까지는 없음으로 표현할 뿐입니다. 있고 없음도 또한 분별심입니다.

마지막으로 깨달음·수련·수행이라는 용어들을 사용하니까, 내적인 종교와 관련된 책으로만 보실지 모르는데, 이 책은 결코 내적인 종교에만 치중되고 관련된 책이 아님을 확실하게 말씀드립니다.

비록 용어 자체가 내적인 종교에서 많이 사용하고는 있지만 진리에 관한 책들의 용어나 단어들이 내적인 종교가 흥행하는 동양인들에게는 쉽게 어필이 되는 관계로 그런 용어들을 사용했을 뿐입니다.

종교나 명상서적은 진리와 상당히 밀접한 관계를 갖고 있는데, 진리라는 것이 한쪽으로 치우치고 편향된 것이라면, 그것이 과연 올바른 진리의 전달매체가 되는 것인지 깊이 생각해볼 문제라 보는 것이지요.

진정으로 진리에 확신을 갖고 내놓는 책이라면 종교나 명상 그 외의 단체들 모두가 다 인정하고 수용할 수 있어야 합니다. 용어는 내적인 종교의 용어들을 많이 사용하고 있지만, 그 내용적인 면에서는 남녀노소 그 누구나 다 여타 종교와 무관한 또한 종교나 명상수련·수행단체 등에 입문하지 않은 사람들에게도 다 소통할 수 있는 바로 이런 것이 진리의 속성이라 여기며 지극히 평범함으로 자리매김하려 했습니다.

그 이외에도 여러 용어가 있지만 그때그때 정리하기로 하고 여기서는 이 책에서 가장 많이 나오는 용어만 간단하게 정리해보았습니다.

이해하시는데 착오 없으시기를 바라면서 제가 이 책에서 말씀드리는 모든 내용들은 앞장에서 잠깐 언급했지만 어디까지나 제가 손수 겪고 체험·체득한 상태에서의 제 느낌과 소신을 말씀드리는 하나의 제 깨달음, 수행·수련 자서전 정도로 보시면 딱 맞습니다.

오로지 **필자의 한 생각**에서 비롯된 스스로만의 의견이고 주장이며 결론인 것이지 결정은 결코 아닙니다. 결정은 여러 독자 분들 각자의 선택이고, 옳고 그름 역시도 마찬가지입니다.

이 역시도 다,

내 법상이고,

내 도상이며,

내 마음작용일 뿐입니다.

이것 또한 내 한계이고 분별 심일 수도 있다는 것을 분명히 말씀드립니다.

1장

세뇌 편

인간은 세뇌되어 있다

이 책을 시작하면서 들여다보기 장에서도 잠깐 언급 드렸지만 **완전 그 자체인 내가**

언제부터 자기라고 하는 한계와 분별 심을 갖게 되었나,

이것입니다.

바로 이 한계와 분별 심을 가지면서

인간 개체로 변모되어 가는 것이지요.

저는 이 점이 참으로 중요한 한부분이라 생각합니다.

이 점이 명확하게 밝혀지고 해결되지 않는 한,

사람들은 끝없는 삶의 고통 속에 계속해서 빠지게 되어 있습니다.

제 생각으로는 우선 그것을 정확하게 밝히고,

그 다음에 깨달음에 대해서 논하는 게 순서가 아닐까 보는데, 저는 본론의 첫 장에서 이것을 정확하게 밝혀보려 합니다.

먼저 여러분들에게 이 삶에서 종교를 있게 한,

그 요인에 대해서 한번 진지하게 묻고 싶습니다.

질문: 우리들의 삶에 왜 종교가 있을까요?

여기서의 종교는 어느 특정 종교가 아닌 지구상에 종교라고 명명하는 모든 종교, 명상단체 그와 유사한 단체 등을 총괄해서 말씀드리는 것입니다. 지구상의 70억 인구 중 75%가 믿고 있다고 하니 참으로 대단합니다.

그렇다면 왜 이리 많은 사람들이 각종 종교를 믿고 있는 것일까요?

답변:

아마 자신의 의지처가 분명치 않아

종교를 자신의 의지처로 삼으려 종교를 믿고 있지 않나 싶습니다. 여하튼 좋습니다. 몇 %가 믿고 안 믿고를 벗어나 종교가 존재한다는 것에 그 초점을 맞춰보자 이것입니다.

왜 종교가 생겨났을까요.

여기서 잠시 종교의 기원을 간단하게 들여다보면,

아마 초기원시시대 때 자연의 변화에 의해서, 천둥 번개가 치면서 비가 내리고, 어두컴컴한 밤이 찾아오고, 날이 밝으면서 해가 뜨고, 봄, 여름, 가을, 겨울 각각의 계절변화 등 이런 모든 자연의 변화들에 의해 두려움과 호기심으로 자연 숭상을 불러일으키면서 자연종교가 그 시발이 되지 않았나 싶습니다.

지금에서야 과학적으로 그 원인이 규명되어 다들 알고 있지만 당시에는 무지에서 비롯된 자연변화가 참으로 신기하면서도

무섭고 두려운 상황이었을 것입니다.

이것이 종교의 기원이라 보는데, 이렇게 본다면,

결국 **종교도 인간 삶속에서**

인간 스스로의 나약함과 두려움으로부터 시작된 게 아닐는지요?

그럼 인간이 왜 나약하고 두려운 마음을 가지게 되었을까요.

여기서 나약하고 두려운 마음은

인간 개체만이 가지는 마음입니다.

즉 인간이기 때문에 이런 마음을 가지는 것입니다.

이 점에 대해서 저는 이렇게 분명하게 단정 짓습니다.

한계와 분별 심을 심어주다

여러분이, 내가,

어머니 자궁에서부터 최초로 이 세상에 태어나는

그때로 한번 거슬러 올라갈 필요가 있습니다.

여기서의 최초라는 것은 개체인간 각자 현 삶의 시작단계를 의미합니다.

인간 누구나가 이 세상에 모습을 드러내고(태어남)

어느 정도의 기간 동안엔,

의식이 참으로 총명하고 맑지 않는 한,

그 당시를 기억해 내기란 상당히 어려운 일이고,

그 상태를 흔히 〈초의식 혹은 순수의식 상태〉라고들 하는데, 그때는 '나'라고 하는 '아(我)' 의식은 전혀 없습니다.

쉽게 표현한다면,

갓 태어난 아이는 본능적인 표현 외에는 없습니다.

내(나)가 없습니다.

'나'라고 하는 인식이 없다는 말입니다.

나를 인식하지 못한다는 뜻도 되고,

'나'라는 의식이 없는 것,

나를 의식하지 못 한다는 뜻과도 같습니다.

인간이 아닙니다(아마 이 표현이 더 적절할 수도 있지요).

인간이라는 표현도 우리들이 만들었지만

여기서 갓 태어난 아이를 순수한 인간적인 관념으로 보지 마십시오. 외면적으론 비록 말도 못하고, 눈만 감고, 잠만 자고, 아무것도 모르는 것 같지만 그건 어디까지나

깨닫지 못한 개체인간적인 입장에서 보는 것이지,

사실은 지금 갓 태어난 아이는

초의식인 순수의식상태로서 존재하고 있는 것입니다.

그럼 초의식인 순수의식상태는 어떤 상태이냐.

그건 깨닫는 과정에서 본인 스스로만이 느끼는 상태이므로 여기서는 그냥 넘어가겠습니다.

지금부터 제가하는 말을 진지하게 들어주시길 바랍니다.
모든 어머니는 갓 태어난 아이에게 젖을 먹이면서
제일 먼저 하는 행위가 무엇인줄 아십니까.
가장 중요한 핵심입니다.

"니 이름은 ○아무개이다"라고 최초로 이름을 지어줍니다.
비록 아이가 알아듣던, 못 알아듣던
아이에게 이름이 지어집니다.
이것이 무엇을 뜻한다 보십니까?

바로 아이에게 〈○아무개〉라는
인간 개체의 한계를 지워주는 것이지요.
이것이 별것 아닌 것 같지만 참으로 중요합니다.
아니 중요함을 벗어나,
저는 〈인간 개체의 생겨남〉으로 표현하고 싶습니다.
그 아이는 그때부터
본인이 원하든, 원하지 않든 〈○아무개의 인간이〉 됩니다.
〈○아무개〉가 돼서 이 육신의 옷을 벗을 때까지
아니 육신의 옷을 벗은 사후에도
사람들이 흔히 말하는 조상대대로,
그 집안의 족보에도 기록되는 〈○아무개〉가 되고,
그때부터 〈○아무개〉인 인간 개체의 삶을 살아가게 됩니다.

길을 가다가도,

무슨 일을 하다가도, 〈○아무개야!〉 하면 뒤를 돌아봅니다. 자신의 몸을 뒤척일 정도로

개체의 〈○아무개〉에 딱 묶입니다.

이제부터 그 아이는 〈○아무개〉의 인간 개체입니다.

그럼 〈○아무개〉라는 이름을 붙여주기 전까진 그 아이는 무엇이었을까요?

【한계를 갖지 않은 무한 전체 그냥 그 자체】였습니다.

그걸 당신이 어떻게 알아?

깨닫고 보니까 알게 되었습니다.

그렇다면 깨달음이 무엇이냐?

이 상황에 맞춰 간단하게 설명 드린다면,

이 책 첫 〈들여다보기〉에서 말씀드렸던

〈사람은 본래가 완전 그 자체이다〉

'여기서 완전 그 자체로 환원되는 것'

현 시점에서는 이것이 깨달음에 대한 정의로 하겠습니다.

바로 아이의 상태가 그렇습니다.

비록 의식이 또렷치 못해

그 자체임을 스스로 못 느끼고 있을 수도 있겠지만

그 어디에도 걸림이 없는

순수의식상태인 무한 전체 그 자체입니다.

이 상황을 다시 풀어보면,

【무한 전체 그 자체】인 아이에게,

너는 〈○아무개〉라는

【유한 개체의 한계】를 심어주는 것이지요.

한마디로 〈○아무개〉라는 인간 개체의 한계가 지워 집니다. 무한에서 유한으로,

계속해서, 비록 똑같은 내용의 경우는 아닐지라도,

어머니는 아이에게 〈이런 것은 나쁜 것이고, 저런 것은 좋은 것이며, 이것은 하지 말고, 저것은 열심히 잘 하고, 장차 커서 훌륭한 사람이 되어라〉 등의 사랑스런 말들을 해줍니다.

이 말들 또한 무엇을 의미하는 것입니까.

이 말의 내용이 바로 **분별 심**입니다.

즉 분별하는 마음입니다.

좋고 – 나쁘고의 **분별하는 마음**!

해라 – 하지마라의 **분별하는 마음**!

훌륭한 사람 – 못 된 사람의 **분별하는 마음**!

물론 제 한 생각일 수도 있지만 이름 다음으로 아이에게 모든 어머니들이 해주는 말들 대다수가 커서 훌륭한, 좋은 착한, 되라, 하지마라, 등의 분별 심에 말들을 한다는 요지에서

말씀드리는 것입니다.

덕담이라고도 할 수 있지요.

결국 어머니는 아이에게,

인간 개체의 한계를 지워주고,

분별하는 마음(분별 심)을 심어줍니다.

여기서의 인간 **개체의 한계**와 **분별 심**은

어머니가 아이에게 주는

최초의 지극하고도 사랑스러운 최고의 메시지일 뿐,

그것이 아이에게 인간 개체의 한계를 지워주는 올가미가 되고, 분별 심을 일으키는 것임을 전혀 모르고,

순수하고도 고귀한 모든 어머니의 자식사랑입니다.

이 사랑은 인간이라면, 누구든지 다 받는

어머니 최초의 지극한 사랑입니다.

그때부터 아이는

어머니가 지어준 〈○아무개〉의 인간 개체가 되어서,

좋고 나쁘고의 분별하는 마음을 내고,

인간 개체의 삶을 살아가기 시작합니다.

무명과 원죄가 생기다

그 인간 개체의 한계와 분별하는 마음이

곧 **무명(無明**, 인간의 괴로움 또는 근본 번뇌를 의미하는 불교 교리)의 굴레를 만들고,

그것이 **원죄**가 되면서

나 〈○아무개〉라고 하는 **인간 개체**에 딱 머물기 시작합니다. 이것이 무명과 원죄이고, 무명과 원죄의 시발이 됩니다.

인간이라면 그 누구든지

이와 같은 비슷한 상태를 다 겪습니다.

이름이 그렇고, 〈○아무개〉

어릴 때의 부모님 훈계가 다 그렇습니다. 〈좋은 사람, 훌륭한 사람〉 이것을 좀 더 깊게 풀어 봅시다.

깨닫지 못한 어머니는 어쩔 수 없이 인간입니다.

인간인 어머니는 인간의 자식을 낳는 것이고.

여기서 잠깐!

진리의 입장에서 말씀드린다면,

원래는 인간의 자식을 낳은 것이 아니고,

신의 자식을 낳은 것인데(여기서의 신은 전체를 표현한 것).

이 말은,

인간은 어머니 자궁에서 최초로 이 세상에 태어날 때는

'나'라고 하는 인간 개체의식은 전혀 없이

순수의식인 전체의식만을 갖고 태어납니다(전체의식을 신의 의식, 혹은 신으로 표현).

이때는 신과 다름없는 신의 상태와 같습니다.

비록 인간인 어머니의 자궁에서 나왔지만 사실은 신입니다.

그러나 어머니의 입장에서는

자신이 인간이므로 신을 낳았다는 생각은 전혀 안하고,

내 자식! 즉 자신과 똑같은 인간을 낳았다고 생각합니다.

바로 이 말을 하는 것입니다.

사실은 어머니도(우리 모두도) 원래는 완전한 신인데,

이런 단계를 거쳐

한계와 분별 심에 휩싸인 인간 삶을 살다보니,

자신이 신 그 자체임을 이미 망각하고 인간으로만 알고 있다. 이것이 세뇌입니다.

결국엔 〈신의 자식을 인간의 자식으로 세뇌〉시켜 키우는 것이지요.

즉 신으로 나왔는데,

니 이름은 〈○아무개〉라고 이름을 붙여줍니다.

신이 이름이 어디 있고,

〈○아무개〉라는 이름을 붙여주었으니,

신에게 인간이라는 한계를 지워준 것이고,

〈이런 것은 나쁜 것이고, 저런 것은 좋은 것이며, 이것은 하지 말고, 저것은 열심히 잘 하고, 장차 커서 훌륭한 사람이 되어라〉 등의 분별하는 마음을 심어 줍니다.

신이 분별하는 마음을 냅니까?
우리들이 생각하는 비록 어린 신이지만
그런 신에게 분별하는 마음을 심어주면서
계속 세뇌시켜 키우다보니
신이 인간으로 세뇌돼 버렸다는 말입니다.
(이점에 대해선 뒤에 천지 창조 편에서 다시 한 번 자세히 말씀드리겠습니다)
그 자식에게 자신과 똑같은 한계를 지워줄 수밖에 없는
이것이 인간의 삶입니다.
무명과 원죄는 인간 개체의 발현에 의해서
스스로 씌워지는 것이라 저는 보고 있습니다.
이 상황은 결코 그냥 무심히 평범하게 넘길 일이 절대로 아닙니다.
인간 누구나가 한번쯤 반드시 겪고 넘어가야 할 상황입니다.

이렇게 본다면,
이미 인간은 태어나 이 삶을 살면서
본인의 의지와는 전혀 상관없이
자기만의 한계(인간 개체)를 갖게 되고,

분별하는 마음(인간 개체마음)만을 내게 되어버렸습니다.

이건 인간으로 태어난 이상 피할 수 없는 필연 그 자체입니다. 이것은 부처님도, 모든 성인들도 다 마찬가지였습니다.

한계와 분별하는 마음을 시발로,
'나'라고 하는 인간 개체가 자리를 잡으며,
그때부터 인간의 삶을 살아가기 시작합니다.

삶 역시도 인간 개체들이 만든 것이고,
그래서 인간 개체 스스로가 살아갈 수 있도록
그렇게 구성되어 있으며,
또한 그 구성원이
인간 개체가 살아갈 수 있도록 법과 질서를 만들고 꾸며서
그대로 삶을 영위하고 있습니다.
그래서 인간 삶 자체가
한계와 분별하는 마음으로 형성 되어있다 해도
절대로 과언이 아닙니다.
그건 본인 스스로가 원하고 원치 않고를 벗어나 있으며,
그런 한계와 분별하는 마음을 지어준 어머니 역시도,
어머니 본인 스스로가 알지 못하고 저지른
필연과 같은 어쩔 수 없는 상황입니다.

그것이 바로 무명이 되고 원죄가 됩니다.

이렇게 본다면,
무명과 원죄는 인간으로 태어난 이상,
그 누구든지 다 겪고 받아야 할 조건이라 할 수 있습니다.
이 조건은 그 당대에서만 끝나는 것이 아니라,
뒤에 나오는 윤회와 진화편에서 말씀드리겠지만
육신의 옷을 벗은 사후에도 계속해서 이어지며 가지고 갑니다.
언제까지 일까요.
그것은 **본인 스스로가 깨닫는 그 날까지입니다.**
그래서 그런지(꼭 그렇다고 단언하는 것은 결코 아니지만) 그냥 스쳐 지나가는 말로,
인간은 태어나자마자 깔깔거리며 웃는 게 아니라,
울음으로서 만방에 고하는지도 모르지요.

인간 삶이 왜 고통스러운가.
한계와 분별 심이
곧 '나'라고 하는 인간 개체의 '아'에 메이는 결과를 가져오고,
이것이 바로 무명과 원죄의 요인이 됩니다.
무명과 원죄의 가장 큰 어려움 아니 두려움이 무엇인줄 아시지요.
삶에서 열심히 최선을 다한 결과가
결국엔 죽음이라는 피할 수 없는 상황에 도달하는 것,

이 이상의 고통이 어디 있습니까.
인간 삶은 결론적으로
생로병사에 묶이는 고통에 시달리는 것입니다.

'나'라고 하는 인간 개체의 '아'.
오로지 자기 자신만을 위하는
끝없는 욕망과 집착이 모든 고통의 근원인 게지요.
이쯤해서 한 가지 분명하게 밝혀 드릴 부분이 있습니다.
이 책에서 필자는
삶을 힘들고 어려움으로 많이 표현을 하고 있는데,
인간의 삶을 비관적으로 봐서가 아니라,
인간의 삶은 각자 자기라고 하는 '아'에 집착하면서
경쟁이 심화되고,
그 경쟁 속에서의 살아남는 그 과정을
비유해서 말씀드리는 것입니다.
그로 말미암아,
힘들고 어려운 삶을 사는 사람들이 대다수를 차지하고 있어, 그 분들의 입장에서 글을 쓰다 보니
그와 같은 표현을 많이 했습니다.
말을 하다 보니 너무 성급한 결론들이
첫 장에서부터 나오는 것 같아 정리도 해볼 겸,
여기서 잠시 명상의 시간을 가져봅시다.

위의 상황을 냉정하고 깊게 사실을 직시하는 명상을 해봅시다.

사실을 직시하는 명상

이 책 첫 명상시간이라 잠시 자세만 알려드리겠습니다.
명상은 간단히 말씀드려 의식집중입니다. 의식으로 나라고 하는 인간 개체를 한번 깊게 집중해 들어가 보는 것입니다.
한마디로 내 삶을, 나를 해부해 보는 것이지요.
복장은 평상시 편안하게 입는 헐렁한 자연복장이면 되고,
자세는 그 어디에도 구해 받지 않는 본인 스스로가 최대한 편안하다고 생각할 정도면 무난하나,
눕는다든지, 등을 벽에다 기대는 특히 뒷머리를 기대는 것만은 절대로 삼가주시길 바랍니다.
허리는 곧게 세우는 게 좋지만 잔뜩 힘까지 줄 필요는 없습니다. 가부좌는 굳이 틀 필요는 없고 그냥 편안한 양반다리로 최대한 자연스럽게 졸리지만 않을 정도의 자세만 되면 됩니다. 눈은 뜨든지 감는 것은 상관없으나 처음엔 살짝 감는 게 좋으며, 호흡법은 없고, 어깨와 팔은 힘을 쭉 빼고, 손은 다소곳 모으면 좋습니다. 앞으로의 명상은 대

체적으로 이런 자세로 시작하시면 무난합니다.

명상을 시작해봅시다.

나는 절대로 그렇지 않고 위의 내용 전부를 인정하지 못 한다 하시는 분들도 명상을 한번 해보십시오. 무언가 수긍이 갈 수도 있고, 아닐 수도 있지만 크게 개의치 말고, 그냥 평범한 마음으로 임하시면 됩니다.
현재 기억이 나는 어릴 때 그 나이로 의식을 가져가 보시고, 일예로 5살 때의 기억이 많이 난다면 그 5살 때부터 거기서 더 어릴 때로 기억을 최대한 살려 깊이 들어가 보세요. 앞에서 말씀드린 대로 명상은 의식 집중입니다.
의식을 최대한 집중하다보면, 4살, 3살, 2살, 태어나는 순간도, 그 이전인 어머니 자궁 속까지도, 자궁 속에 들기 이전까지도 깊이 들어갈 수 있습니다. 그 어린 내가 한번 돼 보세요. 이름도 분별 심도 지어지기 이전의 '나' 아니 그때는 '나'라고 명명할 것도 없지요.
계속해서 의식을 집중해 들어가 보는 것입니다.
처음에야 잘 안되지만 계속 집중하고, 또한 될 수 있다는 신념으로 노력해 보는 것이지요. 최대한 깊이 들어간 다음, 더 안 들어가면, 그 자리에서 명상을 합니다.
본문에서 말씀드린 내용을 냉정하고 깊게 되새겨 보는 것입니다.
사실이 그러한가?
인정할 수 있나?
수용하나?
사실을 직시하는 명상입니다.
계속 명상에 들어 봅니다.
(명상 계속)

지루하다는 생각이 들고, 졸린다든지, 잡생각이 들면 그만 끝내십시오. 명상은 억지로하는 게 절대로 아닙니다. 평상시에도 특히 잠에서 깬 새벽녘에 정신이 맑은 상태에서 하면 쉽게 접근할 수도 있습니다.

명상 중 주의할 것은 엉뚱한 상상을 한다든지 혹은 어떤 상이 나타나기만을 기대하는 그런 마음을 갖고 명상을 해서는 안 됩니다. 억지로 그 무엇인가를 찾고 보려는 생각을 내지마시고, 자기만의 엉뚱한 번뇌 망상도 짓지 마십시오.

(명상 끝)

원래 인간은 완전 그 자체로 이 세상에 태어납니다.

여기서의 완전 그 자체라는 것은

신의 여러 능력을 말할 수 있는데,

여기서는 나를 정점으로,

'나'라고 하는 '아'

즉 인간 개체의 '아'를 벗어나면 전체 즉 신입니다.

바로 그 자체입니다.

그런데 지극한 어머니의 사랑에 힘입어, 이름자가 지어지고, 분별 심이 생기면서 인간 개체로 변모돼 버립니다.

아이는 인간 개체의 한계와

분별하는 마음을 가지고, 성장하기 시작합니다.

성장 과정에서도 부모, 형제, 친인척, 선생, 선배, 친구, 이웃들에게서도 꾸준한 인간 개체의 한계와 분별하는 마음을 수시로 받고, 배우고, 내면서 점차적으로 자기라고 하는 인간 개체의 '아'에 머무르며, 삶에 집착하게 됩니다.

또한 인간의 삶 자체가 유한하기 때문에
거기서 나와 너의 상대성에 의한 경쟁심이 싹트고,
교육의 과정에 들어서서는 학교에서 여러 학습을 통해 많은 것을 배우고 익히며 가지게 됩니다.
결국 이 모든 것들이 다 세뇌입니다.

어린아이는 장난감 하나만을 가지고도, 모래밭에서 두꺼비집을 지으면서 하루 종일 지루해하지 않고 즐겁게 놉니다. 자기(我)에게 주어진 대상과 몰아일치(沒我一致)가 되는 것입니다. 하지만 아이는 나이가 들수록(세상에 대한 분별 심이 생기면서) 장난감이나 두꺼비집 놀이에 실증을 내거나, 더 재미있는(욕심, 집착) 것을 찾기 시작하며(세뇌) 본래의 자기(신의 자리)를 잃어가는 것입니다.

삶에서도 세뇌된다

삶에서의 모든 것들이
바로 인간 개체의 나를 더욱더 깊이 세뇌시키고 몰입시킨다.

다시 한번 질문을 드려봅니다.

질문: 여러분은 종교를 어떻게 알게 되었습니까?

어머니 자궁 속에서 원래부터 알고 이 세상에 태어났습니까?

그럼 '신'이라는 단어는 언제 어떻게 알았습니까?

그 외에도 깨달음이니, 선과 악, 천국 극락 지옥, 사후, 이런 말, 단어들은 또한 어떻게 해서 알게 되었습니까?

그렇다고, 본인 스스로가 직접체험에 의해서 알게 된 것은 분명히 아닐 테고, 한번 진솔하게 깊이 생각해보십시오.

답:

이 삶속에서 이야기 즉 말과 글로 알게 된 것 아닙니까?

그것을 **교육**이라고 표현해봅시다.

여기서의 교육은 학교 교육뿐만이 아니라, 주위 사람들, 친구, 그리고 책, 특히 현대에 와서는 TV나 방송매체 영화관, 핸드폰, 기기 등의 말과 글을 총칭해서 말하는 것입니다.

그런 교육을 통해서 종교를 알게 되고, 신을 알게 되면서 선과 악을 분별하기에 이릅니다.

여기서 우리는 참으로 중요한 몇 가지를 알게 됩니다.

개체의 '아', 나와 너의 분별, 집착, 경쟁, 종교, 신, 선과 악, 이런 것들을 태어나면서 원래부터 가지고 태어난 게 아니라, 삶을 통해서, 교육을 통해서 알았다는 것, 이것입니다.

이 말은 결국,
인간은 태어나서 좋게는
삶과 교육을 통해 모든 것을 알게 되었고,
속된 표현으로는
자신의 의지와는 전혀 상관없이 주입교육에 의한,
위의 모든 것들을 다 알게 되고 가지게 되었다는 것입니다.
주입교육이 곧 세뇌입니다.

세뇌에 의해 인간 개체인 내(◯아무개)가 만들어 지고,
세뇌에 의한 분별하는 마음을 갖게 되고,
세뇌에 의한 종교,
세뇌에 의한 신,
세뇌에 의한 선과 악,
세뇌에 의한 개체인간의 삶을 살아가고 있습니다.
삶 자체가
앞서 말했듯이 한계와 분별 심으로 형성되어 있습니다.

그러기 때문에 왜 태어나는지,
왜 사는지도 모르고 삶을 살아가고 있는 것입니다.
개체 인간도 본인 스스로가 만든 것이 아니라,
세뇌에 의해 만들어 진 것입니다.

여기 또 한 가지의 좋은 예를 들어보십시다.

가상적으로, 무인도 섬에 아무것도 모르는 아이가 혼자 자란다고 가정해봅시다. 아이는 자라면서 주위의 환경과 자연재해 밖에는 전혀 모릅니다. 그 아이가 성장해서 성인이 되었을 때, 위에서 말씀드린, '나' 종교! '신' 선과 악! 깨달음! 집착! 욕망! 등의 존재, 유·무에 대해 묻는다면? 아니 관심이나 있을까요?

이점에 대해선 뒤에서 다시 설명 드리겠지만
생로병사에 일반인들과 똑같이 묶일 것인가?
한번 추측해 보시길 바랍니다.

제 개인적인 생각으론, 말과 단어의 뜻도 모를뿐더러 전혀 관심 밖이라 그런 것들에 영향 또한 받지 않을 것이라 생각됩니다. 우리와 그 아이의 사고방식 자체가 완전 다르다 봅니다. 배우고 못 배우고, 앎과 모름의 차이를 벗어나, 두려움이나 욕망, 집착, '나'에 대한 관심도 전혀 없을 것입니다.

여러분, 전혀 가상적인 일이지만 뭔가 참으로 중요한 메시지가 담겨져 있다 생각이 안 드십니까?

만일 우리가 종교, 신, 깨달음이라는 단어나 말이
애초부터 없었다면 인간들의 삶이 어떻게 변했을까요?
세뇌!
참으로 중요한 과제라 저는 보고 있습니다.

본론으로 다시 돌아와서,
사람들은 본인 스스로가
전체이면서 본래 그 자체임을 전혀 모르고 있습니다.
이것이 바로 위에서 말씀드린 무명이고 원죄입니다.
결국 무명과 원죄 역시도
본인 스스로가 만들고 가지고 싶어서 된 게 아니고,
어느 날 갑자기, 또 교육을 통해서,
내가 원죄를 갖고 무명 그 자체가 되어 있음을 알게 된 것입니다.
이 내용을 내적 종교인 불교에서는
무명이
〈어느 날 갑자기 홀연히 생겨났다〉라고 표현했습니다.
제 생각엔 참으로 적절한 표현이고,
바로 위와 같은 것들을 대변하는 것이라 말씀드리고 싶습니다.
인간적인 말로,
어느 날 눈을 떠보니(철이 들고 보니)
내 자신도 모르게 내가 무명에 가리어져 있더라 이 말입니다.
이미 세뇌가 되어 있다는 말인 것이지요.
장난감 하나로 만족하던, 두꺼비집 놀이에 시간가는 줄 모르고 즐겁던 본래의 나는 어느 날 갑자기 사라지고 없더라는 말이지요. 이미 세속적인 철이 들며 **세뇌**당한 것이지요.

그렇다고 이 자리에서 종교와 신, 선과 악의 있고 없음을 논하자는 것은 결코 아닙니다. 이점에 대해선 뒤에서 좀 더 심도 있게 짚어 보기로 하고,

이렇게 해서 무명과 원죄가 생겨납니다.

그럼 혹 간에 이런 말씀을 하시는 분들이 있을 것입니다.

필자 말대로 태어나자마자 이름도 붙여주지 않고, 해라 하지마라의 분별 심도 심어주지 않으면 될 것 아니냐,라고 반문할 수도 있습니다. 이건 흔한 인간적인 반문의 케이스가 절대로 아닙니다. 아이는 누가 보내서 왔던 인간의 삶 속으로 온 것이고, 앞으로 인간의 삶을 살아가야 합니다.

비록 어머니와 아이의 최초 상봉에 의한, 인간이라면 누구든지 한번 쯤 다 겪는 의식과도 같은 그 상황을 예외적으로 반문 한다 해도 그 해결책은 없습니다.

생각해보십시오.

다른 어떤 방법이 있습니까?

인간 삶 자체가 이미 인간 개체들이 살아갈 수 있도록,

그런 상황으로 전개되고 정해져 있습니다.

그 아이만 특별난 교육을 시키고, 혼자서 특별나게 삶을 살아갈 수 있게 한다는 게, 그리 말과 같이 쉬운 일이 결코 아닙

니다.

시험대상으로 국가에서 정책적으로 키운다 해도 그것을 담당하는 교육하는 설계하는 모든 일들은 결국엔 세뇌된 인간 개체들이 해야 하는 것이고, 모든 담당자 역시도 이미 한계와 분별 심으로 딱 굳어져 있는데 그게 가능 하겠습니까?

삶 즉 사회 자체가 이미 그렇게 형성되어 있습니다.

이점 깊이 양지하시고, 이렇게 해서 본래인 전체가 인간 개체의 탈을 쓰고, 인간의 삶을 살아가는 것이 우리들의 삶 아니 나의 삶인 것입니다.

이것을 앞서 말한 벚꽃나무에 비유하면,

아름드리 벚꽃나무에 수십억의 벚꽃들이 피는데,

어느 날 벚꽃이 무엇에 영향을 받았는지,

'개체'라는 자기만의 '아'를 갖더니 꽃 한 송이의 생명에 메이면서 꽃이 열매를 맺으려고 꽃이 지는 그것을 자신의 죽음으로 받아들이는 일이 생깁니다.

그렇다면 여기서 벚꽃의 생명과 벚꽃나무의 생명이 별개일까요?

절대로 별개가 될 수 없는 것이지요.

원생명은 벚꽃나무 하나에 있는 것이고,

벚꽃은 벚꽃나무의 한 세포에 불과할 뿐입니다.

벚꽃나무의 한 세포가 지고 떨어졌다 해서 벚꽃나무가 죽는 것이 아니지 않습니까?

우리들 인간의 몸에도 수십억의 세포가 있는데, 하루에도 아니 매 시간마다 많은 세포가 죽어 떨어져 나가고, 또다시 새로운 세포가 다시 생겨나고를 반복합니다. 여기서 각 세포가 자기라고 하는 '아'를 갖고, 개체의 한계와 분별 심을 내면서 자신들만의 집단을 형성한다면, 그것이 곧 인간 개체와 똑같습니다.

인간 개체가 죽는다고 본래인 전체가 죽는 것이냐?

우리는 이것을 분명히 알아야 합니다. 이것을 가설적으로 말씀드리면, 인간 개체는 본래인 전체의 한 세포에 지나지 않습니다. 그런데 인간 개체의 세포는 고등동물의 세포라서, 인간 몸의 세포와는 엄청난 차이가 있어, 스스로가 그렇게 인정을 못하고 있을 뿐입니다.

이렇게 비유를 해보면 조금이나마 이해가 되시는지요.

바로 이와 같습니다.

제 스스로가 보기엔 너무나도 중요한 내용이기에 저는 이 책에서 어머니와 아이의 그 상황을 자주 인용할 것입니다.

내가 나를 창조한다

-내 삶의 주인공이 누구인가?

이번엔 우리들의 삶을 통해서 과연 이 삶의 주인공이 누구인가를 한번 알아보십시다.

여기서도 질문 하나 드립니다.

질문: 여러분들은 그 수많은 책들 중에 왜 이 책을 선택했습니까?

베스트셀러라?

누군가가 권해서?

제목이 특이하고 마음에 들어서?

광고를 통해서?

마지막으로 당신이 믿고 있는 신의 계시에 의해서?

그 이외의 어떤 연유로?

답:

어찌됐건, 무엇에 영향을 받았던, 안 받았던, 그 수많은 책 중에서 여러분들은 이 책을 선택했습니다.

이 말은, 아무리 베스트셀러고, 상대가 권하며, 제목이 특이하다 해도 분명한 것은 당신 스스로가 최종적인 선택을 했다는 것입니다.

즉 당신 스스로가 선택권자이지요.

비록 하찮은 책 한 권에 불과하지만 이 역시도

당신 스스로가 이 책을 선택했다는 그것이 중요합니다.

이번엔 좀 더 깊이 들어가서, 당신의 현재 처해 있는 상황에서 생각해보십시다. 삶 속에서 가장 중요하다 생각하는 두 가지 중에서

그 첫 번째로 현재 당신의 직업은 누가 선택했나요.

물론 특이한 몇몇 경우를 제외 하고선,

대다수 본인 스스로의 선택입니다.

비록 현재에 와서는 후회를 하든, 안하든 간에.

두 번째로 당신의 배우자

역시도 어떤 우여곡절이 있었든, 없었든, 최종적인 선택권자는 당신 본인이었습니다.

대다수, 대부분이 다 그렇지 않습니까.

그렇다면 좀 더 우리들의 삶을 주도면밀하게 들어가 보십시다. 여기서도 다시 한번 말씀드리지만 대다수 일반 사람들이 겪는 공통적인 삶을 토대로 말씀드리는 것임을 분명히합니다. 태어나 어느 일정기간이 경과하여 스스로의 자립성이 싹틀 시기에 유치원이 되었든, 어린이 집이 되었든, 학원이 되었든, 배우기 위한 교육의 장으로 첫 걸음을 합니다.

학교에 입학하면서 제일 먼저 겪는 게 무엇이었습니까?

너무 오래되어서 기억이 안 난다고요?

상대와의 경쟁 아닙니까?

우리 현 삶의 구조가 많이 배우고, 우수한 성적을 거둔 자는 성공할 확률이 높다는 팽배의식으로 가득 차, 나, 너, 부모, 상관없이 수단과 방법을 가리지 않고 상대와의 경쟁에서 무조건 이겨야 한다는 그런 논리가 주류를 이루고 있는 게 또한 우리에게 주어진 현재 삶입니다.

초등학교, 중학교, 고등학교, 대학교가 치열한 경쟁의 장으로서 시험의 장이라 해도 결코 틀린 말이 아닙니다. 온갖 시험이란 시험을 다 치루고, 각 개개인의 성적이 매겨지면서 그것이 자신의 삶에 아주 많은 영향력을 끼치기도 하지요. 여기서 참으로 중요한 것은 그 영향력이 다 누구로부터 나오나 이것입니다.

여러분 각자 스스로가 자기의 성적표를 만듭니다.

그 성적표는 그 누구도 대신 해줄 수도 없는

오로지 자기 자신만이 만든 자화상과 같습니다.

비록 그 성적표가 자기의 삶을 100% 좌지우지하는 것은 아니지만 여하튼 각자 성장과정에서 만든, 아주 중요한 자료가 된다는 것은 사실입니다. 여기에서 말씀드린 성적표는 꼭 공부 학업성적만이 아닌, 친구, 자신의 성격, 취미, 특기 그 외에 스스로가 만든 모든 것들을 다 포함한 것입니다.

대다수 부모들이 자기자식은 반드시 판·검사, 의사 등 사회에서 덕망 있는 사람이 되기를 바라면서 온갖 치맛바람을 불러일으켜도, 내가 싫으면 안 하듯이 각자 자기 스스로가 한만큼만 그리됩니다.

우리 속담에 '원님도 지 하기 싫으면 안한다고'

다 자기가 만들고, 자신이 선택하여,

자기의 길을 가고 있습니다.

학교를 졸업하고 사회를 진출해서도 지금까지 그래왔던 대로, 모든 일에 있어서는 본인 스스로가 마음먹고, 결정짓는 대로 행하고, 또한 그렇게 되어가고 있습니다. 나름대로 자기의 분야에서 열심히들 최선을 다해 살면서 때가 되어 동반자를 만나고 결혼하여 2세를 낳고, 그 자식을 키우는 것도 자신이 자라왔던 그대로 그와 비슷하게 교육시키며, 자신의 부모가 자신에게 바라던 대로, 그 자식 역시도 그렇게 되었으면 하는 마음으로 키웁니다.

상대보다 더 잘살고 풍요로운 삶을 살아가기 위해서, 자기의 모든 정열을 다 쏟으며, 중년을 지나 장년에 접어듭니다. 이제 2세가 대를 이어 사회의 한 일원으로 활동하면서 자신은 사회의 모든 일에서 손을 떼는 은퇴를 하고 이제 노년의 황혼 길에 접어듭니다.

남은 일이라곤 어떻게 해서 왔던, 그 길을 다시 잘 가느냐가 마지막 단계입니다. 그리고 죽음을 맞이합니다. 이게 인간이면 누구나가 겪는 인생의 평범한 삶이자 진리입니다.

이번에는 '나'라고 하는 정적인 상황에서의 삶을 비춰봅시다.

태어나는 가정이 빈곤에 허덕이는 가정 혹은 대 갑부의 가정, 그냥 평범한 가정 또한 홀 부모, 양 부모, 고아, 이렇게 크게 세 부류의 가정과 부모 밑에서 우리는 각기 태어나고 자랍니다.

여기서는 비록 태어나는 순간의 가정과 부모의 선택은 본인 스스로가 선택할 방법은 없다 가정하고, 태어나서 얼마간의 삶 역시도 가정, 부모에 의한 영향은 받을 수는 있겠지만 그것은 극소수 일부에 한정되어있고, 대다수 본인 스스로가 선택하고 행위 해서 이루어낸 결과물들입니다.

친구를 사귀어도 내가 좋고 맘에 들어 선택을 했고, 공부도 좋든 싫든 내가 하고 싶으면 열심히 해서 앞서고, 하기 싫으면 안 해서 뒤 처지며, 운동도 취미도 다 본인이 선택합니다. 선택하고 한만치 그 결과물을 갖고 중학교, 고등학교, 대학교 혹은 남보다 앞선 직업 전선에 뛰어듭니다.

현재의 직업 역시도 본인 스스로의 능력과 선택입니다. 비록 현 상황에서는 마음에 들던 안 들던 간에 배우자의 선택 역시도 본인 스스로들의 선택이었고, 자식을 낳아 나름대로의 교육과 자기 자신이 밟아왔던 그 길을 비슷하게 권하고 보냅니다. 자신의 노후와 가족들의 안녕 등을 위하여 최선을 다해 삶을 살아가는 것이 또한 인생 누구나 겪는 삶 그것입니다. 그리고 결국에는 죽음을 맞이합니다.

여기서 가장 중요한 핵심은,
자신의 삶을 살아가는데 있어서의 모든 선택과 결정은,
각자 스스로에게 달려 있음은 지금까지의 말씀에 의해서도 어느 정도는 인정하고 이해하리라 믿습니다.
그렇다면, 현재의 나를 지금의 요만큼만, 이렇게 만든 자도, 결국은 누구이겠습니까.
바로 **나 입니다**.
물론 삶 속에서의 일부 몇 가지는 부모, 형제, 친구, 등의 간접적인 영향과 조언을 받을 수는 있었겠지만 99%는 각자 자신의 의지와 선택입니다.

자 여기서 잠시 명상에 다시 들어 봅시다.
위에서 말한 대로 정말 내가 내 삶의 모든 것을 선택하고 결정을 지었는지에 대한 명상입니다. 태어나 나라고 하는 의식이 있는 그때부터 지금 이 순간까지를 명상해봅시다.

역순명상

최대한 편한 자세로 시작하세요.

(명상 시작)

눈을 감고 자기 자신을 깊이 냉정하게 들여다봅시다.
이번에는 처음 명상 때의 역순 즉 반대로 기억이 나는 어릴 때부터 지금 현재까지를 연령순으로 기억해 보는 것입니다. 예를 들어, 4살 때를 어렴풋이 드문드문 기억할 수 있다 하면 4살 때부터 1년 단위로 거슬러 올라오는 것이지요. 기억이 나는 그 상황의 원인과 결과를 냉정하게 들여다보는 것입니다. 5살 6살 점차적으로 올라오다보면 기억나는 부분도 많아지고, 그러다보면 상당한 시간이 걸릴 것입니다.
너무 세세하고 깊게 보지마시고 년 중 가장 큰 사건(입학, 졸업, 취업, 결혼, 상 등)으로 넓혀보고, 중간 중간 쉬기도 하면서 쉬고 나서는 쉬기 전에 끊었던 그 기억부터 다시 시작하면 됩니다.
중요한 것은 냉정하게 그때 그 상황의 주체자가 누구냐는 것입니다. 그것을 찾아내는 명상입니다. 누가 원했고, 그 결과가 어떻게 되었는지를 찾아보는 명상이지요. 거짓 없이 꾸밈없이 그냥 기억되고 생각나는 대로 그때 그 상황으로 깊이 들어가 보는 것입니다.
내 삶의 주인공이 누구인가?

(명상 계속)

(명상 끝)

명상을 해보니, 자신의 모든 일들은 결국 누구의 선택이었습니까? 비록 현재에 와서, 잘 나가든, 못 나가든. 그냥 그러하든, 후회를 하든,

이 모든 선택은 바로 자기 자신 스스로 였음을 인정하십니까?

제 개인적으론 이 삶을 주식에 자주 비유하곤합니다.

주식을 할 때, 비록 주위사람들의 조언과 추천을 통하고 받는다 하지만 그 종목의 최종 선택권자는 바로 여러분 각자 스스로입니다. 아무리 옆에서 권하고 혹은 말린다 해도 그 종목에 돈을 내고 사는 자는 바로 여러분 각자 스스로의 선택이며, 그 종목이 상한가를 몇 번 맞으면 역시 자신의 선택이 옳았다고 자신을 치켜세우고, 하한가로 몇 번 맞아 반 토막이 되면 자기 탓보다는 추천해준 상대 탓, 추천 해준 사람이 없이 오로지 본인 스스로의 선택이었다면 조상 탓 그리고 '나는 왜 이리 되는 일이 없어' 하면서 낙담, 푸념들을 합니다. 그러다 고민고민해서 팔면 파는 그 이튿날 상한가 치고, 인간적인 표현으로 정말 미칠 지경이지요.

삶이란 이런 것인가?

다 내 선택입니다. 잘 돼도 내 선택! 못 돼도 내 선택!

누굴 탓할 필요가 없습니다.

나는 마음에도 없었는데 부모의 성화에 못 이겨 효도하는 마음으로 상대와 결혼했다 해놓고 자식은 왜 낳습니까? 정말 싫었으면 자식도 낳지 말았어야 되는 게 맞는 말 아닙니까? 부모가 그렇게도 말렸는데도 둘이 좋아 도망까지 가서 살면서 아들딸 잘 낳고 살다가 바람은 왜 피웁니까? 좋을 때는 언제고 싫을 때는 또 언제입니까?

그런데 많은 사람들은 잘되고, 성공한 사람은 다 자신의 잘 선택함을 내 세우고 있지만 잘못되고, 실패한 사람은 위에서도 잠깐 언급했지만 대다수 부모, 형제, 상대, 심지어는 조상 탓들을 하고 있습니다. 여기서 잠시 누구의 탓을 벗어나 진정으로 한번 깊이 냉정하게 생각해보십시오.

지금까지 많은 말을 했듯이

결국 자신의 삶은 다 자신 스스로가 선택해서 살아왔습니다. 이 말은 내 삶은 내가 바로 주인공이었다 이 말입니다.

"내 삶의 주인공이 바로 나" 이다.

이 말을 여러분들은 지금부터 깊이 새겨두시기 바랍니다.

참으로 중요한 말입니다.

많은 사람들은 이 점을 전혀 염두에 두지 않고 삶을 살아가고 있습니다. 그렇기 때문에 그들 나름대로의 올바른 삶을 못 사는 것입니다.

여기서 올바른 삶이 무엇이냐?

위에서 말씀드린,

내가 바로 내 삶의 주인공임을 확실하게 알고 사는 삶입니다(이것도 한계에 머무르는 말이지만).

'내 삶의 주인공이 나이다'

이걸 분명히 알고 살면 그것이 바로 올바른 삶입니다.

이 주제로 다시 한번 5분 동안 명상에 들어 보십시다.

내 삶의 주인공에 대한 명상

(명상 시작)

내 삶의 주인공이 정말 나이었나를 깊이 명상해봅니다.
내가 아니었다면 누구이겠습니까.
한 가지만 명상하지 말고, 하나가 끝나면 다시 새로운 주제의 명상을 하면서 그 내용의 주인공이 누구인지를 또 찾아봅니다. 내용을 계속 바꿔가면서 그 내용의 주인공을 찾아봅시다.
일예로 중학교 때의 그 주인공?
대학교 때의 그 주인공?
사업할 때의 주인공?
잘 나갈 때의 주인공?
힘들고 어려울 때의 주인공?
나의 실력, 직업, 결혼, 자식 현재 처해있는 모든 상황들. 삶의 상처들. 이 모든 것들이 결국 누구의 선택이고 누가 만들었습니까?
진정으로 인정합니까?

(명상 계속)

(명상 끝)

내 삶의 주인공이 나임을 인정하십니까.
스스로 인정이 되시는지.
아니면 도저히 인정이 안 되고
아직도 자꾸만 상대 탓이 되는지.

내 삶의 주인공이 나임을 확신한다면,
삶 자체가 완전하게 바뀝니다.
상대를 원망하지 않고,
자신이 주인공이므로 책임감을 갖고,
모범을 보이며 최선을 다하는 삶을 삽니다.
잘 살던, 못 살던 그것은 여러분들이 흔히 말하는

내 팔자가 아니라,
내가 스스로 선택하고 결정을 내렸다고 생각할 것입니다.

그런데 내 삶의 주인공이 나임을 모르는 사람은 자신이 하던 일이 실패를 했다든지, 혹은 잘못 되 상당히 어려운 상황에 직면하게 되면,
자기 자신의 잘못을 인정하기보단
상대를, 조상을, 신을 원망하기에 이르면서 끝내는 자기 자신까지도 비하하고 좌절에 빠집니다.
운명이니 팔자니를 따지고 스스로가 나약해져 버립니다.
그 나약함에 의해서
자신의 삶에 결국에는 종교와 신을 등장시키며,
자기 자신을 신의 종속물로 여기기까지 이르게 되고,
끝내는 종교에 흠뻑 빠져 믿고 의지하며
구원을 청하기에 이릅니다.
자기 자신의 삶에 주인공이라는 사람이
과연 이래도 되는 것인지요.
이런 모든 요인이 바로 자기 자신이 삶의 주인공임을 전혀 알지 못함에서 비롯됩니다.
그러기 때문에 그런 말과 행위를 하는 것이지요.
이 점에 대해서는 스스로 인정하십니까. 내가 내 삶의 주인공임을, 인정치 못한다면, 저도 어쩔 수가 없습니다.

본인이 원하는 대로 한번 해보십시오.

되는 일이 안되니 상대 탓, 조상 탓도 해보고, 자신이 믿는 신에게 의지하여 신이 하라는 대로 하십시오. 저로서는 더 이상 뭐라 말씀 못 드리겠습니다.

내 삶의 주인공이 나입니다.

이 삶은 내가 선택하고, 내가 만들고, 내가 꾸민 삶입니다. 그래서 내가 주인공입니다.

현재의 나를 요 모양, 요 꼴, 요 상태, 요만큼만 만든 자가 누구이겠습니까?

하나님? 부처님? 신? 조상? 부모입니까?

바로 당신 스스로입니다.

오늘 아침에 눈을 떠서 하루일과를 계획하는 자가 누구입니까? 그 일과대로 실행하는 자 또한 누구입니까?

지금 할 일이 많은데 이 책을 보고 있는 자가 누구입니까?

바로 당신입니다.

누가 시켰습니까?

다 당신 스스로가 선택했습니다.

결국 현재의 당신을 만든 자도 당신 스스로입니다.

당신이 현재 믿는 종교도, 신도, 다 당신이 선택한 것입니다. 모태종교라고요?

모태종교라는 관념이 바로 당신의 선택입니다.

내가 있어 있다

이번 장에서는 나 없음이 많이 나오는 관계로 미리 말씀드립니다.

사실 내가 없다는 것은 진리 입장에서는 말이 안 됩니다.

나는 있고 없음 이전의 존재로서 있고 없고 하고는 전혀 관계가 없지만 예를 들고, 이해를 도모하며, 진도를 나아가기위해서, 내가 없음의 예를 많이 드는 것에 대해 이해해 주시길 바랍니다.

저는 지방의 모 지역에서 손칼국수 전문점을 하고 있습니다.

도와 관계된 의미 있는 상호를 써보자 해서 '나랑너랑'이라 했는데, 그렇게 부르지 않고 손님들 대다수가 '너랑나랑'이라고 부르더군요. 그게 아니다 하면 습관화돼서 너랑나랑으로 불리어진다고 합니다. 몇몇 손님은 너랑나랑이 맞지, 나랑너랑은 틀리다고까지 하면서 왜 나랑너랑이라고 했느냐, 반문하기도 하더군요.

그럴 때마다,

내가 있어 너가 있는 것이 아니냐?

내가 없는 너가 어떻게 존재할 수가 있습니까,

라고 말씀드리면,

그런 게 어디 있냐고 그냥 흘러버립니다.

우리 한국 사람들은 동방예의 국가라는 사명감과 예의 도덕에 상당히 민감하여 상대를 먼저 위한다는 명분으로, 너랑나랑이 보편화되어 있음을 상당히 실감하는 한 대목이지요.

어느 것이 맞고 틀리고를 떠나 진정으로 한 말씀드린다면

사실이 그러합니다.

여러분! 삶의 주체가 누구라고요?

사람이고, 여러분이며 바로 '나'입니다.

내가 곧 이 삶의 주체입니다.

언젠가 제 스승님에게 이와 똑같은 질문을 했다가 아주 크게 야단을 맞은 적이 있습니다.

(스승님, 걱정 마십시오. 지금은 완전하게 무의식자리에 나 없음의 그 자체로 있으니까요. 한번 개체인간들에게 공부삼아 질문을 해 보는 것입니다.)

우리가 매일 잠에 드는데 꿈도 꾸지 않는 깊은 잠속에

나라고 하는 '아'가 있습니까?

사랑하는 우리가족 식구들 또한 있습니까?

이 삶에서 가장 중요시 여기고 없어서는 안 될 물질이 있습니까?

어제 나를 그렇게도 들볶던 채권자가 있습니까?

그런데 잠에서 깸과 동시에

나라고 하는 '아'는 여기 버젓이 있고,

사랑하는 우리가족 식구들이 옆에 다 있고,

이 삶에서 가장 중요시 여기고 없어서는 안 될 물질도 그대로 있으며,

어제 나를 그렇게도 들볶던 채권자가 새벽부터 벨을 누르고 있습니다.

이것이 무엇을 의미한다 보십니까.

〈내가 있어 가족도 있고, 물질도 있고, 나와 관계된 상대가 있고, 좀 더 깊이 들어가 일체전체 삼라만상 모든 것이 다 있다.〉

이것을 대변하고 있는 것입니다.

나라고 하는 존재가 이렇게도 중요합니다.

그럴 염려는 결코 없지만 만약 나라고 하는 존재가 사라지면, 일체 전체 모든 것들은 어떻게 되겠습니까. 다 사라지지요. 그런데 개체인간들은 그것을 절대로 인정 안합니다. 내가 사라져도 일체 전체 모든 것들은 계속해서 이어져 가는 역사의 한 흐름으로 보고, 그래서 역사를 중요시하며, 조상을 찾고, 더 나아가 현 삶과 연관을 짓고 있는 것입니다. 그러다 보니 죽은 뒤의 사후를 생각하고, 인정하고, 걱정을 하면서 삶을 살아가고 있는 것이지요. 그러니 삶이 얼마나 힘들고 고달프겠습니까.

그렇다고 역사, 조상, 사후를 인정하지 말라는 것은 아닙니다. 인정하든 안하든 그것은 각자 스스로의 선택이므로 저는

거기에 그 어떤 의미도 부여치는 않겠습니다.

중요한 것은 죽고 사라진 이후는 절대로 생각지 말고,

또한 태어나기 이전도 알려 하지 말고,

오로지 **지금 여기**에만 모든 것을 집중하자 이것입니다.

이 삶은 어디까지나 내 삶입니다.

만약 내가 사라진다면 일체 전체 모든 것도 동시에 다 사라집니다.

삶의 주인공이 바로 여러분 각자 스스로인 나입니다.

그런데 개체인간들은 한 결 같이 나를 정점으로 삶을 보는 게 아니라

삶을 정점으로 그 삶속에서 나를 보고 있습니다.

삶속에 나를 끼워 맞추고 있다, 이것입니다.

인간 삶의 속된 표현으로, 공부를 잘해야 성공할 수 있다 해서, 수단과 방법을 가리지 않고 1등 하려 난리법석을 떱니다. 무엇이 잘되네 하면 물불 가리지 않고 그 쪽으로 다 몰립니다. 그래서 성공하면 자기 내세우느라 정신없고, 실패하면 사회를, 상대를 비관하다가 그래도 삶이 여의치 않으면, 끝내는 가장 소중한 자신의 목숨까지도 끊는 자살을 하기도 합니다. 이 모든 원인이 어디에 있다고 보십니까?

'내가 바로 삶의 주체'임을 모르는데서 비롯됩니다.

이 말은 내가 나를 모른다 이것입니다.

내가 누구이며?

어디서 왔고?

어디로 가며?

삶과 나와의 관계가 어떤 관계인지를 전혀 모른다는 말입니다. 냉정하게 말씀드리건대, 현재 여러분들은 삶에 끌려 다니고 있습니다. 여러분들이 삶을 사는 것인지, 삶이 여러분들을 끌고 다니는지, 여러분들은 전혀 그런 데에 관심이 없습니다. 오로지 관심이 있다면,

어떻게 하면 잘 살 수 있는지에만, 관심이 있으며,

그것이 어느 정도 해결되어야지,

그 다음에 본인에게 와 닿는 문제에 관심을 갖기 시작합니다. 여하튼 좋습니다. 무엇에 관심이 있던.

이 삶을 살아가는 주체가 누구임만은 꼭 알고 살아가십시오. 내가 있어 있다함은 다른 말로,

'내가 바로 이 세상을 밝히는 빛'이라는 말입니다.

여기서의 빛은 밝음과 어둠을 드러내는 빛보다는

삼라만상의 모든 것을 창조하고 드러내는 빛이라는 것이지요. 좀 더 쉽게 표현한다면,

내 육근에 의한 육식이 모든 것들의 하나하나를 다 밝혀낸다는 뜻도 됩니다.

여기 간접적인 한 예를 성경을 통해 들어봅니다.

구약성경 창세기 2장19절에 보면, **들짐승과 공중의 새를 하나하나 진흙으로 빚어 만드시고, 아담에게 데려다 주시고는 그가 무슨 이름을 붙이는가 보고 계셨다.**

아담이 동물 하나하나에게 붙여준 것이 그대로 그 동물의 이름이 되었다.

바로 당신의 육근과 육식이 삼라만상 모든 것을 다 밝히고 있다는 뜻입니다.

여기서 한 발짝 더 들어가서, 당신이 지금 살인현장에서 살인하는 장면과 살인자를 보았다 가정해봅시다.

살인과 살인자가 왜 생겨나고 왜 있습니까?

바로 당신이 있기 때문입니다.

참으로 악독한 마귀와 다름없는 사람을 보았다 가정해보십시다.

그 악독한 마귀가 왜 있습니까?

바로 당신이 있기 때문입니다.

사기와 인신매매, 마약 등 사회악의 모든 것들이 왜 생겨납니까?

바로 당신이 있기 때문입니다.

지하철에 열차가 들어오는데 할머니가 발을 헛디뎌 철로에 떨어지려는 순간 한 젊은이가 할머니를 밖으로 밀어제치면서 자신은 열차에 치여 그 자리에서 숨지는 참사가 벌어집니다.

이 참사가 왜 생겨납니까?

바로 당신이 있기 때문입니다.

추운 겨울날 길거리에서 발을 동동 구르며 추위와 굶주림에 쓰러져 신음하는 어린 아이에게 따뜻한 군고구마 한 봉지를 건네는 아저씨의 따뜻한 온정이 왜 있습니까?

바로 당신이 있기 때문입니다.

이와 같이 모든 일들은 결국에는 내가 있어 있는 것입니다.

〈당신이 없어도 그런 일들은 생겨나는데?〉

절대로 그렇질 않습니다.

비록 직접 목격은 못했을지언정, 인터넷, 신문, 방송 등 내 육근에 와 닿는 것이라면, 그런 모든 것들 또한 다 내가 있어 생겨난 것이고, 발생된 것이며, 일어나는 것입니다.

내가 없다면 내 육근·육식에도 절대로 와 닿지 않습니다.

악마도 천사도, 좋고 나쁘고도, 선과악도, 모든 잘, 잘못, 모든 상황들, 모든 조건들, 다 내가 있어 있는 것입니다. 내가 없다면, 그런 일들이 결코 절대로 나타나고 일어나지 않습니다. 비록 직접 가보지는 않았어도, 그 유명한 파리의 에펠탑도, 신의 영산이라 불리우는 세계의 지붕인 에베레스트도, 중국의 만리장성도 다 내가있어 있는 것입니다.

좀 더 차원 높게 들어간다면, H님(너무나 예민한 관계로 이렇게 표현), V님도 내가있어 있는 것입니다. 내가 없고 사라지면 그날부로 그것들 또한 다 없어지고 사라집니다. 그렇다면 신도 없다는 말인가? 물론입니다.

분명한 것은 여기서 있고 없음은 개체의 나를 말함이고 또한 인식활동의 범위에서 있고 없고를 논하는 것입니다.

개체의 내가 없는데 신이 어디 있습니까?

이 표현은 인간 개체들 그들만의 표현방식입니다.

원래의 표현은 이렇습니다.

인간 개체인 내가 없다면 본래 그 자체만 있을 뿐이지요.

본래 그 자체를 개체인간들은 신이라 명명하는 것입니다. 내가 다시 부활하면 그것들 또한 그대로 다 부활합니다. 그래서 내가 빛이라 합니다.

이왕 삶 이야기가 나왔으니, 인간의 삶을 적나라하게 한번 펼쳐 보십시다.

인간 삶의 방식

인간의 삶을 인간적인 관념과 관점으로, 냉정하고 깊이 있게 들여다보십시다. 이건 어디까지나 인간적인 개념에 불과

함을 분명히 말씀드립니다.

왜 인간의 삶이 힘들고 어려울까요?

삶은 고통이다.

이런 질문을 한번 던져봅니다.

내적 종교인 불교의 부처님께서는 왜 출가하셨나요?

왜 출가하셨을까요?

경전에 보면 한 나라의 왕자로 태어나셨다고 하는데, 굳이 이 자리에서 설명을 안 드려도 대다수 다 알고 있는 사실이라 거기에 대한 설명은 안 드리겠습니다.

인간 삶의 방식이 이러합니다.

모든 개체적인 물질은

첫째 유한하다는 것이지요.

유한하다는 것은 질적인 측면으로는 영원하지 않고 언젠가는 다 사라진다는 것(변화의 과정), 양적인 측면에서도 그 수요와 공급이 무한정이 아닌 어느 한정을 가지고 있다는 것입니다.

여기서 말씀드리는 유한과 무한은 인간이 가지고 있는 집착과 욕망을 정점으로 해서 말씀드린다면, 인간의 욕망과 집착은 무한한데, 거기에 따르는 공급은 유한하여, 무한을 따라갈 수 없음을 의미합니다. 즉 공급은 유한하고, 수요인 인간의 집착과 욕망은 무한하기 때문에 거기서 경쟁이 생겨나는 것이고, 그래서 삶은 경쟁이다,라고 저는 표현하는 것입니다.

둘째가 육신이 있다는 것입니다.

육신인 몸이 있어 그 몸을 보존하기 위해선 먹어야(식) 하고, 입어야(의) 하며, 보조수단으로 거주할 수 있는 집이(주) 반드시 필요합니다. 의식주가 없이는 인간은 단 하루도 살아갈 수가 없습니다. 이건 깨달음을 이룬 자도 마찬가지입니다. 육신의 옷을 벗을 때까진 어쩔 수 없습니다.

셋째가 자기라고 하는 개체의 '아'에 딱 메어 있다는 것입니다.

이 말은? 다른 표현으로, 아집을 말합니다. 모든 일에 있어 제일 먼저 자기만, 자기 가족만을 먼저 생각합니다. 이건 삶의 본능과도 같습니다. 그래야만 삶을 영위, 보존할 수 있기 때문이지요. 만일 인간에게 아집이 없다면 어떻게 되겠습니까?

(그 답은 여러분들의 각자 상상에 맡기겠습니다.)

왜 삶이 힘들고 어렵습니까? 바로 위 세 가지 때문입니다.

(여기서는 세 가지로 나뉘었지만 첫째와 셋째는 같은 맥락으로 보면 되는데 물질의 수요와 공급적인 관계에서 나눈 것입니다.)

이 중에서도 두 번째 육신이 있다는 것, 이것이 참으로 중요합니다. 진리의 입장에서 보면, 화신불로서 참으로 중요한 한 과정이지만(이건 깨달은 이후 알게 되는) 이 육신이 여러 어려움을 동반하고 만드는 요인이 됩니다.

위의 내용을 다시 한번 풀어보면, 유한한 물질에 의식주를 채우기 위해선 상대와 경쟁을 해야 하는 것이고, 그 경쟁에서 이겨야만 물질을 쟁취할 수 있습니다. 쟁취해야만 삶을 지탱할 수 있는 것이지요. 쟁취치 못하면, 굶고, 헐벗어야하며, 추위와 비바람을 고스란히 다 맞아야 합니다. 그것이 계속 되다 보면, 자연적으로 육신이 병들고, 끝내는 죽어야하는 것이지요. 꼭 그래서 병들고 죽는 것만은 아니지만 지금도 아프리카 일부 국가에서는 태어나자마자 굶어죽는 어린아이가 셀 수 없을 정도로 많다고 하는데, 그 어린아이가 무엇 때문에, 누구의 잘못으로, 왜 그렇게 되어야만 합니까?

물론 위와 같은 경우가 아니라도, 인간은 태어나 삶을 영위하다보면 병에도 걸리고, 서서히 늙어 가면서 언젠가는 죽는 것입니다. 부처님께서는 이것을 생로병사로 표현했고, 고통으로 보시어, 이 고통이 왜 일어나고, 이 고통에서 어떻게 해야 완전하게 벗어날 수 있는지를 알기 위해서, 깨달음에 입문하신 것으로 불교경전엔 나와 있습니다.

사실 고통이 있어 깨달음이 생겨난 것이 아닙니까?
고통이 없다면 깨달음이 무엇에 필요합니까?

특히 세 번째의 아집은 자신과 자신의 가족들을 위해선, 상대의 목숨까지도 헤칠 수 있는 인간 최악의 삶을 가져옵니다. 위에서도 삶은 경쟁이다,라고 했는데, 이런 표현은 순수한 인간적 표현이라 볼 수 있지만 좀 더 격한 표현으로는 전쟁이라 해도 과언이 아닙니다.

우리들의 삶을 단편적인 한 예로 들어 보십시다.

10명이 똑같이 가져야 할 10개의 물질을 1명이 9개를 가졌다면, 나머지 1개를 위해서 9명은 엄청난 전쟁을 치뤄야 하고, 그 전쟁으로 인해 8명은 어쩔 수 없이 도태되어야하는 것이 우리들의 삶입니다. 이것을 크게 둘로 나누어서 〈장사를 하든 - 직장을 다니든〉 상대보다 잘 팔고 - 진급을 빨리 잘 하기 위해, 온갖 수단과 방법을 다 동원해야 합니다.

그 수단과 방법 속에는 별 짓거리들이 다 있습니다.

그 짓거리들이 참으로 정정당당하고, 자기 자신의 양심에 단 한 점의 부끄러움이 없는 떳떳함으로, 운영 - 근무한다면, 요즘 같이 이렇게 각박하고 치열한 경쟁의 삶에서는 버텨 나가기가 참으로 힘들겠지요. 경쟁은 인간적인 표현으로 결코 정당화할 수만은 없습니다. 어쩔 때는 상대를 속이고, 거짓말을 해야 하며, 상대를 무너뜨리고, 어렵게 만드는 마음을 내야 합니다.

경쟁은 내일을 위해, 축적하고 쌓아놓는 집착의 마음을 더

욱더 심화시킵니다. 이런 마음들이 인간 개체들만이 내는 마음입니다. 전체가 이런 마음을 낼 수가 있습니까? 물론 낼 수는 있지만 절대로 결코 내지를 않습니다. 내면 분별 심을 일으키는 결과를 초래하기 때문입니다.

내적 종교인 불교의 부처님께서는 성도하시고 속세로 돌아오시지 않으시고, 평생을 손수 탁발로 도를 펴셨다 합니다.

여기서 중요한 것은 **속세의 삶 속으로 돌아오지 않았다는 것**, 이것이 무엇을 의미하는 것일까요. 왜 그런 삶을 평생 동안 사셨을까.

저는 깨닫고 서야 부처님의 그 행위에 대해 많이 느끼고 있습니다. 사실 깨닫기 전에는 전혀 몰랐지만 깨닫고 나서 이 삶을 살아가기란, 마음에 걸리는 부분이 한두 가지가 아닙니다.

모순되는 점이 참 많습니다.

한계와 분별 심으로 이루어진 인간의 삶은 말 그대로 그들만의 삶입니다. 마치 한계와 분별 심을 짓는 것이 당연한 것으로, 그걸 못하는 사람은 뒤처지고 뭔가 덜 떨어진, 모지라고 부족한 바보 같은 사람으로 따돌림을 당합니다.

그렇다고 그러려니 그냥 삶을 살아가자니, 돌아오는 것은 아무것도 없고 고스란히 굶어 죽는 일밖에 없습니다. 삶에 휩쓸려 살자니 다시금 인간 삶의 방식에 세뇌가 돼버립니다. 솔직히 정상적인 삶을 살아가기가 무척 힘듭니다. 아마 부처님도 그런 까닭으로 속세의 삶으로 돌아오시지 않았나, 저는 그렇게 보고 있습니다.

예수님께서도 부활하시고 40일 만에 승천하셨습니다.

인간적인 표현으로, 좀 더 오래토록 사셔서 무지한 인간들에게, 많은 가르침을 주셨으면 하는 마음인데, 왜 그리 빨리 승천하셨을까요.

물론 마음의 체상용(體相用)에서 진리가 어떤 마음을 내던, 그건 그 사람의 마음일 뿐 아무런 상관이 없다 하지만.

체상용에 대해선 뒤에 다시 자세하게 말씀드리고 여기서는 그 뜻과 예만 간단하게 말씀드립니다.

체(體)는 모든 사물의 변하지 않는 본질이고,

상(相)은 인연 따라 다양하게 나타나는 모양이며,

용(用)은 인연 따라 쓰여지는 작용을 말합니다.

유리병을 예로 들어 보면,

체는 유리병을 이루고 있는 유리이고,

상은 그 유리병의 생김새인 모양이고,

용은 유리병이 그때의 인연 따라 다양하게 사용되는 용도를 말하는 것이지요.

나라고 하는 이 인간 개체의 '아',

나와 내 가족만을 먼저 생각하고 위하는 그 집착,

유한한 물질 속에서의 삶,

이런 것들에서 벗어나지 못하는 한, 인간은 어쩔 수 없이 상대와 경쟁을 해야 하는 것이고, 그 경쟁이 전쟁으로 비화되고, 끝내는 상대의 목숨까지도 뺏는 그런 결과를 가져오는 것입니다.

그 전쟁은 개인과 개인으로 시작해서, 사회, 부족, 나라까지도 확대됩니다. 요즘 사회 전반적으로 일어나는 모든 범죄의 원인이 어디에 있다고 보십니까. 부족 간의, 국가 간의 모든 전쟁의 그 요인이 무엇이겠습니까.

유한! 개체의 '아', 집착이 곧 원인이고, 요인입니다.

이것이 존재하는 한 경쟁이나 전쟁은 결코 멈출 수가 없습니다.

이 점에 대해 깊이 명상에 들어 보십시다.

인간적인 삶에 대한 명상

(첫 번째의 명상)

우선 이 명상에 들기 전에 인간 삶에 대한 명상을 한번 해 봅시다.
당신은 인간 삶을 어떻게 보고 있습니까?

인간 삶이 왜 그렇게 힘들고 어려울까요?
그 원인을 스스로 한번 찾아보세요.
나는 삶을 힘들고 어렵게 살지 않아서 잘 모른다고요?
그렇다면 생로병사에 대해선 어떻게 생각하십니까?
왜 인간 삶에 생로병사가 있을까요?
힘들고 어렵게 고생만하다가 이제 좀 살만하니까. 늙고 병들고 죽어야만 하는 참으로 안타갑기만 합니다. 도대체 그 원인이 어디에 무엇에 있다고 보십니까?
속된 표현으로 삶의 고통도 너무나 힘들고 어려웠는데. 그 삶에 대한 보상이 결국엔 늙고 병들고 죽는 것이라면, 두 번 다시 올 곳이 아니라는 것입니다.
삶이 이런 것인가?
참으로 답답할 뿐입니다.

(명상 계속)

(두 번째의 명상을 해봅니다)

인간들은 왜 자기 자신밖에 모를까요?
집착과 욕망이 왜 일어날까요?
그 집착과 욕망의 끝은?
집착과 욕망에서 벗어나려면?
집착도 집착이지만 그 이면을 깊이 파고 들어가면, 육신 보존의 본능 때문임을 분명히 느끼실 것입니다. 육신 보존은 기본 본능이라 해도 유한 그것이 또한 문제입니다. 유한은 바로 개체의 능력인 것이고, 그 능력은 한계를 못 벗어나기 때문입니다. 그래서 유한한 것입니다. 이렇게 본다면 삶 자체에 문제가 있는 것이지요. 삶이 왜 있습니까. 삶에서 우리들이 얻는 것은 과연 무엇일까요. 삶이 무에 필요합니까. 만일 깨달음이 없다면. 삶의 의미가 무엇일까요.

(명상 계속)

(명상 끝)

윤회와 진화

윤회와 진화에 대해서 많은 과학자, 종교가들의 의견들이 서로 분분한 가운데, 내적인 종교와 외적인 종교에서는 서로 있다 없다 로 많은 갈등을 일으키고 있습니다.

특히 내적인 종교에서는 윤회를 상당히 심도 있게 다루고 있는 반면에 외적인 종교에서는 〈윤회라는 게 어딨냐? 인간이 죽으면 신 앞에 가서 자신이 살아왔던 삶에 대한 심판을 받으면 그것으로 끝이다.〉라고 주장합니다.

그렇다면 과연 윤회를 인정해야 되는 것인지, 아닌지?

저는 이 점에 대해서 우리들의 삶과 자연의 변화과정 등에서 제 나름대로 한번 찾아보려 합니다.

여러분들에게 질문 하나 해봅니다.

이 질문은 저 역시도 깨닫기 전에 가장 궁금헤 했던 의문점 중에 하나였습니다.

여기 한날한시에 태어난 두 아이가 있습니다.

한 아이는 풍요하고 넉넉한 유럽 상류층 한 가정의 자녀로 또 다른 아이는 전쟁과 기아로 하루에도 몇 십 명씩 죽어 나간다는 아프리카 오지의 한 가정의 자녀로 각각 태어납니다.

질문: 똑같은 태어남인데 어떤 아이는 상류층에서

또 다른 아이는 죽음의 오지에서 태어나는 그 원인이 무엇이라고 보십니까?

한번 진지하게 묵상해 보시고 말씀해보십시오.

(묵상) 잠시 생각에 잠겨보는 것

질문에 대한 생각을 깊이 해보고 자기만의 답을 해보는 것입니다.

(묵상의 시간)

답:

그렇다고 깨달은 결과론적인 말로, 태어남이 어딨고, 빈부가 어딨냐는 등의 본래적인 말들일랑은 잠시 접어 두시고(깨달음과는 무관한 일반적인 상황에서의 질문입니다), 한 말씀 해보시지요.

아마 쉬운 답변들이 나오기란 그리 만만치가 않을 것입니다.

여기에 대한 답변은 잠시 미루기로 하고,

우리의 현 삶, 그 자체를 크게 세분화해보면,

우리의 하루 일상, 〈낮과 밤〉 〈아침, 점심, 저녁〉이

하루일상이 매일매일 반복되는 하루 〈어제, 오늘, 내일〉 〈매주〉 〈매달〉 〈봄, 여름, 가을, 겨울〉 〈매년〉

우주에서도 우리가 살고 있는 이 지구 역시도 〈공전〉과 〈자전〉을 되풀이하면서 태양의 주위를 일정한 속도로 돌고 있습니다. 이런 현상들은 큰 변함이 없이 꾸준히 반복됩니다. 이런 반복된 삶이 무엇을 의미할까요.

저는 이것을 **윤회**의 한 일부분이라 가정해봅니다.

또한 반복된 삶이 하나하나가 제 각각 떨어져 독립적인 것이 아닌, 서로 연관된 관계를 갖고 있는데, 즉 태양의 조그만 변화가 지구에는 엄청난 변화를 가져오는

이것을 **연기적 관계**라 명명하고 있습니다.

우리들은 이런 반복된 삶속에서 변화하고 성장하며 살아가

고 있습니다.

저는 이 과정을 **변화의 과정**, 즉 **진화**로 보고 있습니다(진화라 해서 과학자들이 주장하는 진화론적인 차원 높은 학문을 거론하는 것은 결코 아니고, 여기서는 그냥 간단하게, 변화의 과정을 진화로 표현하는 것일 뿐입니다). 즉 연기적 관계로 윤회하여 진화를 거듭한다.

삶 자체로만 본다면, 내적인 종교에서 말하는 연기적 윤회와, 변화의 과정인 진화가 상당히 신빙성이 있다고 보고, 윤회와 진화로 삶이 전개되어 간다고 보는 것이지요.

그렇다면 그것에 주체가 되는 자아가 반드시 있어야 하고, 여기서는 개체인 자아를 인정해야 된다고 저는 보고 있습니다. 그 개체의 자아가 곧 '나'이고, 여러분 각자입니다. 그 내가 살아가는 삶이 곧 현 삶입니다.

여기서 변화의 과정인 진화가 나왔으니, 그동안 생물의 진화과정을 자아와 연관시켜보면, 아마 이렇지 않을까요.

어류→양서류→파충류→조류→포유류 이런 변화의 과정을 자아가 어머니 자궁에서 생겨나고, 탄생되는 과정, 즉 임신과정 중에 위에서 말씀드린 각류마다, 그 특징적인 것이 조금씩은 다 포함되어있지 않나봅니다.

상태!, 호흡법!, 난생과 태생!, 온도! 등

이 진화의 과정은 지구가 처음 생겨나서 현재까지 오랜 시간 변화하는 과정의 한 분야에 속하지만

우리는 어머니 자궁에서 단 10개월간에 이미 조금씩 다 겪어 보았다는 그 사실에 매우 주목해야 한다는 것입니다.

이것이 바로 **'자아의 위대성'**이 아닐 런지요.

이번엔 이 삶을 내 한평생,

더 나아가 미래의 생과 한번 연관시켜 봅시다.

자신의 삶에서 단 한 순간도 멈춰서는 안 될 반복된 생명현상 〈들숨과 날숨〉

우리의 하루 일과를 미시적인 관점으로,

인생 삶의 탄생에서 죽음에 이르기까지로 축소해서 대입시켜 본다면, 아마 이렇지 않을까요.

아침에 잠에서 깨어납니다→탄생에 비유해봅니다.

잠에서 막 깨어나면 잠깐사이이지만 나라고 하는 '아'의 의식이 없습니다→이 상태를 초의식(순수의식)상태라 비유합니다. 잠시 멍한 상황에서 정신을 바짝 차리면, 어제의 나라고 하는 '아'의 의식으로 돌아오며, 하루의 일과를 시작합니다→개체의식 상태로 변화되어 삶을 살아갑니다.

오전에는 일에 의욕도 높고 열심히 살아갑니다→삶에 충실한 청년층,

점심식사와 함께 다시 일에 열중합니다→중년층

서서히 그날의 일을 마무리하며 정리합니다→장년층

나른함을 안고 퇴근을 하여 집에 돌아옵니다→기력이 많이 소모되고 몸에 피로를 느끼는 노년층에 접어듭니다.

밤이 되면서 그날의 일을 정리해보고 잠자리 준비를 합니다→지난날을 회상하며 인생의 끝맺음을 맞이합니다.

잠에 듭니다→죽음을 맞이합니다.

다시 새로운 다음날의 하루가 시작됩니다.

(전날과는 별 큰 차이를 못 느끼는 반복된 하루하루)

미시적인 관점으로는 하루(24시간)이지만

거시적인 관점으로는 한평생(한 삶)입니다.

하루하루가 지나면서 한 달이 지나고, 또 한 달이 지나면서 계절이 바뀌고 1년이 지납니다. 한마디로 세월이 흐르면서 나이가 먹는 것이지요.

시대적인 상황으로는 구석기→신석기→청동기→철기… 현대에 이르고,

생활적인 상황으로는 원시시대→농경사회→산업사회… 최첨단사회에

인간적인 상황으로는 갓난아기가 어린이가 되고, 어린이→학생→청년→중년→장년→노년이 됩니다.

이런 세월의 흐름 속에서 우리는 성장하고 배우고 체험하면

서 지식이 쌓이고, 창조도 하며 많은 사람들에게 삶의 편의성도 제공하면서 사회에 공헌도하고, 또한 폐도 끼치며, 이름도 날리다 죽음으로 삶을 마감합니다. 이것이 한사람의 한평생(한 삶)입니다.

결국에 우리는 하루하루의 삶을 통해서 변화되고 발전하며 성장합니다.

여기서 하루하루의 연속된 삶을 저는 윤회로 보는 것이고,

그 하루하루 윤회의 삶을 통해서, 우리는 철이 들고, 성숙해지는 이런 변화의 진보된 상태를 저는 진화로 보는 것이지요.

이번엔 이것을 좀 더 크게 한번 보십시다.

위에서 말한 거시적인 한평생(한 삶)을 미시적인 하루로 보고 가정한다면, 미시적인 한 평생(한 삶)이 거시적으론 엄청난 삶이 되는 것이고, 그 삶을 우리는 미래생-현생-전생(과거생) 등으로 나누어 부르기도 합니다. 이런 수많은 윤회를 통해서 우리는 성숙해지고 발전합니다. 여기서 한 가지 중요한 사실은

어제의 내가 오늘의 내가 되는 것이고,

오늘 이 나는 내일의 나가 됩니다.

이 말은

오늘의 나는 어제의 나를 기반으로 오늘의 내가 되고,

내일의 나는 오늘의 나를 기반으로 내일의 내가 됩니다. 이것을 위에서 말씀드렸던 미시적인 관점으로 본다면, 일예로 어제 게으르고 나태한 생활을 했던 사람은 오늘 태어남도 게으르고 나태한 생활을 할 것이고, 내일 태어남 또한 마찬가지일 것입니다. 그러나 비록 어제의 삶이 게으르고 나태했을 지라도, 오늘은 부지런하고 성실한 삶을 살았다면, 내일은 부지런하고 성실한 사람으로 태어나, 그런 삶을 살 것이라 예측해봅니다.

이것이 바로 내적 종교인 불교에서 말하는 인과법이라 생각합니다. 이렇게 보니까 이 삶속에서의 같은 삶이라도, 각 개개인마다 다 다른 이유에 대해 조금이나마 이해가 되는 것 같지 않습니까?

물론 깨닫고 보면 그 다른 이유를 분명하게 알 수 있지만.

똑같은 삶 속에서 같은 일을 해도 어떤 이는 비교적 큰 난관이 없이 쉽게 성공하는 자가 있나 하면, 또 다른 어떤 이는 난관이 많고 계속 실패만을 거듭하는 자가 있습니다. 이 두 삶에는 반드시 어떤 요인이 작용하고 있다고 보는 것이지요. 즉 윤회에는 반드시 연기적인 인과법이 작용하지 않나, 나름 말씀드리고 싶습니다.

그렇게 본다면, 현 삶의 내 모든 것은 전 삶의 원인에 의한 결과이고, 즉 현 삶은 전 삶의 결과이며, 현 삶은 다음 삶의 원인이 됩니다.

어제의 게으른 자는 오늘도 게으르고, 오늘 게으른 자는 내일도 게으릅니다. 그래서 삶이 고 모양 고 꼴입니다. 비록 어제까지는 게을러 오늘 역시도 게으른 삶을 살지만 굳건히 오늘을 견디며, 오늘 뒤늦게라도 부지런해지면 내일은 부지런한 삶을 삽니다.

'뿌린 대로 거둔다'라는 말의 의미를 잘 살펴봅시다.

결국 인간 개체 삶에서의 모든 일들은 결코 우연이란 없다고 봅니다.

분명한 원인에 의한 결과만이 있게 마련입니다.

이렇게 본다면, 윤회와 진화 역시 사람들이 각자의 인간 개체삶 속에서

서로의 편의를 위하여 정해놓은 **하나의 법칙**에 준한다 봅니다. 즉 낮과 밤이 그러하고, 낮과 밤을 주기적으로 하루라 하며, 이 하루를 정점으로 2일, 3일, 7일을 일주일로, 매월, 1년으로 나누고, 또한 낮을 3등분하여 아침, 점심, 저녁으로 나누는 시간과 시간과 시간 사이의 공간을 나누는 이런 모든 것들이 결국은 윤회와 진화라는 명칭으로 대두되지 않았나 저는 보고 있습니다. 윤회와 진화 또한 인간 삶속에서의 자기들만의 세뇌과정입니다.

이쯤해서 제 스스로의 결론을 내려 본다면, 만일 윤회와 진화가 없다면, 처음 질문한 두 아이의 출생 그 자체가 똑같은 선상에서 출발을 하는 게 맞는 것이 아니냐 보는 것이지요. 질문과 같이 전혀 다른 출발선상이라면, 그 다른 이유가 분명하게 있다고 봅니다. 그래서 저는 인간 개체적인 삶에서는 윤회와 진화가 분명하게 작용하고 있다,라고 말씀드립니다.

결론적으로, 윤회와 진화는 깨닫지 못하면 있어, 거기에 계속해서 휩쓸려가는 것이고,

깨닫고 나면 다 마음작용임을 알아 망념망상으로 돌릴 뿐입니다.

여기서 또 하나의 결론을 내립니다.

사후가 있나 없나에서도, 깨닫지 못한 사람에게는 삶에서 길들여진 그대로 죽은 다음 그 삶의 연장선상으로 그대로 마음속으로 가지고 가기 때문에 사후가 있고 또한 그대로 작용을 하며,

깨달은 사람에겐 본래마음 그 자체가 되기 때문에 사후가 없습니다. 전생이니 사후니 하는 것도 다 깨닫기 이전 마음의 상일뿐이지, 깨닫고 나면 다 자기가 내는 마음작용임을 여실히 아는 것입니다.

사후 이야기가 나왔으니 한 말씀 더 드리면, 지옥, 천국, 극

락, 업보라는 것도 살아생전 있다고 믿어 왔으면 그 믿음 그대로 따라 갑니다. 물론 거기에 합당한 상·벌 또한 있을 수도 있습니다.

그 외에도 인생이니, 사주팔자, 운명 또한 역사 등 삶과 관련된 많은 부분들이 말과 글로 계속해서 전해 내려오고 있고, 종교도 마찬가지입니다. 평상시에 믿고 의지한 그 마음이 그대로 작동하여, 사후에도 그런 집단에 휩쓸려 머물면서

○○를 찾고, 빛을 찾고, 평상시 그대로 다 하고 삽니다.

한 가지 알아 두실 것은 사후는 육신의 상이 끊어진 즉 물질계가 아니므로 상이 없습니다. 나무가 있고 물이 있다는 것은 하나의 자기 상상일 뿐이지만 그 마음을 가지고 있기 때문에 자기의식에서는 분명히 보고 의식할 수 있습니다.

이렇게 본다면, 앞에서 질문 드렸던 두 아이의 탄생, 환경 역시도, 그 누군가가 정하는 것이 아니라

아이들 스스로 전 삶(전생)의 영향을 받은 것이라 받아 들여지면서

깨닫지 못하면 삶에 휩쓸려 계속해서 윤회를 하지만

깨닫고 나면 다 내 마음 작용임을 알아,

일체를 망상으로 돌려버리게 됩니다.

이렇게 결론을 지어보니, 윤회를 인정하는 내적인 종교가 진리에 근접하고, 윤회를 전혀 인정하지 않는 외적인 종교는

진리와는 전혀 상관이 없다고 생각하실지 모르는데 사실은 그렇지 않습니다.

지금까지 설명 드렸듯이 윤회니 진화니 그 자체는 본래마음 자리에서 보면 원래 없는 것인데, 인간 개체가 개체의 삶에 빠지다보니, 개체의 삶에서나 인정하는 윤회나 진화를 스스로 인정하고, 거기에 메이게 된 것입니다.

인간 개체의 삶에서는 윤회와 진화가 분명하게 작용을 하고, 거기에 많은 것들이 영향을 받고 있지만

깨달아 본래에 들면, 그 자리엔 윤회니 진화니가 전혀 작용을 못 한다 이것입니다.

이 모든 것들이 다 인간 개체의 삶속에서나 작용하는 것으로, 결국 내적인 종교나 외적인 종교도 인간 개체가 만든 것에 불과할 뿐이지,

사실은 종교가 어디 있고, 내적 외적이 어디 있습니까.

다 인간 개체가 만들어낸 자기들만의 삶속 내용물들입니다.

지금까지 우리는 한계와 분별 심을 내면서 원죄와 무명에 빠져, 인간 개체의 '내'가 형성되고, 또한 그 내가 선택하고 원하는 대로, 삶을 만들고 이끌어 왔음을 분명하게 알게 되었습니다.

그렇다면 그 내(아)가 무엇임을 알아야, 거기서 벗어날 수도 혹은 지향할 수도 있지 않겠습니까.

바로 다음에 나올 깨달음 편에서 그런 것들을 하려하는 것

입니다.

여기서 잠시 깨달음 편에 들기 전,

깨달음을 있게 한 그 요인에 대해서 잠깐 말씀드려 볼까 합니다. 위에서 윤회와 진화에 대한 제 견해를 말씀드렸는데, 윤회를 좀 더 깊게 들어가 보도록 하겠습니다.

삶을 하루하루 단편적으로 들여다보십시다.

오늘 아침에 잠에서 깨어납니다.

깨어남과 동시 모든 의식들 즉 생각과 습관 행위 등 모든 것들은 어제 하루 동안에 했던 것들만이 기억에 가득할 뿐입니다. 어제의 의식 그대로, 크게 변함없이 오늘 하루도 삶이 그대로 이어집니다.

마치 습관처럼, 그날그날의 계획에 따라 일주일을 보내고,

그 주일 주일의 계획에 의해서 한 달이 지나고,

매달 매달이 일 년이 되고, 그렇게 성장을 하면서 한평생의 한 삶이 됩니다. 이것 또한 윤회이지요.

그 윤회는 한 삶에서 끝나는 것이 아니라 습관처럼 몸과 마음에 그대로 다 저장됩니다.(이것을 잠재의식이라 표현합니다)

위에서 말씀드렸던 어제의 의식이 그대로 오늘의 의식이 되듯, 한 삶의 의식이 다음 삶의 의식으로 그대로 이어집니다.

이 말은 현생의 한 삶이 그대로 저장되어 다음 삶의 인과로

작용하여 결과로 나타난다는 뜻입니다.

그러니까 현 삶속에서 행해왔던 모든 것들을 그대로 안고 다음 삶에 임합니다.

결국 다음 삶은 전 삶의 연장선상으로 이어진다는 것이지요.

이것이 윤회의 크나큰 모순이라 저는 보고 있습니다.

속된 표현으로 육신의 옷을 벗은 사후에도,

그 육신을 그대로 인정하면서 계속 이어져 가는 연장선상으로 다음 생을 맞이하는 것, 이것이 가장 큰 문제입니다. 현 삶이 다음 삶으로, 다음 삶이 또 다음 삶으로 계속해서 끝없이 이어진다는 것이지요.

그렇게 본다면, 생로병사에 계속 묶여 돌고 돌고 도는 결과를 계속 초래합니다. 솔직히 말씀드려 이런 윤회로 인해서 우리는 태양계인 이 지구상을 떠나지 못하고 생사를 반복하는 것이 인간들의 삶인 것이지요.

제 생각으로는 현재 인간의 삶이 다 윤회에 덥혀 있는 삶으로 보는 것입니다.

이런 반복된 삶에서 벗어나려면 어떻게 해야 합니까?

거기에 정답은 바로 깨달음입니다.

깨달음으로서 내가 반복된 윤회의 삶을 계속하고 있었음을 알게 되는 것이고,

그때부터 거기에서 벗어나는 법에 눈을 뜸과 동시,

어느 일정 방법의 수련수행을 통해서 거듭나게 되는 것입니다. 그때가 되면 깨달음의 중요성을 진정으로 알게 됩니다.

그래서 저는 앞서 현 삶에서 반드시 깨달아야 한다고 누누이 말씀드렸던 것입니다.

모든 인간들은 언젠가는 반드시 깨달아야만 합니다.

깨닫지 않으면 절대로 결코 윤회에서 벗어날 수가 없습니다.

그래서 저는 삶의 목적이 스스로 깨달아 끝없는 윤회에서 벗어나기 위함 이라 보는 것입니다.

(윤회의 삶 속에서는 삶의 목적이 깨달음일 수밖에 없습니다)

깨닫기 위해서 수많은 삶을 살아가고 있다.

〈그럼 깨달으면 윤회고 인과가 없는 것이냐?〉

원인을 제공할 내가 없으므로 결과를 받을 나도 없습니다.

이렇게 말씀드리니까, 신이 인간을 보낸 이유가 깨닫기 위해서, 깨달으라고 보낸 것이냐? 이렇게 반문하시는 분이 분명하게 계시리라 봅니다.

뒤에 계속해서 말씀드리겠지만 분명히 아닙니다.

누차 또 한 번 말씀드리지만 우리는 완전한 신으로 왔습니다. 그런데 삶속에 스스로 빠지다보니 인간으로 변모된 것이고, 그 인간의 삶을 끝없이 스스로 행하고 있었던 것입니다.

인간으로 빠지지만 않았다면, 종교도 깨달음도 윤회도 행하지 않았습니다. 물론 신도 찾지 않았지요.

결론적으로 윤회에 빠져있기 때문에 깨달음이 필요한 것입니다. 이것이 바로 깨달음을 있게 한 원인이기도 결과이기도 한 것입니다. 결국에 이것들 또한 다 내가 만든 창조의 일부분입니다.

이런 마음을 갖고 깨달음에 입문하시면 반드시 쉽게 성취할 것이라 저는 확신합니다. 이렇게 말씀드리니까, 필자 말이 너무나도 허무맹랑하고, 도저히 믿기지 않으며, 어떻게 그럴 수가 있느냐? 의아해 하시는 분들이 있을 것 같아, 정리도 할 겸 마음을 안정시키는 명상을 해보도록 하겠습니다.

내가 생각하는 윤회와 진화 명상

(명상 시작)

명상에 들기 전 윤회와 진화 편을 다시 한번 읽어 보고 숙지하면서 필자가 생각하는 윤회와 진화가 과연 맞는 것인가. 한번 깊은 명상에 잠겨 보시기 바랍니다.

(명상)

이번엔 내가 생각하는 윤회와 진화에 대한, 나만의 결론을
지어보십시오. 내가 생각하는 윤회와 진화.

(명상 계속)

혹시 이해가 되지 않고, 도저히 믿기지 않는 경우가 있다 해도 잠시 접어두고, 계속 다음 장을 읽어주시길 바랍니다.

(명상 끝)

2장

깨달음 편

깨달음의 초대
–내 본래를 찾아서

이제부터 본격적으로 내 본래를 찾아 떠나봅시다.

그러기 위해서 우선 깨달음에 대해서 어느 정도는 알고서 가는 게 순서일 것 같습니다. 좀 빠른 것 같지만 내가 무엇임을 알아야지 이야기가 전개될 것 같아, 제 나름대로의 깨달음을 정리해보도록 하겠습니다.

우선 본론으로 들기 전, 독자 분들께 한 말씀 올릴까 합니다.

제가 앞장 세뇌 편에서 계속 주장했던, 모든 것의 주체가 바로 '나'라고 말씀드린, 그 요인을 깊이 새겨보면서 깨달음 편에 입문해 보시길 바랍니다.

깨달음에 있어 그 가장 중요한 핵심은

진리를 결코 어려운 과제로 보아서는 절대로 안 된다 이것입니다.

진리는 여러분 각자 스스로 그 자체입니다.

남녀노소 그 누구를 막론하고, 더 나아가 배우고 못 배우고, 잘나고 못나고, 잘살고 못 살고, 이런 모든 것들과는 전혀 상관이 없습니다. 직업도, 학벌도, 선함도, 악함 또한 마찬가지입니다. 그냥 사람이면 누구든 다 됩니다. 머리를 굴릴 필요도 없고 지식과도 무관합니다.

이런 모든 것들은 인간 개체의 삶에서 살아가기 위한 한 수단에 불과한 것들입니다.

그 어떤 제약 조건도 없는 순수함 그 자체입니다.

이점 명심하시고 맘 놓고 임해보십시오.

분명히 됩니다. 분명히 이룹니다.

깨달음이 있나? 없나?

깨달음에 있어, 과연 우리들 삶에 깨달음이 있나, 없나 입니다.

어떤 깨달은 각자(覺者) 분은 이렇게 말씀하시더군요.

'깨닫고 보니 깨달음도 없더라'

이 말은 깨달은 결과론적인 말인 것이지, 깨닫기 전에는 분명하게 깨달음이 있습니다. 깨달음이 있어 깨달음에 입문한 것이고, 그러저러한 수련 수행을 통해서 깨닫고 보니, 깨달음이 필요 없음을 그때서야 깨달은 것이지요.

또한 어느 분은 깨달음에 대해 이런 말을 하더군요.

공연히 밥 먹고 할 일없으니 깨달아 무엇이 되고 어쩌고들 하던데, 다 배부른 소리고 쓸데없는 짓거리들이라고.

정말 그럴까요?

또 다른 분은 자아당착 속에 빠져, 자기 최면 화하고 있는 게 깨달음이라고 하는 사람들도 있습니다. 어떻게 보면 그 말도 전적으로 틀린 말이 아닐 수도 있지요.

(이런 말들이 나온다는 그 자체가 바로 가장 큰 문제입니다.)

명상한다고 눈을 감고, 한 생각에 빠져 나름대로 그 무엇을 찾는 물론 그렇게 볼 수도 있겠지요. 그래서 명상도 어느 절차에 따라 잘 해야 되는 것만은 사실입니다.

그렇게들 말씀하고 생각하는 그 분들께 한마디만 묻겠습니다.

'이 세상에 오셔서 한일이 무엇입니까?'

'또한 삶에서 무엇을 배웠습니까?'

본인 말과 같이 "밥 잘 먹고, 의식주 잘 해결하고, 자손 낳고 잘 키우며, 나름대로 잘 살면 되는 것이지, 그 이상 뭘 바랄게 더 있겠느냐." 하시겠지만

그렇다면 그걸 위해서 이 세상에 왔고,

그래도 결국엔 늙고 병들고 죽는 것인데, 겨우 그렇게 되기 위해서, 그런 삶을 살려고, 이 세상에 왔냐, 이것입니다. 그런

삶은 여느 동물들도 다 그렇게 삽니다. 안 그렇습니까?

저는 여러분 스스로가 자신의 삶을 신중하고 깊게 들여다보시길 바랄뿐입니다. 자신의 삶에서 무언가 이해가 안 되는 부분이 있다든지 혹은 인간 삶 전체를 두고 볼 때, 왜? 라는 의문점이 생겨날 때 등을 주도면밀하게 관찰해 보라하는 것이지요.

많은 사람들은 자신의 삶에서 힘들고 어려운 일이 닥쳤다든지, 몹쓸 병에 걸려 죽음과 직결되었을 때, 그때서야 비로소 자기 자신의 삶을 들여다보기 시작합니다.

첫 장에서도 말씀드렸지만 한국 초대 대 기업가이신 분이 죽음을 앞두고, 24가지의 질문서를 신부님께 주었다는 말씀을 해드렸는데,

그분이 무엇이 부족해 그렇게까지 했겠습니까.

물론 물질 풍요와 높은 직위, 건강한 육신을 유지하고 있을 때야, 삶을 뒤돌아볼 여유와 필요성을 전혀 못 느끼겠지만…

또한 이런 말을 하는 사람들도 있습니다.

나만 늙고, 나만 병들고, 나만 죽나 모든 사람들이 다 똑같은데,

아예 노, 병, 사가 당연한 것과 같이 생활화, 습관화를 시켜

버리고 있습니다.

그러나 막상 그 순간이 본인에게 닥쳐보십시오.
과연 그때도 그렇게 여유 있는 말씀을 하실지.
현 생활에 그만한 여유가 있으니 그런 말도, 그런 생각도, 서슴없이 하겠지만은
사실 이 공부도 삶에 여유가 있으면, 마음 또한 여유가 있어 차분하게 잘들 하는데,
삶에 여유가 없는 사람들은 마음이 바쁘고 쫓기는 마음이라 많이들 힘들어합니다.
물질계에서 물질이 차지하는 그 비중이 마음까지도 흔들어 놓는 결과를 가져오긴 하나 봅니다.
그래서 깨달은 사람들도 니나 네나 할 것 없이
도(道) 사업화에 열을 올리고들 있지요.
좋습니다. 삶에 여유가 있든 없든 간에 중요한 것은 일이 눈 앞에 닥쳤을 때보다는 여유가 있을 때 미리미리 준비하는 것도 참으로 현명한 방법입니다.
깨달음이 있으면 어떻고 없으면 어떻습니까.
그냥 내 본래만 찾아 들어가면 됩니다.
이 공부는 남의 공부가 아닌 내 자신의 공부이니까요.

내가 왜 왔고, 또한 인간이 왜 병들며 늙고 마지막에 가서

는 반드시 죽어야하는지를 찾아내고, 찾아낸 그것을 본인 스스로가 실현하기 위해하는 것이 바로 깨달음입니다.

깨달음으로서 내가 무엇이고,

삶 또한 무엇이며,

인간이 이 세상에 왜 오는지를 알 수 있습니다.

현 인간 삶에서는 깨달음은 분명히 있고,

그래서 인간 모두는 반드시 깨달아야 하며,

이것이 제가 강조하는 깨달음의 필요성입니다.

깨달음이 공연히 있는 것이 절대 아닙니다.

깨달음이 생겨날 때는 분명하게 깨달아야 할 그 무언가가 있었기 때문입니다. 그 무언가가 무엇이겠습니까.

결국 **인간의 모든 의문의심과 고통이 깨달음을 만든 것**입니다.

이렇게 본다면, 깨달음은 인간의 무지(無智)에서 비롯됩니다.

어머니와 아이에 대한 내용에서 말씀드렸듯이 인간은 태어나 삶을 갖는 그 순간부터, 본의 아니게 무명과 원죄의 굴레에 들어 스스로 깨닫지 않고서는 그 굴레에서 벗어날 수 없으므로, 벗어나기 위해서라도 반드시 깨달아야 함은 필연 사실입니다.

생로병사 역시도
이 무명과 원죄의 굴레에 들면서
가지게 되었으므로 깨달음이 있는 것입니다.
그래서 인간은 반드시 깨달아야 한다,라고 필자는 역설하고 있습니다.

자 다시 본론으로 돌아와서 그렇다면 깨달음이 있다면,
도대체 깨달음이 무엇인가를 알아야 되겠지요?

깨달음이 무엇?

저는 깨달음을 크게 2가지 측면으로 나누고 있습니다.
그 첫째가 깨달음이 무엇인가? (what)입니다.
깨닫고 나서 제 스스로의 답변은?
【당신이 생각하는 그것】
저는 이렇게 포괄적으로 결론을 지었습니다.
이건 제가 깨닫고 나서, 제 나름대로의 깨달음에 대한 최종적인 결론이고,
글자의 뜻대로 설명을 해보면
깨달음!

사전적 의미로는 '생각하고 궁리하다 알게 되는 것'으로서 '아는 것' '앎' 비슷한 용어로 '깨어나는 것'이 있는데, 여기서의 깨어남은 그 무엇을 하다 순간적으로 정신을 차리는 혹은 잠을 자다 깨어나는 그런 의미보다는

새로움으로 거듭나는

종교적인 용어로 부활의 의미가 더 깊다고 보는 것이지요.

말과 같이 종교적인 의미가 많이 포함되어 있는 단어로 많은 사람들이 인식하고 있는 것만은 사실입니다.

그런데 여기서 참으로 깊이 생각해 보아야 할 부분이 있습니다.

깨달음을 단순히 앎으로만 받아들여서는 안 된다는 것입니다.

위에서 사전적인 의미로 '생각하고 궁리한다는 것'이 말의 참뜻이 무엇이라 보십니까? 생각하고 궁리하다!

생각도 나 혼자만이 하는 것이고,

궁리도 내 스스로가 하는 것입니다.

즉 '스스로 깨우쳐서 알아야 된다는' 바로 이것입니다.

이것이 깨달음의 진면목인 필수조건이라 할 수 있는 것이지요.

이 말은 깨달음 그 자체의 단어적인 뜻보다는

깨닫는 그 방법에 무게가 더 깊이 실린 단어로 저는 보고 있습니다. 이것을 정말 알아야 합니다.

단순히 내가 무엇임을 아는 것도 중요하지만

〈스스로 깨우쳐서 알아야 한다는 것〉이 깨달음의 깊은 뜻임을 진정으로 아셔야 합니다. 이게 안 되면 깨달음은 다 머리로 하는 알음알이에 불과합니다.

내가 무엇임을 아는 것은

그간에 깨달은 사람을 통해서든, 인터넷이든, 방송매체이든, 책이든, 그 무엇으로든, 이제 어느 정도는 다 알고 있는 사실입니다.

문제는 그런 것들을 통하지 않고

스스로 깨달아 알아야 한다는 것인데

과연 그렇게들 하고 있는지.

이건 본인만이 알고 말할 수 있는 사실입니다.

○ 스스로 깨달아야 한다

깨달음에 있어서 이 부분이 참으로 중요합니다.

아무리 지식이 풍부해도 아무리 머리가 좋아도

깨달음만은 본인 스스로가 완수해야하고 이루어야만 합니다.

그 이유는

당신 안에 내재해있는 본래 그 자체가

스스로 눈을 뜨게 해야 하기 때문입니다.

그건 본인 스스로 외에는 할 수가 없습니다.

깨달음이 바로 이래서 힘들고 어렵다고들 하는 것인지도 모르죠?

깨달음은 교육이 아니다

깨달음은 배우는 것이 절대로 아니라는 뜻입니다.

깨달음은 가르치고 교육해서 그 사람을 완전하게 만들어 주는 것 또한 아닙니다.

아무리 사랑하고 존경해도 스승이 제자를 깨달은 그 자리까지 데리고 갈 수가 없는 게 또한 이 깨달음의 공부입니다.

그런데 요즘 이 사회를 보면

수련·수행자는 깨달음을 배우려 하고,

깨달은 스승은 깨달음을 가르치려 합니다.

배워서 완전하게 될 수만 있다면

머리 좋은 박사나 수제자들은 이미 벌써 다 됐겠지요.

그러다보니 수련·수행자들은
본인 스스로 깨치기보다는 상대가 깨친 답을 가지고
그 답에다 모든 것을 다 대입시켜
부지런히 숙지하려고 합니다.
마치 인간 삶에서의 공부법을 그대로 적용시키려하는데,
깨달음은 절대로 그런 공부가 아닙니다.
밖에 있는 답을 알고
그것을 숙지하는 그런 것이 아니란 말입니다.
이것은 상대가 깨달은 것을 답습하는 것이고 세뇌이지요.
그러니 행은 안 나오고, 말로들만 떠들썩하니 모르는 것이 전혀 없습니다. 시험을 치면 모두다 A+ 이상일 것입니다.
그것이 인가입니다.

저도 한때는 그랬지만 인가 받으면 어깨가 우쭐하니 공부 다 된 것 같고, 공부 다 끝난 것 같습니다. 어디서 귀동냥을 했는지 천하가 다 내 손바닥에서 논다고 하면서도 정작 그 말의 본뜻이 무엇을 의미하는지도 모르고 희희낙락거립니다. 한마디로 그 사람을 자만 속에 빠뜨리는 결과를 초래할 수 있습니다.

그것은 그 사람을 살리는 것보다도 그 사람을 무간지옥에 더욱더 깊이 매몰시키는 일임을 왜 모르시는지. 막연하게 깨달은 각자의 말만 듣고 거기에 매여 있다가 육신의 옷을 벗으면, 그 다음부터는 막막함에 딱 걸려 방황하기 시작합니다.

또한 깨닫는 방법을 전수하고, 깨달아 가는 것을 옆에서 지켜보며, 방향을 잡아주는 게 스승의 도리라 보는데, 본인 스스로가 깨달은 그 정답을 제자에게 알려주고,

그 정답대로 **변해야 함**만을 주장하는 그 자체가

또 하나의 한계와 분별 심을 심어주고 있습니다.

〈그렇게 해서는 안 되고, 거기서 벗어나야하고, 항상 ○○해야하고, 하지 말아야하고, 변해야하고〉 등이 또 하나의 한계가 아니고 무엇이겠습니까?

사실 스스로 깨닫게 되면 굳이 이런 것들이 필요합니까?

그냥 자연스럽게 다 됩니다. 또한 그렇게 하라 해서 다 된다면 깨달음이 무에 필요합니까. 다 필요 없습니다.

스스로 깨닫기 만하면, 아니 제대로만 깨쳤다면,

말 안 해도 다 알아서 제 갈 길을 스스로 찾아 들어가게 되어 있습니다.

그게 본래의 자기 길이고, 자기 집이며, 자기 자신인데 뭘 걱정합니까.

그게 바로 대 자유함입니다.

지금 현재 당장 이 자리에서도 자기 스스로를 자유스럽지 못하게 하는 그것이 무엇입니까.

바로 한계입니다.

인간들은 이 한계에서 조금도 벗어나지를 못하고 있습니다. 인간들의 말을 들어보십시오.

모두 다 자기 한계에 묶인 말과 행동만 합니다.

자기가 생각하고 말하는 그것들이 다 옳다고 주장하고, 그렇게 해야 만이 인간 도리를 할 수 있다는 등의 말들을 합니다. 말 뿐만이 아니라 습관도, 행동하는 것도, 다 자기의 한계만치만 하고 있습니다.

상대를 한번 주의 깊게 보십시오.

상대뿐만이 아니라 자기 자신 역시도 매 마찬가지입니다.

한계에서 벗어나야 합니다.

스스로 깨닫기 만하면 자연스럽게 그냥 다 됩니다.

그냥 속된말로 수단과 방법을 가리지 말고 스스로 깨닫기만 하십시오.

깨닫는 데는 정해진 바가 없습니다.

자신에 맞는 방법으로 열심히 수련만 하십시오.

스스로 깨닫기만 하면, 진정한 스승이 누구이고,

어떻게 남은 수행(보림)을 하는지도 다 알게 됩니다.

그때부터는 스스로 보림의 삶을 살아가게 되어 있습니다.

그렇다면 보림이 무엇이냐.

간단하고 알기 쉽게 말씀드려서,

저는 숙련(숙달)이라고 말씀드리고 싶습니다.

태어나서 지금까지 우리는 한계를 짓고 살았습니다.

60년을 사셨다면 60년의 한계를, 30년을 사셨다면 30년의 한계를. 현생이 이럴 진데, 내적인 종교에서 말하는 그간 윤회의 삶까지를 합친다면, 몇 백, 몇 천, 몇 만, 몇 억년도 더 되었을 수도 있습니다. 한마디로 한계의 삶에 이미 세뇌될 대로 완전하게 세뇌되어 있다는 말입니다. 이 세뇌될 대로 세뇌된 한계를 깨달았다고 하루아침에 벗어날 수만 있다면 얼마나 좋습니까.

마음이라는 게, 한번 길이 나면 그 길만을 고집하는 습성을 가지고 있습니다. 그것을 버릇이라고도 하고 습관·관습·관념이라고도 하는데,

이것을 바꾸는 것이 바로 보림의 과정입니다.

그러기 위해서, 꾸준한 행위와 인내 그리고 단 일각도 놓치지 않는 자각으로,

존재의 중심이 그 자리에 확고하게 우뚝 서는 그 자체가 되어야 하며, 그 어떤 힘든 상황이 와도, 그 자리에서 단 일각도 벗어나지 않는 이런 자각의 행위가 바로 보림이라고 저는 말씀드립니다.

진짜 수행의 어려움이 이것입니다.

그래야 육신의 옷을 벗어도, 그 어떤 변화가 와도, 오롯이 확고하게 본래마음자리에 머물 수가 있는 것이지요. 그러기 위한 숙달이고 숙련이 바로 보림입니다. 전체의 그 자리에서 일체전체를 다 내고, 들이는 완전한 그자가 되는 것입니다.

그러기 위해서 육신의 옷을 입고 있을 때, 반드시 스스로 깨달아, 그 자리에 우뚝 서야 흔들림이 없이 확연해집니다.

그 자리에 스스로 서보지 않은 사람은

절대로 결코 그 자리에 들 수가 없습니다.

이 공부가 내 공부이고, 당연히 해야 할 공부이며, 내 고향집을 찾아 들어가는 지극히 자연스런 평범함입니다. 무슨 큰 일이나 하는 것처럼 야단법석들을 떠는데, 그것은 아직 제대로 못 찾았거나 덜 성숙한 자기 내세움입니다.

인가

여기서 잠시 위에서 인가라는 말이 나왔으니,

인가에 대한 올바른 정의를 짚고 넘어가도록 하겠습니다.

진정한 인가는 진정한 스승이 해주어야 하는데,

여기서 말하는 진정한 스승이 누굴 뜻한다 보십니까.

바로 당신 스스로입니다.
당신 속에 내제해있는 본래 그 자체입니다.
전체·신이라고 하는 그자가 진정한 스승입니다.
결국 내 밖이 아닌
내 안에 있는 그 자가 인가를 해 주는 것입니다.
스스로가 깨달았음을 확신하게 되고,
전혀 흔들림이 없이 확연해집니다.

그런데 많은 수련 수행자들이
스승을 내 밖에서 찾고 있다는 사실.
더 나아가 인가를 해주는 스승.
물론 올바른 길을 인도하기 위한 방편으로도 볼 수 있지만
내 안의 참 스승이 해주는 인가만이 진짜입니다.
그 인가를 우리 모두는 받아야 합니다.
그 인가를 받은 자만이 진정한 신이 될 수 있습니다.
내 밖의 스승은 영원한 나침판입니다.
이점 깊이 깨달으셔야 합니다.

본인 스스로의 공부 됨됨이 점검은
본인 스스로의 마음에게 물어 보십시오.
그 마음은 결코 절대로 거짓말을 안합니다. 못합니다.
안 됐고, 긴가민가하고, 잘 모르고 하면 안 된 것입니다.

그러면 늦기 전에 빨리 다시 시작하십시오.
누구보다도 자기 자신이 자신을 더 잘 압니다.
그것이 바로 제대로 된 인가입니다.
여기서 잠시 깨달음에 대한 명상을 미리 해봅시다.

깨달음에 대한 명상

(명상 시작)

나는 무엇인가?
내 이름 석 자도 떼어버리고,
내 직업도 떼어버리고,
내 생김새도 떼어버리고,
누구의 아버지, 어머니, 아내, 남편도 다 떼어버리고,
나는 인간 개체, 동물, 육체, 물질 등도 다 떼어버리면, 남는 게 무엇입니까?
분명히 아무것도 없는데도 나라고 하는 느낌이 분명히 있습니다.
그 느낌까지도 떼어버리세요.
그냥 그 상태,
그냥 없음입니까?

이 정도만 느끼셔도 대단한 것입니다.

그 상태에서

나는 무엇입니까?

당신 스스로에게 물어보십시오.

나는 무엇인가?

나는 누구인가?

그 의문으로 깊이깊이 들어가 보세요.

(명상 끝)

당신은 왜 깨달으려 하는가?

이 점에 대해서 자기 자신과 진솔한 대화를 한번 나누어 보십시오.

'내가 왜? 깨달으려고 하는지'를 한번 신중하게 짚고 넘어가 보십시다.

이 질문을 좀 더 포괄적으로 드린다면,

'내가 왜 종교를 믿나?'

이 질문과 거의 동일하다 봅니다.

결국 깨달음과 종교적인 측면과는 서로 밀접한 관계에 있기 때문에 이런 질문을 해 보는 것입니다.

각자 스스로의 어떤 목적과 그이유가 분명히 있으리라 봅니다.

대다수 삶에 어려움을 한번 정도 경험한 사람들이 그 주류를 이룬다고 저는 보고 있습니다.

삶에 어려움이란 여러 가지가 있겠지만 크게 4가지로 분류해보면,

물질적인 면,

정신적인 면,

인간적인 면,

육체적인 면,

(이것 또한 제 한 생각에 불과합니다)
여하튼 좋습니다.
분명한 것은 최소한 제 입장에서의 경험으로 보건대,
종교나 깨달음은 그 목적의식이 분명해야지,
목적달성에 많은 도움이 된다고 봅니다.
그래서 이런 질문을 스스로에게 한번 해보라 한 것입니다.

'내가 왜 깨달으려고 하나?'
'내가 무엇 때문에 현 종교를 믿고 수행단체에 입문해 있나?'
자기 자신에게 한 점 숨김없이 답해보시길 바랍니다.

내 자신에게 묻는 명상

(명상 시작)

- 내가 내 자신에게 묻는 명상의 시간 -

깊이 명상해 보시고, 솔직하게 한번 써보십시오.
내가 왜 깨달으려고 하는가?
내가 왜 현재 믿고 있는 종교를 선택했는가?

(종교를 믿고 있지 않으면 - 내가 왜 이 책을 읽고 있나에 대한 명상을 해보세요)
한번 깊게 명상에 들어 보시고, 글로 써보십시오.
당신이 쓴 글은 그 누구도 보지 않습니다.
진실 되고 거짓 없이 솔직하게 써보십시오.

(명상 끝)

여기에 대해 필자 자신부터 솔직히 말씀드리면, 저는 어릴 때부터 가정적, 인간적, 사회적 갈등에 참으로 많은 어려움을 겪으면서 그런 것들의 회피 목적으로 깨달음을 갈망했었고, 깨닫기만 하면 속된말로, 불행 끝 행복시작으로 알고 깨달음에 입문했으며,

사실 〈현 삶의 회피목적〉으로 당시에는 깨달음에 입문했습니다.

자 여기서 말씀드릴 그 첫 번째 요인이 바로 이것입니다.

'깨닫기만 하면 현재 자신의 어려움에서 벗어나, 영원한 행복을 누릴 수 있다.' 라는 현재 진행형적인, 생각과 관념에만 젖어서 깨달음에 입문했다는 사실입니다.

여기서 참으로 중요한 보이지 않는 내용이 있습니다.

깨달으면 영생을 얻고 영원한 행복을 누릴 수 있다는 개체의 관념에는

현 삶과 밀접한 관계를 유지하고, 계속해서 이어나갔으면 하는 바람이 분명히 포함되어 있다는 것,

사람들의 의식이 예전 같지 않아 많이 진보되어 있기는 하지만 그래도 아직까지는 깨닫는 목적과 종교를 갖는 이유가 바로 현 삶과 직결되어 있음은 어쩔 수 없습니다. 위에서 말씀드린 대로 저 역시도 그래왔으니까요.

여기에 대한 결론을 잠깐 말씀드린다면, 깨달아 보니까, 내가 누구임을 알았고, 누구 그 자체에서 보면 현재도, 어려움도, 벗어남도, 영원한 행복도, 다 나라고 하는 개체가 내는 마음작용에 불과 하더라 이것입니다.

그런데 깨닫지 못한 인간 개체입장에서 보니 깨달음이 마치 깨달음과 동시에 행복과 영원한 안식처를 제공하는 것으로 착각들을 하고 있다는 사실입니다.

깨달음의 결과가 사실이 그렇다면 구태여 현 삶에서 아둥바등 살아갈 필요가 있을까요.

그냥 깨달음에만 몰두하여 모든 것을 거기에 다 바치는 삶을 살면 될 것입니다.

그 좋은 예로, 어느 신이 나를 영원한 행복의 자리로 이끌어만 준다면, 이 세상에서 내가할 일이라곤 오로지 그 신을 믿고 따르기만 하면 되지, 그 이외에 할 일이 무엇이 있겠습니까.

그렇다면 삶의 의미가 완전하게 퇴색되어 버리는 것이지요. 인간의 삶이 겨우 그런 정도밖에 안 됩니까? 아닙니다.

깨달음에 대한 진정한 의미를 모르는데서 그런 어리석은 생각이 나오는 것이고, 그런 어리석은 잘못된 생각으로 깨달음이 잘못 와전되고, 그로 말미암아 힘들고 어렵게 어필되면서 깨닫기가 매우 힘들게 되어버린 것입니다.

깨닫기만 하면 그 무엇이든 다 이룰 수 있다는 깨달음에 대한 잘못된 견해, 여기서의 잘못된 견해라는 것도 위에서 잠깐 말씀드린 개체의 현 삶을 그대로 유지하는 범위 내에서의 견해를 지적하는 것입니다.

한마디로 이 견해는 깨닫지 못한 인간 개체들이 갖는 개체들만의 한 생각에 불과합니다. 지금도 간혹 간에 우리 주변에 그와 유사한 성격을 갖는 종교단체들이 분명하게 있습니다. 깨달음은 결코 절대로 그런 것이 정말 아닙니다.

이 모든 것들이 바로 내가, 신이, 삶이,
무엇임을 모르는데서 비롯된 것임을 분명히 아셔야 합니다.
왜 깨달아야 하는지는 이런 것들을 정확하게 알아,
더 이상 그런 것들에 얽매이지 않고 벗어나기 위함입니다.

깨닫는데 있어 가장 큰 걸림돌

저는 깨닫는데 있어 가장 큰 걸림돌, 즉 장애요인으로
깨달음이 힘들고 어렵다는 관념과 관점이라 보고 있습니다.
그 이유는 깨달음은 남녀노소 그 누구가 되었든 다 깨달아야하는데, 깨달음이 힘들고 어려운 것이라면, 그것이 과연 제대로 된 깨달음이라 할 수 있겠습니까.

현대 지식의 바다라 일컬어지는 인터넷에 깨달음, 진리라는 간단한 단어로 검색을 한번 해보십시오. 검색된 그 내용들을 보면 일반인들은 아예 엄두도 내지 못할 만큼, 고차원적인 용어로 시작해서 짧은 지식으로서는 이해는커녕, 감히 나 같은 사람에게는 아주 먼 다른 세계의 일과 같이 느껴질 정도로 난해하고, 일반인 수준을 완전히 벗어나 있습니다. 그러니 고개를 흔들 수밖에 그냥 덮고 나와 버립니다. 인터넷뿐만이 아니라 책 역시도 마찬가지이지요.

깨달음, 진리와 관련된 책들을 보면 저자의 순수 자신의 목소리를 내기보다는 앵무새마냥 상대가 깨달은 내용을 자기식대로 짜 맞추는 한마디로 해설서에 지나지 않는 책들이 주류를 이루고 있습니다.

서로간의 대화에서도 자신의 수련, 수행담보다는 깨달은 유명한 고승과 선사들의 화두인용 혹은 그 풀이에 열변을 토하고, 일반인들은 전혀 알아듣지도 못할 법이야기만 난무할 뿐입니다.

〈무슨 무슨 경을 넘어, 어떤 경지에 도달해야하고, 그 경지에서 한발 더 나아가 거기까지 가야지, 겨우 몇 선을 넘는 것이고…〉 등 깨달음이 너무나도 힘든 고비가 많음을 은연중에 암시해 줘버립니다.

심지어 어떤 분은 번뇌 망상을 없앤다고 자신의 손가락을 불에 태우는 소지를 행하는 사람도 있는데, 과연 깨달음이 그렇게까지 해서 얻어지는 것일까요.

물론 얻어질 수도 있겠지요.

깨달음의 위대성과 어려움을 표현하는 한 방법이라지만 그건 어디까지나 그분들이 보고 생각하는 깨달음의 관념과 관점이라 봅니다.

한편으론 참으로 불쌍한 생각까지 들더군요.

인간의 어리석음이 저 정도라면 그런 사람에게 무슨 말을 해주어야 되겠습니까. 또한 그 어떤 말을 해준다 해도 그 사람의 이미 굳어 질대로 굳어진 관념과 관점을 깨뜨리고 변화시키기란 참으로 어렵습니다. 그 사람을 그렇게까지 만든 게 과연 무엇일까요.

성현들께서는 결코 절대로 그런 법을 설하지 않으셨으리라 저는 확신합니다.

그럼 누가 그렇게까지 해야 한다고,

그래야지 깨닫는다고 말씀했겠습니까?

진리의 지침서인 경들 역시도 마찬가지입니다.

비록 시대적인 상황과 각 나라 지역의 서로 다른 언어에 의한 표현 전달과정, 토속민속 신앙접목 그리고 글이 없던 시절 구전으로만 전해 내려오는 과정에서 약간의 변질된 부분은 충분이 있지 않을까요?

경의 내용을 보면 어지간한 박사들도 고개를 저을 정도로 너무나도 어렵습니다. 이렇게 어렵다면 일반인 혹은 글 짧은 사람들의 깨달음은 다 물 건너 간 게지요.

경들의 내용을 보십시오.

단 몇 구절이라도 이해할 수 있습니까? 분명히 예수님이나 부처님께서는 그렇게 어렵사리 법을 전했을 리는 없었을 것입니다. 인간은 반드시 스스로 깨닫고 구원을 받아야하는데, 경이 그렇게도 어렵다면, 그 경을 통해서 인간 모두는 어떻게 깨닫고 구원을 받을 수 있을까요?

너무 성급한 저만의 결론인지는 몰라도 경은 예수님, 부처님의 말씀에 법을 근거로 그분들을 따르는 추종자나 제자들의 자기 해석화 혹은 각자 자기 자신의 편견이나 깨달은 상태 등이 포함되지 않았나, 저는 그렇게 보고 있습니다.

지금까지의 전례로 보면, 평생을 경에 의지해서 깨달음을 구하였어도, 위에서 말씀드린 초견성 자리 한 번도 못 구하고, 생을 마감한 사람들이 선가 주위에 얼마나 많습니까.

이것이 다 무엇을 의미한다고 보십니까?

요즘엔 단 몇 년 만에 초견성은 제쳐두고, 견성자리까지도 구한 각자들이 심심찮게 이곳저곳에서 많이 출현하는 것을 볼 수 있습니다.

그만치 획기적인 수련·수행법 등장과 어렵고 힘들다는 깨달음에 대한 사고가 많이 완화된 결과라 봅니다. 또한 과학의 발달과 높은 지식수준에 의한 두뇌의 발전이 가져온, 비근한 한 결과물이라고 볼 수도 있지요.

사람들의 의식이 밝아지면서 비록 머리로만이라도

'경은 깨닫고 구원받는데 하나의 나침판' 역할을 할 뿐임을 알게 된 것입니다. 물론 그와 유사한 명상단체들도 많이 생겨나기도 했지만 이것을 두고 또한 말 많은 성직자, 종교가들은 말합니다.

〈엉뚱한 것을 붙잡고 초견성이니 견성자리라고들 외치고 다닌다. 그게 그리 쉬운 것이라면 나는 벌써 몇 번이고 붙잡았다.〉

심지어는 기존종교의 성직자, 출가인, 전문 종교연구가 등은 현재 많이 성행하고 있는 명상수련·수행단체들의 깨달음은 아예 인정조차도 안할뿐더러, 경전에서 높이 평가하는 최고 경지의 그 상황까지도 전혀 인정해주지 않는 경우가 대다수입니다. 이 정도로 깨달음을 마치 하늘의 별따기 정도로 너무나도 높게 치받들고 있는 그 관념, 참으로 대단합니다.

또한 깨달음을 환상, 신비로움까지로 여기는 사람들이 있는데, 그건 깨달음을 알음알이 혹은 생각으로만 판단한 것이지 실제로 깨달아보지 못한 사람들의 한 생각에 불과합니다. 그런 사람들의 그런 잘못된 생각이 일반인은 물론이요, 발심자, 초심자, 입문자들이 쉽게 받아들이기는커녕 미리부터 아주 까마득히 어렵고 힘든 관문으로 여기고 깨달음에 임하니, 그 깨달음이 어렵고 힘들 수밖에 더 있겠습니까.

도전과 동시에 조그만 관문 하나에도 지레 겁을 먹고 쉽게 자포자기하며 〈나는 안 되는가 보다〉 중도에 그만 두고, 아니면 새로운 수행 처나 찾아 이리저리 방황하고, 이 모든 원인이 깨달음의 잘못된 관념에서 빚어졌다고 봅니다.

그런 상황에서 한발 더 나아가 깨달음은 아무나 이루는 게 아니라는 특이성까지 제기되고, 급기야는 깨달은 각자를 신성시하며 높게 떠받들기까지 합니다.

깨달음이 어렵고 힘들다는 관점을 갖다보니 깨닫는 자 역시도 아무나가 아닌, 어느 정해진 사람만이 이룰 수 있다는 편견이 대두되면서 깨닫는 것도, 이미 전, 전생부터 정해져 내려오는 것 같이 착각들을 하는데,

깨달음은 결코 그런 것이 정말로 아닙니다.

이 자리를 통해서 분명히 말씀드리건대,

깨달음은 누구나 다 이룰 수 있고 될 수 있습니다.

그 이유는

진리의 주체가 바로 여러분 각자 스스로이기 때문입니다.

내가 바로 진리의 주체이기 때문에 깨달을 수 있는 것이지요. 깨달음을 만든 자가 누구입니까? 바로 나이고 여러분입니다.

일체 전체 삼라만상 중에서

깨달을 수 있는 존재는 인간뿐입니다.

인간만이 깨달을 수 있고,

인간만이 수행을 통해 거듭날 수 있습니다.

물론 그 이면에는 인간 스스로가 한계와 분별하는 마음에 갇히면서 깨달음이라는 것을 만들었지만, 바로 이 아무것도 아닌 가장 기본적인 사실을 너무나 모르기에 깨달음이 힘들고또한 아무나 될 수 없는, 더 나아가 깨달은 각자를 높고 위대하게 포장하고, 치 받들어 놓는 결과를 초래하게 되었던 것입니다.

사실 높이 치 받들고 위대하게 포장해 놓은 자가 또한 누구이겠습니까. 바로 우리들 스스로입니다. 누구누구가 깨달았네 하면, 나 자신부터가 '참으로 큰일을 했다' 이렇게 표현합니다. 그럼 그 옆에서 같이 수행했던 도반이나 그 밑에 추종자들은 어떻게 표현하겠습니까. 거의 신적인 추앙이겠지요(물론 신은 신이지만).

제가 깨달아 보니까, 처음에는 너무나 기쁜 나머지 '아 이제 이루었구나' 하는 안도와 더불어 무한한 희열에 빠져 있었으나, 얼마의 시간이 흐르고 나서부터는 잃어버린 내 고향집을 찾아 들어온 것에 불과하더군요. 그동안 내 고향의 집을 잃어버리고 객지에 돌아다니다 이제야 정신을 차리고, 내 집을 제대로 찾아 들어왔는데, 어찌 보면 그게 당연한 것 아닙니까.

자기 도반은 선배는 자기 고향집을 찾아들어갔는데, 자기는 자기 고향집을 찾아 들어갈 생각은 안하고, 도반이나 선배 들

러리나 서주는 그것도 감히 그 누구도 넘보지 못하도록 높은 담벼락이나 쌓아놓는 참으로 못난 짓거리나 하는 것이 바로 우리 자신들이라 이겁니다.

깨달음은 결코 힘들고 어려운 게 정말 아닙니다.

우리가 등산을 할 때 정상에서 내려오는 사람과 정상으로 올라가는 사람이 마주쳤을 때, 올라가는 사람이 "얼마나 더 올라가야 합니까?" 하고 물었을 때 내려오는 사람이 비록 아직 멀었어도, "예, 조금만 더 힘을 내십시오. 거의 다 왔습니다."

하는 것과 "한참 힘을 더 내야 되겠습니다. 아직 멀었어요." 사실과 거짓의 대화를 벗어나 힘을 주는 것, 용기를 주는 것, 희망을 주는 것, 여러분의 각자 선택에 달려있지만 '깨달음은 참으로 어렵고 힘들다'라는 이 관념부터 바꾸는 게 정말 중요합니다.

(그렇다고 제가 말하고 있는 것들이 여러분들에게 용기와 희망을 주기 위한 말장난이 결코 아닙니다)

어렵고 힘들다는 그 관념 때문에 쉽고 빨리 끝낼 수 있는 깨달음을 어렵게 가는 것이고 그래서 더욱더 깨닫기가 힘들어지는 것입니다.

깨달음을 갈망하는 자에게 제일 먼저 필요로 요하는 것이
깨달음에 대한 관념을 바꾸는 것입니다.
그것이 최 급선무이며 제일 먼저 해야 할 일입니다.

깨닫는 데는 어떤 정해진 방법이나 시간 장소를 꼭 필요로 하지는 않습니다. 제가 왜 이런 말씀을 드리느냐 하면, 각 종교 종파의 법이나 규약에 메이지 말라는 뜻에서입니다.

깨달음은 내가 무엇임을 아는 것입니다.

내가 무엇임을 아는 것에 무슨 법이 필요하고 규약이 필요합니까. 법과 규약은 내가 무엇임을 알고, 그 자체가 되기 위한 과정에서나 필요하다면 필요한 것이지요.

시간과 장소 역시도 마찬가지입니다.

지금 바로 이 자리에서도 깨칠 수 있는 것이 또한 깨달음입니다. 깨달음을 절대로 어렵고 신중히 보지 마십시오. 그냥 간단하게 내가 무엇임을 아는 것입니다.

진리를 정말 어렵게 보면 한도 끝도 없습니다.

말로는 '내가 본래 그 자체이다' 하면서도 뒤에서는 엉뚱한 자리에서 진리를 찾고 있는 사람들이 부지기수입니다. 그게 아니다 하면, 자기식대로 자기공부에 대한 신념만 늘어놓고, 급기야는 절대자 운운하면서 자신을 나약한 한 인간으로 전락시키는 참으로 어리석음을 스스로 보이고 있습니다.

진리란 내가 무엇(누구)임을 알고,

그 자체(누구-무엇)가 되어 버리면 그것으로 끝입니다.

그 이상 뭐가 필요합니까?

미리 언질을 잠깐 드리자면,

진리의 어느 부분이 어렵고 힘든 줄 아십니까?

바로 그 자체가 되는 것이 정말 어렵고 힘든 것입니다.

이 말은 **본인 스스로가 자기 자신을 확실하게 인정**하는 것, 특히 인간 개체의 삶속에서

그래서 어렵고 힘들다고들 하는지도 모르지요.

사실 저는 깨닫는데 참으로 힘들었습니다.

아니 깨닫는데 시간을 다 낭비했습니다. 위의 관념과 관점들을 모두 갖고서 깨달음에 입문하다보니, 나름 시행착오도 많이 겪었고, 방황도 많이 했으며, 긴가민가도 많이 하면서 정말 어려웠습니다. 그러다 스승님을 제대로 만나고 깨우치면서 위와 같은 문제점들이 깨달음의 발목을 잡고 있음을 너무나 실감하고, 이런 글을 쓰기에 이르렀습니다.

깨닫고 보니까, 깨닫는 게 힘드는 것보다는

이래야 한다, 저래야 한다,라고 정해진,

즉 깨닫는 과정에서 벗어나는 것이 더 힘들었습니다.

왜 그리 지켜야 할 부분들이 많은지.

사실 깨달음을 힘들게 만든 자가 누구인줄 아십니까?

바로 깨달은 각자(覺者)들입니다.

깨닫고 나서 하시는 말들이 일반인들은 감히 알아듣지도 못할 오도송(悟道頌, 고승들이 불도의 진리를 깨닫고 지은 시가) 혹은 화두(話頭)만을 냅니다.

그냥 풀어서, 깨닫고 나니까, 어떠하더라!(느낌) 어떻게 해야겠더라!(방법) 등의 가르침은 없이 묵묵부답입니다.

그러니 옆에서 보는 수행자들의 마음은 어떻겠습니까? 더욱더 속만 탈 뿐입니다. 깨달음이 그런 것인가?

솔직히 반문하고 싶습니다.

한 가지 분명히 말씀드릴 것은 깨닫는 증득의 그 상황을 말로 혹은 그 어떤 행위로도 표현 표출할 수가 없음은 저 역시 인정합니다.

그래서 오도송이나 화두를 던지는 것으로 충분히 이해를 할 수는 있으나, 깨닫고 나니까 '어떠하더라' 정도는 남길 수 있다 봅니다. 그것도 아니면 본인 스스로의 깨닫는 과정 혹은 그 방법을 말해주는 것도 뒤따르는 수련자들에겐 상당히 도움이 됩니다.

깨닫는다는 것을 너무 차원 높게 생각하지들 마십시오.

그냥 단순하게, 무엇을 깨닫는가? 여기에만 초점을 맞추시고, 그냥 속편하게 아시는 대로, 가르침대로, 수련만 하십시오. 그러면 될 것을 증득부터 되는 과정까지 싸잡아서 깨달음을 논하니, 그 깨달음이 어렵고 힘들 수밖에 더 있습니까? 그럴 바에는 처음부터 아예 단순무식하고 쉽게 가십시오.

단순무식하게 깨닫기

사실 저 같은 사람이 깨닫고 보니까, 깨닫는다는 것이 한편으로 보면 참으로 별것 아닙니다. 그런데 사람들은 깨달음을 대단한 것으로 생각들을 하고 있습니다. 그래서 깨닫기가 힘든 것이고, 깨달은 사람들이 많지 않은 것이지요.

제 자신 스스로가 주눅이 잔뜩 든 바보 같은 삶을 살아서 철도 늦게 들고, 머리도 늦게 터져, 우둔하고 솔직히 무식한 편에 속합니다. 어릴 때부터 그런 모진 삶을 살아서인지 다른 것은 몰라도 깨달음 쪽만은 관심이 상당히 컸지요.

깨달아 보려고 처음엔 이 책, 저 책 좀 기울여 봤는데, 무식해서인지 도통 뭔 소린지 모르겠고, 좀 볼만하다하면 알아듣지도 못할 법이야기만 하면서 깨달음으로 나아가는 길이 마치 서울 가서 김 서방 찾듯이 어찌나 어렵고 힘들게 나와 있는지, 마음 크게 먹고 출가하지 않는 한, 도저히 엄두가 나지 않아 포기하고, 이번엔 불교국가인 티벳 서적들에 관심을 갖고, 번역해놓은 명상가들의 책을 탐독하기 시작했습니다.

비록 책이지만 공부 방법도 어느 정해진 기준 없이 자유로이 조용하고 한적한 곳에서 참선에 들어 자신의 내면으로 깊숙이 들어가는 명상법에 깊은 관심을 갖게 되었고, 이런 비슷한 명상수련단체들을 찾았습니다.

그러던 중, 모 수련원을 알게 되었고 입문하면서 본격적인 수련에 들어갔습니다. 그 수련원의 수련법이 참으로 단순하면서도 무언가 크게 와 닿음을 느끼긴 느꼈는데, 그 답을 손에 꽉 쥐고 내놓질 않아 결국 수련원을 그만두고 지금의 스승님을 만나서 그렇게도 바라고 바랐던 초견성을 이루었습니다.

초견성을 이루고 보니, 나 같은 무식한 사람에게도 깨달을 수 있다는 자신감이 생기면서 쉽고도 단순하게 가는 방법이 최상의 방법이라 여기게 되었습니다.

깨닫는 방법은 어떤 딱 정해진 바는 없지만 가장 빠르고 쉽게 가는 것, 또한 되는 과정에서 그만치 유리한 고지를 점하게 됨을 진심으로 알게 되었습니다. 깨닫고 나서 크게 느낀 점이 있다면, 깨달음은 단순 무식해야 된다는 것, 반드시 꼭 그렇다는 것은 아니지만 생각이 많고, 머리에 든 것이 많고, 경전의 법에 능통하고, 외골수에 독선적이고, 자존심이 강하고, 이런 사람들이 대체적으로 깨닫는 데에 힘들고 어려움을 많이 겪고 있더군요.

사실 깨닫는 데에 가장 먼저 놓고 버려야 할 부분들이기는 한데, 일체를 다 놓는다는 것은 단순함을 뜻합니다. 머리가 텅 비었다는 것은 무식하다는 말입니다. 다 내려놓고 무식하면 깨닫는 기본이 되어있는 것이지요. 거기에 인도하는 스승님만 잘 만나면 100% 다 터지게 되어있습니다.

모 수련 중에 '모른다' 수련이 있다고 합니다.

자기 이름도 모르고, 자기 집도 모르고, 나도 모르고, 일체가 다 '모른다'입니다. 일체를 다 내려놓는 수련인데 참으로 좋은 수련법이라 봅니다. 이 책은 유식하고 학식이 높은 사람이 보면 답답하고 속이 터질 것입니다.

〈도대체 이런 사람이 어떻게 깨달았나?〉 하시겠지만 정작 그렇게 말씀하시는 분은 지금까지 왜 못 깨쳤습니까? 그 높은 학식을 어디다 써 먹으려고, 지금까지 못 깨치시고 답답해만 하고 계십니까? 아직까지 가부좌만 틀고 계십니까? 깨달음은 학식이 높다고, 유식하다고 깨치는 것이 절대로 아닙니다. 학식과 유식은 인간 개체의 삶에서나 써 먹는 것이지, 본래에서는 아무짝에도 써 먹을 때가 없습니다.

어린아이들이 잘 먹고, 잘 놀고, 잘 잡니다. 왜 그런 줄 아십니까? 단순하고, 머리에 일체의 잡생각이 없고, 나라고 하는 아(我)에 아직까지는 크게 메여있지 않기 때문이라 봅니다.

이 공부도 마찬가지이지요.

이 책의 페이지가 400여 페이지입니다. 제가 보기엔 참 많은 분량입니다. 읽어보시면 아시겠지만 주요 핵심은 3분의 1 일면 딱 맞습니다. 나머지 3분의 2는 잡소리에 비슷비슷한 말투성이고, 했던 말 또 하며 페이지 수만 늘어났을 뿐입니다.

우로 가나 좌로 가나 목적지인 서울만 가면 된다고, 이 책의 주요핵심이 한계를 짓고 있고, 분별하는 개체마음만 내고 있는 이 개체만 사라지면 본래가 스스로 드러난다는 아주 간단한 내용입니다.

이런 간단한 내용만 알려주고, 하는 방법만 정확하게 가르쳐 드리면 그것으로 끝인데, 그 다음에 되는 것은 본인 행하기에 달려있습니다.

본래가 무엇입니까?

여러분이나 내가 그렇게도 찾고 있던 진리 그 자체입니다. 이렇게 아주 간단하고, 너무나도 쉬우니까, 사람들은 믿지를 않고(못하고), 콧방귀만 뀌고 있습니다. 참으로 답답합니다.

진리와 관련된 책들은 그 품위부터가 다르고, 사용하는 문자나 내용면에서 일반인들 특히 저와 같이 무식한 사람이 대하긴 버거울 정도 되어야한다는 묘한 관념에서 인지, 한결같이 어렵고 일반인들은 이해하기조차 힘듭니다. 그런 관념과 관점을 가지고 있는 그놈부터 일단 놓아보십시오.

그 다음에 차원을 따지고 품위를 따지고 법을 따져보면 그때서야 비로소 제 말의 본뜻이 무엇임을 아실 것입니다. 사람들을 보십시오. 별의별 사람들이 다 있습니다. 그러나 모두다 진리 그 자체입니다. 진리 그 자체이기 때문에 누구든지 다 깨달을 수 있습니다. 저와 같이 무식한 사람은 이런 간단한 방식으로 깨칠 수도 있고, 유식하고, 차원과 품위가 높은 사람은 거기에 맞는 화두참선과 한자와 영문이 가미되고, 유식이 톡톡 튀는 책에서 진리를 깨칠 수도 있습니다.

문제는 누가 더 빨리 쉽게 깨쳐서 되기 위한 길을 가느냐에 달려있습니다. 그런데 사람들은 깨치는 것부터 차원을 따집니다. 심오한 법을 들먹거리고, 종교나 단체를 분별하는 마음을 내고, 〈해야 한다, 하지 말아야 한다〉의 한계를 긋고, 그래가지고 어느 세월에 깨치고, 깨친 다음 언제 되려고 그렇게 뜸을 드립니까?

우선 깨치기라도 빨리, 쉽게 끝냅시다.

내가 누구(무엇)임을 올바르고 정확하게 스스로 깨치기라도 하면, 최소한 50%는 먹고 들어갑니다. 개체의 관념, 관점을 다 버리고 그냥 단순무식하게 깨닫기만 하세요. 무식하니까 할 말도 별로 없고, 또한 말 많아봤자 무식밖에 더 드러납니까?

무식한 놈이 깨쳤다고, 놀려줄 속셈으로, 엉뚱한 것이나 질문하면 '나는 모릅니다' 로 일관할 것입니다. 사실이 모르고요. 무식하니까 앞뒤 문맥도 안 맞는 게 많을 것이고, 무식하니까 용어나 비유도 엉뚱하게 해석된 부분도 있을 것이고, 그게 아니고, 뭔가 착각을 하고 있다고 수군거려도 '나는 모릅니다'입니다.

묻지 마시고 단순하게 가십시오.

알아봤자 얼마나 더 알고, 배웠으면 얼마나 더 배웠고, 유식하면 얼마나 더 유식합니까? 그런 사람이 지금까지 왜 못 깨쳤습니까? 사실 개체의 앎이라는 게, 자기위주의 앎밖에 더 있습니까?

개체가 아무리 많이 알아봤자 그건 어디까지나 개체의 앎입니다. 개체의 앎은 우물 안의 개구리 앎에 지나지 않습니다. 어머니 뱃속에서 나올 때는 다 똑같았습니다.

모름에서 와서 모름으로 가지마시고,

모름에서 와서 앎으로 가십시오.

앎이 곧 진리이며 본래입니다.

그것이 가장 유식하고 가장 풍요롭게 되는 길입니다.

깨달음은 쉽다

제가 깨달음이 쉽다고 하는

그 첫 번째 이유가

한 가지만 확실하게 수련하면 80%는 끝나기 때문입니다.

원인이 되는 원인제공자만 사라지면 자연적으로

즉 굳이 손수 나서서 찾을 필요도 없이 스스로 드러나기 때문입니다.

어린이들이 하는 숨바꼭질에서 단 한 명만 찾아내면 되듯이 깨닫는 목적과 요령만 정확하게 알면 그것으로 끝입니다. 여기에는 두뇌도 필요 없고, 학식도 필요 없으며, 남녀노소도 상관없고 누구든지 말만 알아들으면 됩니다.

나머지 20%는 숙달과 더불어 하나만 되면 되는 것입니다.

쉬운 그 두 번째 이유는

내 밖에서 찾는 게 아니라

내 안에서 찾는 것이기 때문에 그래서 쉽습니다.

내 안에 찾고자하는 되고자하는 신이

원래부터 존재하고 있었습니다.

단지 가리워져 있었기 때문에

그 가리고 있는 그놈만 없애면 되는 것입니다.

마지막으로 수행 방법과 요령도 중요하지만 수행에 들기 전의 마음가짐이 참으로 중요하므로,

마음가짐만 새롭게 다지면 쉽고 빠르게 끝낼 수 있습니다.

우리가 깨닫는데 발목을 잡는 가장 큰 요인이

깨달음은 아무나 이루고 되는 것이 절대로 아니다 라는

깨달음의 위대성 그것입니다.

이 말은 신을 너무나도 높고 위대하게 모셔왔던 그간의 과정 때문이지요.

감히 인간이 피조물이 예전에는 사실이 그랬지요.

무지(無知) 했기 때문에 그러나 지금은 과학의 발달과 모든 종교적 신비가 베일에서 벗겨지고, 인간의 능력과 진리의 실체가 드러나면서 신이 무엇임을 알다 보니,

깨닫는 정곡을 확실하게 짚어내게 되어 깨달음이 쉬워진 것입니다. 지금도 완전하게 깨달은 사람들이 이곳저곳에서 많이 나오는 것도, 다 그런 요인에서 비롯됩니다.

앞으로도 마찬가지입니다.

뒤이어 나오는 다음 장을 보시면 어느 정도 제 말에 이해가 되실 것입니다.

이 책을 읽는 여러분들도 사실은 참으로 좋은 여건에서 수련공부를 하는 것입니다. 저 수련할 때만 해도 누구 하나 이런 말씀을 해주시는 분이 단 한 명도 없었습니다. 한번 해보십시오. 분명히 다를 것입니다.

참고로 질문 하나 드릴까요?

질문: 부처님께서 얼마 만에 성도 하셨습니까?

답: 7일 만에 성도 하셨습니다.

6년간 고행 만 하셨고 마지막으로 굳은 결심과 함께 보리수 나무 아래서 일주일 만에 완전한 그 자체인 대각을 이루셨습니다.

하나님께서는 우주와 삼라만상 일체전체를 그리고 인간까지 단 6일 만에 창조해 놓으시고 7일째는 안식일로 쉬셨습니다.

분명한 것은 여기서도 마음을 쓰는 것인데,

무조건 쉽다는 마음을 내고 가지십시오.

그것이 가장 중요합니다.

어렵다,라고 미리 마음먹어 버리면, 아무리 쉬운 것이라도, 결국엔 그 어려운 마음 때문에 정말 어려워집니다. 이점 깊이 염두해 두시고 본문에 임해보십시오.

3장

수련 편

어떻게 깨달아야 하는가?(HOW)

제가 가장 주창하는 것이 스피드 시대에 걸맞게 이왕이면 쉽고 빠른 방법으로 가자 이것입니다.

이 필자가 권하는 최고 빠른 수행법

제가 이 수련법을 권하는 가장 큰 이유는?
지금 현 지구상에서 신도수가 가장 많고,
가장 널리 분포되어있는 종교가
바로 외적인 종교인 기독교입니다.

여기서 간단한 질문하나 드리겠습니다.
질문: 기독교의 대표적 표식인 십자가가 무엇을 뜻합니까?
한번 깊이 생각해보세요.
답:
바로 죽음입니다.
여기 예수님 십자가의 그 큰 의미를 한번 중점적으로 되새겨 보십시다. 하나님의 독생자이신 예수님께서, 십자가를 지시고 온갖 핍박을 받으시면서 끝내는 십자가에 못 박혀 죽임을 당하셨습니다.

그 죽임을 당하신 그 이유야, 굳이 이 자리에서 말씀을 안 드려도 다들 아시리라 보고, 여기서 중요한 것은

'예수님의 십자가에 죽음'이 무엇을 뜻하냐 이것입니다.

바로 '하나님의 계심을 증거 하기 위한' 표식이며 방편입니다. 즉 평소에 예수님께서는

하나님의 계심을 온갖 수단과 방법을 통해서 표현을 했는데도, 그 누구 하나, 심지어는 예수님을 믿고 따르는 제자들 역시도 의문의심을 함으로써 마지막 단계로 십자가의 죽음을 스스로 받아들였다고 보는 것이지요.

여기서 예수님과 십자가를 깨달음과 접목시켜보겠습니다.

예수님께서 손수 지신 십자가의 의미가 무엇이라 보십니까.

많은 종교학자, 신학자. 종교인들이 각기 다 나름대로의 자기 목소리들을 내고 있는데 그 내용의 옳고 그름을 벗어나,

인간이 하나님께 지은 원죄를,

예수님께서 인간을 대신해서 자신의 귀중한 목숨을 바치셨는데(이를 원죄의 보속이라고 함)

참으로 크게 존경할 일입니다.

그런데 일부에서는

여기에 대한 해석들을 잘못하고 있는 것 같습니다.

즉 이미 예수님께서 저희 인간을 대신하여 원죄의 보속으

로 죄의 사함을 다 받아 더 이상 죄가 없다고 주장하는데,

그 점에 대해선 저는 결코 그렇게 보질 않습니다.

예수님께서는 십자가를 통해 죄의 보속을 받는 방법을

우리들에게 알려주신 것이라 보는 것이지요.

즉 원죄의 사함을 받기위해서는

자기의 십자가를 자신이 손수 지라고 알려주셨다 봅니다.

만일 그분들의 말대로

원죄의 보속으로 죄의 사함을 이미 다 받았다면

인간은 삶의 고통에서 완전하게 벗어나 있어야 되지 않을까요?

여기 성경 내용을 다시 봅시다.

(구약성경 창세기 3장16절-24절, 원죄)

그리고 여자에게는 이렇게 말씀하셨다.

〈너는 아기를 낳을 때 몹시 고생하리라. 고생하지 않고는 아기를 낳지 못하리라. 남편을 마음대로 주무르고 싶겠지만 도리어 남편의 손아귀에 들리라.〉

그리고 아담에게는 이렇게 말씀하셨다.

〈너는 아내의 말에 넘어가 따 먹지 말라고 내가 일찍이 일러 둔 나무열매를 따 먹었으니, 땅 또한 너 때문에 저주를 받으리라. 너는 죽도록 고생해야 먹고 살리라. 들에서 나는 곡식을 먹어야 할 터인데 땅은 가시덤불과 엉겅퀴를 내리라. 너는 흙

에서 난 몸이니 흙으로 돌아가기까지 이마에 땀을 흘려야 낟알을 얻어먹으리라. 너는 먼지이니 먼지로 돌아가리라.〉

아담은 아내를 인류의 어머니라 해서 하와라고 이름 지어 불렀다. 야훼하나님께서는 가죽옷을 만들어 아담과 그의 아내에게 입혀 주셨다.

야훼하나님께서는 〈이제 이 사람이 우리들처럼 선과 악을 알게 되었으니 손을 내밀어 생명나무 열매까지 따 먹고 끝없이 살게 되어서는 안 되겠다〉고 생각하시고 에덴동산에서 내쫓으시었다. 그리고 땅에서 나왔으므로 땅을 갈아 농사를 짓게 하셨다. 이렇게 아담을 쫓아내신 다음 하나님은 동쪽에 거룹들을 세우시고 돌아가는 불 칼을 장치하여 생명나무에 이르는 길목을 지키게 하셨다.

원죄를 지은 벌로서

여자는(하와) 아기 낳는 고통, 남편의 손아귀에 들고, 아담은 죽도록 고생, 흙으로 돌아가는(죽음), 이마에 땀을 흘려야 낟알을 얻어먹는

여기서 벗어나야,

죄의 사함을 완전하게 받았다고 볼 수 있는 것 아닙니까?

이 책에서 말씀드린 대로,

본래마음 자리가 죄의 사함을 받은 바로 그 자리입니다.

그래서 원죄에서 벗어나는 방법을 예수님께서는 인간들에게

손수 알려주신 것이라 저는 보는 것이지요.

외적인 종교의 대표적인 표식이 십자가입니다.
십자가의 의미를 인간 원죄의 보속이라고 하는데
저는 이 말에 참으로 크게 동감합니다.
원죄에서 벗어나오는 방법을
예수님께서는 우리 인간들에게 몸소 실천하여 보여주신 것이 바로 십자가이고, 그것을 손수 지시는 고통을 스스로 겪으면서 하나님의 곁으로 가신 것입니다. 이것이 바로 십자가의 가장 큰 의미로 저는 받아들이고 있습니다.

성경에 이런 구절이 있지요.
'나를 버리지 아니하고선 결코 주님을 뵐(영접) 수가 없다'
여기서의 나는
바로 선악과를 취한, 원죄에 든 인간 개체를 뜻한다 봅니다. 이 말에 참으로 깊은 뜻이 담겨져 있습니다.
그 깊은 뜻이란
바로 **인간 개체의 사라짐**입니다.
예수님께서 십자가를 지신 것은
개체인 나를 참으로 버리지 아니하고선,
본래 그 자체이신 아버지(하나님)를 뵐 수가 없음을
간접적으로 시사해준 아주 중요한 대목입니다.

또 하나의 성경구절을 보십시다.

루가복음 9장 23-24절 내용

나를 따르려는 사람은 누구든지 자기를 버리고, 매일 제 십자가를 지고 따라야 한다. 제 목숨을 살리려고 하는 사람은 잃을 것이요, 나를 위하여 제 목숨을 잃는 사람은 살 것이다.

자기의 십자가는 자신이 짐으로서

그것이 바로 원죄의 보속입니다.

십자가가 바로 원죄의 보속이지요.

이 말은

개체인 나를 십자가에 매달지 않고선,

결코 본래 그 자체이신

하나님을 볼 수가 없다는 내용과 일맥상통한다 이 말입니다.

한마디로 인간 개체를 버리고 죽이라 이것입니다.

예수님께서 주창하신,

〈오직 한 분이신 우리 하나님아버지, 그분만이 심판할 수 있는 모든 권한을 가지셨다〉는 그 말씀에 예수님께서는 십자가에 못 박힌 끔찍한 처형을 받으신 것입니다.

내 본래에 들려면

그 정도로 인간 개체를 참으로 죽이고 버려야만,

내 본래에 임할 수 있다는 내용이 아니겠습니까?

인간 개체의 십자가를 스스로 지라 이 말입니다.
니 십자가는 니가 스스로 지라는 말과 같습니다.
개체인 이 몸을 참으로 버리고 죽임으로서
하나님과 하나를, 일체를 이룰 수 있음을
십자가를 통해 저는 절실하게 느끼고 있습니다.
성경에 쓰인 내용대로라면,
인간이 원죄를 받은 것도
이 몸이 선악과를 취함으로써부터이고,
그때부터 이 몸이 생사의 고통에 빠지게 되었으며,
인간 삶이 고통스러운 것도 다 이 몸 때문입니다.
이런 고통에서 벗어나게 해 주시려,
예수님께서는 손수 십자가를 지신 것이고
온갖 핍박과 아픔의 결과가
곧 하나님과 일치를 이루는 원죄에서 벗어남입니다.
행이란
내 십자가를 손수 지는 것,
그 길 만이 구원을 받을 수 있는 오직 한 길임을
예수님은 우리에게 알려주신 것입니다.

그런데 일부 기독교인들은 손수 십자가를 지신 예수님 덕분으로 우리 모두는 원죄에서 다 벗어났다고 믿고 있습니다.
믿기만 하면 자연적으로 하나님께 떠올려 바쳐진다고들 알고 있습니다. 그래서 믿음으로만, 믿는 것만으로 모든 것을 다했다. 이렇게들 말하고 그냥 믿기만 하는 것으로 생각합니다. 물론 믿음이 중요하지요.

그러나 여기서 말하는 믿음은 그냥 믿음이 아니라,

자신의 십자가를 손수 지는 그런 믿음입니다.

개체의 몸으로서는 절대로, 하나님을 볼 수도, 하나 될 수도, 그분에게 구원받을 수도 없음을 분명히 아십시오. 그 이유는 하나님이 금기로 내리신 선악과를 따 먹었기 때문입니다.

분별하는 마음을(선악과) 낸 인간 개체가

어떻게 감히 하나님을 볼 수 있겠습니까.

스스로의 십자가를 지고

그 십자가에 개체의 나를 다 바침으로서

하나님의 구원을 받을 수가 있습니다.

이 말이 바로,

개체의 몸으로 행을 하지 않고서는 결코 절대로 구원을 받을 수가 없음을 단적으로 보여주는 좋은 내용입니다.

한마디로 인간 개체마음을 가지고서는

절대로 결코 본래에 임할 수 없음을 분명히 해주신 것입니다.

외적인 종교에서도

개체의 사라짐을 예수님 십자가를 통해 알려 주신 것이지

요. 결국 예수님 십자가의 큰 의미는
바로 인간 개체의 사라짐입니다.
십자가가 곧 죽음을 의미합니다.

그렇다면 개체의 사라짐을 어떤 방법으로 해야 하나?
즉 내가 참으로 사라지고 죽는 그 방법을
외적인 종교에서는 믿음으로 말하고 있습니다.
그 믿음은 자신의 십자가를 손수 지는
그 정도의 믿음이 있어야한다는 말과 같습니다.
개체인 나를 참으로 버리고 죽일 수 있는
그런 믿음이 있어야 구원을 받을 수 있는 것이지요.
그것이 외적인 종교의 가장 큰 핵심이며,
이렇게까지 인간 개체의 사라짐에 대한 말씀을 드렸는데도
〈개체인 나를 죽이고 버린다고 본래가 드러나냐? 그 방법 말고〉를 따지신다면 저는 더 이상할 말이 없습니다.
최소한 내 방식으로는
아니 가장 쉽고 빨리 갈 수 있는 수련법으로는
개체인 나에게서 벗어나는 것입니다.
여기 예수님의 십자가에 대한 깊은 뜻까지도 말씀드렸으면,
이제는 대략 감은 잡을 대로 잡으셨을 텐데,
그래도 긴가민가한다면 저로서는 다른 방법이 없습니다.
지구상의 양대산맥이라 할 수 있는 내적인 종교와 외적인

종교에서 두 종교 모두가 개체인 나를 버리고 죽이는 것, 그럼으로써 본래가 드러나고, 주님과 하나가 되는 것으로 공감한다면, 이 수련법이 참으로 대단한 것이라 저는 확실하게 말씀드립니다.

사실 예수님 출생 이후의 신약성경에는 예수님께서 십자가에 죽임을 당하기 전까진 하나님의 역사가 모든 사람들에게 확실하게 드러나지 않았다는 것은 그 누구든 다 인정하는 사실입니다.

예수님께서 십자가에 죽임을 당하시고부터는
하나님의 역사가 서서히 드러나기 시작하지요.
이것이 무엇을 말해 주는 것입니까.
예수님과 같이 자신의 십자가를 자신이 참으로 지지 않는 한, 그 누구를 막론하고 하나님을 뵐 수 없다는 그것입니다.

결국 내가 정말 구원받고자 한다면,
그 구원받고자하는 그자가
자기의 십자가를 자신이 손수지고
예수님을 따르라 이것입니다.
예수님께서는 우리 인간들에게,
구원받는 방법을 손수 알려주신 것이
바로 십자가의 죽음입니다.

그렇다면 여기서의 **죽음**은

자기 자신의 목숨을 끊으라는 것은 결코 절대로 아닙니다.

그렇다면 예수님께서의 십자가에 죽음은 무엇이냐?

물론 반문하시겠지요. 그 대답은 이렇습니다.

예수님께서 십자가에 못 박혀 죽임을 당하실 정도의

믿음을 발휘하라는 깊은 뜻입니다.

그런데 그렇게 믿고들 계십니까?

십자가에 자신의 목숨을 바칠 정도의 믿음!

한마디로 인간 개체인 내가 참으로 사라질 정도의 믿음!

즉 나 없음의 믿음! 입니다.

여기서 또 한 가지 중요한 사실은

만약 예수님께서 죽임을 당하시고 사흘 만에 부활을 안 하셨다면 외적인 종교가 어떻게 되었겠습니까?

물어보나마나 종교라고 할 것도 없는 한갓 이야기 거리에 불과했을 것입니다. 그런데 사흘 만에 부활하셨습니다.

부활!

이 부활로 인해 외적인 종교가 참으로 위대한 종교임을

여실히 드러내준 것이지요.

부활이 곧 거듭남이고,

육신을 죽이는 것이 아닌

마음으로의 참 죽음을 말하는 것입니다.

인간 개체의 죽음이 전체를 가진 개체의 부활을 의미합니다.

그래서 여러분들이 진정으로 아셔야 할 것은

구원은 살아서의 구원인 것이지,

죽어서의 구원은

앞서 말씀드렸던 **한계를 갖는 한갓 죽음에 불과**합니다.

예수님과 같이 참으로 자기 자신을 십자가에 못 박아 죽을 정도로, 단 한 점 의문 의심 없이 주님을 믿고 따르라는 깊은 뜻이 담겨져 있습니다. 그래야 구원을 받을 수 있는 것입니다. 구원은 자신의 십자가를 자신이 지지 않는 한, 참으로 어렵고 힘듭니다.

외적인 종교에서도 이럴 진데.

여러분!

바로 이것입니다.

참으로 나없음의 자리를 스스로 증득하면,

그 자리가 바로 전체의 신의 자리입니다.

그것이 전체마음입니다.

무의식의 마음을 의식으로 의식화 시킨 자리입니다.

대단한 일입니다.

그게 확실하게 되면,

하나 되는 법은 아주 쉽고,

한 마음이 되면 바로 그것이 된 것입니다.

본래마음 그 자체가 된 것입니다.

마음의 주인이 확실하게 된 것입니다.

이 공부가 바로 이런 공부입니다. 얼마나 대단한 공부입니까!

그런데 항간에 이런 말들을 공공연히 하시는 분들이 우리 주위에 많이 있던데,

'죽이고 버리는 것도 한두 번에 지나지 말아야지, 너무 자주 하면 습관화 돼서 결코 좋은 수련법이 아니다'

라는 말들을 하는데,

저는 그 말씀에 잠시 제동을 겁니다.

몇 백 번, 몇 천 번, 몇 만 번을 죽이고 버려도,

죽고 버려지지 않으면 무슨 소용입니까?

그건 참으로 죽이고 버리는 것이 아니라,

흉내만 내고 있는 것에 불과합니다.

흉내는 몇 수십만 번을 죽여도 소용없습니다.

저는 딱 한 번만, 참으로, 정말로, 진실로 딱 한 번만 죽으면, 버리면 그것으로 끝입니다.

그렇게 한 번만 확실하게 죽으라는 것이지,

습관화 될 정도의 수련은 진실로 아닙니다.

그것은 위에서 말씀드린 흉내일 뿐입니다.

여러 번 죽을 것도 없습니다.

누가 여러 번 죽으라 했습니까?

딱 한 번만 확실하게 죽으면 됩니다.
그런데 딱 한번 죽기가 그렇게도 어렵기 때문에
반복 수련을 계속해서 하는 것입니다.
이점 깊이 헤아려 주시길 진심으로 당부드립니다.

죽이고 버리는 수련법!
외람된 말 같지만 솔직히 이 수련법이 보급화 되면서 우리 주위에 초견성이니, 견성이니 등 깨달았다는 분들이 이곳저곳에서 많이 나오고 있는 것만은 사실입니다.
이루신 분들 솔직하게 자신의 마음에게 묻고 답해보세요.
사실인지 아닌지?

사실 외적인 종교에서는 10계명 이외엔 특별한 법이 없습니다. 행을 위주로 하는 종교이다 보니, 수련이 별 큰 의미는 없지만 현 상황에서는
내적인 종교보다는 외적인 종교에서 깨달은 각자들이 많이 양산되는 것을 보면 참으로 의아할 뿐입니다.
내적인 종교의 수많은 법들이 결국은 깨달음을 어렵고 힘들게 만드는 가장 큰 요인으로, 작용하고 있지 않나 저는 감히 말씀드립니다.

솔직히 저는 이 죽이고 버림의 수련법이 가장 빠르고 대단

하다 여기고 있습니다. 제가 알기로는 최근에 깨달음을 이룬 도인들 대다수가 죽이고 버림의 수련법을 행하지 않은 분이 거의 없다는 말도 들었을 정도로,

대단한 수련법이라 생각합니다.

여기서 잠시 수련공부에 임하는 마음가짐, 준비자세 등에 대하여 몇 가지 사례를 더 올리려 합니다.

많이 참고해 주시길 바랍니다.

모두다 제가 시행착오에서 겪은 내용들이라 중요하다 봅니다.

여기서 잠시 나를 들여다보는 명상을 해 보십시다.

나를 들여다보는 명상

눈을 감고,
허리를 곧바로 펴고,
최대한 힘을 빼고,
아주 편안한 자세로 나를 철저하게 파헤쳐 보십시오.

(명상 시작)

내 공부의 수준은 오로지 나만이 아는 것입니다.
내가 지금 어느 수준까지 왔는지?
내가 정말 참으로 한번 죽어봤는지?
나없음의 자리를 진정으로 체험해보았는지?
아니면, 진리공부 그냥 알고나 있는 것이 아닌지?
솔직하게 자기 자신을 냉정하게 평가해보십시오.
나를 아는 자 오직 나밖에 없습니다.

(명상 끝)

깨닫는 방법!

이 공부!

간단하게 결론을 짓는다면,

나 없음의 자리를 스스로 체험(증득)하는 공부입니다.

한계와 분별 심을 일으켜 원죄와 무명에 휩싸이면서 인간 개체의 삶을 살아가는 나를 다시 한번 정리해보도록 하겠습니다.

삶의 주체이면서

끝없는 집착과 욕망으로 삶을 좌지우지했던 이놈!

오로지 자기 자신만을 위하고, 상대와의 경쟁에서 반드시 이겨야한다는 관념만을 갖고 있는 이놈!

삶에서 모든 문제를 일으켰던 이놈!

결국에는 이놈이 원인이고 결과였다는 것만은 부인할 수 없는 사실입니다. 이놈이 없어지고 나면, 그 다음에 또 무엇이 나를 어렵게 만드는지를 알아보자는 것이고, 그래서 나 없음의 자리를 한번 체험해 보자는 것입니다.

내가 없으면? 나란 존재가 무엇이고,

내가 없으면? 무엇이 나를 구속하고,

내가 없으면? 이 삶에서의 모든 문제가 어떻게 되는지를 알자는 의미로, 나를 없애보는 것이지요.

이것이 깨달음의 가장 기초적인 최우선의 과제이며 방법입니다.

우리 간단하게 생각해보십시다.

앞에서도 말씀드렸지만 인간이 깨닫고자하는 목적이 무엇입니까? 흔히 하는 말로, '잘 살기 위해서?' '영생하기 위해서?'우선 이 두 가지만 가지고 논해봅시다.

'잘 살기 위해서'라면

〈당신은 왜 못 살고 있고, 누가 당신을 못 살게 큼 만들고, 무엇이 부족해서 당신은 못 살고 계십니까?〉

한번 속 시원한 답을 해보십시오.

물어보나 마나 상대 탓과 자기변명 화, 좀 더 성숙한 답이라면, 자신의 탓 정도입니다. 이렇게 한다고 해서 모두가 다 잘 살아집니까?

인간의 욕망이 무한하고, 물질은 유한한데,

유한이 무한을 어떻게 따라갑니까?

'영생하기 위해서'라면?

〈당신은 왜 죽고, 누가 당신의 영생을 가로막고 있고, 무엇이 부족해서 당신은 영생을 못합니까?〉

여기에도 한번 속 시원한 답을 해보십시오.

물어보나 마나 신의 탓과 좀 더 성숙한 답이라면, 모름 정도입니다. 그렇다면 인간적인 결론을 내린다면 노력, 부지런함, 운, 믿음 등의 결론밖에는 없습니다. 또한 그렇게 한다 해서, 모두 다 잘 살고 영생을 얻고 한다면 당연히 그런 삶을 살아야 되겠지요. 그러나 그것이 말과 같이 생각한대로 행한다고 다 됩니까? 안되지요?

그래서 이번에는

그것을 바라고 꿈꾸고 있는 그놈을 한번 없애보자 이것입니다. 결과가 어떻게 나오는지. 그동안의 여러 수련에서 이것도 해보고, 저것도 해보아 안 되었으니, 이번에는 방향을 바꿔 이렇게도 한번 해 보자는 것이지요.

여러분들 이 삶에서 단 한번이라도,

나라고 하는 이놈을 제대로 놓아보고 없애본 적이 있습니까. 물론 이런 수련을 전문적으로 행하는 곳은 많습니다. 그런데 참으로 한번 놓아보고 없애본 적이 있나? 이것입니다.

머리로 혹은 수박 겉핥기식으로 아니면 그랬다고 치고 그냥 넘겼던지, 반복된 수련에 지루함으로 스스로 중도 포기했던지, 겉으로는 놓고 없앴다 하면서 마음 어느 한 구석에서는 결코 놓고 버리지 못했던지, 그렇지 않으면 가르치는 그곳에서 마지막결정적인 순간에 그 어떤 이유에서인지 방향을 엉뚱함으로 돌려버렸던지, 여하튼 그것을 못 넘긴 것은 사실입니다. 그래서 나없음의 자리를 스스로 체험(증득) 못 해본 것이지요.

지구상에 대표적인 두 종교인,

내적인 종교에서 행하는 명상법으로, 화두참선! 면벽수행!

외적인 종교에서의, 예수님께서 손수 지신 십자가의 죽음에 대한 그 큰 의미!

이런 모든 것들이 무엇을 의미한다 보십니까?

결국은 나를 놓고 없애는 과정입니다.

여기서는 간단하게 나를 놓고 없앤다 하니까, 별것 아닌 것으로 생각들 하시는데, 좀 더 강하게 표현하면

'죽기를 각오하는 수련'입니다.

이것만이 진리를 올바르게 풀어내는 첫 관문입니다.

이 관문을 제일 먼저 통과하지 않고선, 다음 관문은 다 알음

알이에 불과하다 저는 보는 것이지요. '일체 전체 모든 것들이 다 한마음 작용이다' 하는 것도, 이 관문을 제대로 통과한 사람은 이 말의 참뜻을 알 수 있으나, 이 관문을 통과하지 못한 사람은 사람들이 흔히 말하는 인간 개체 몸 미음에서 마음으로만 받아들여, 〈그래 그 말이 맞다〉 하면서 아무것에나 다 인간 개체마음을 갖다 붙이기 시작합니다.

개체마음이나 전체마음이나 결국은 같은 한 마음이지만 이 말 역시도 깨달은 사람의 말로서

전체마음을 깨친 자가 개체마음을 내야하는데,

전체마음을 깨치지 못한 자가 인간 개체자기마음(사람 마음)만을 내면서 그것이 한 마음이다,라고 하는 그것이 또한 아주 큰 문제입니다.

이런 결과가 어디서 비롯된다고 봅니까?

첫 관문을 제대로 통과하지 않은 검증받지 못한 자에게, 머리로 알음알이로 한마음을 알려준 그 수련법에 제1차적으로 가장 큰 문제가 있다고 봅니다.

심지어는 진리의 당체인 나를 죽이고 버리고 하는 수련법, 그 자체가 잘못되었다고, 주객이 전도된 말을 수련자가 공공연히 하고 있다는 그것에 놀라움을 금치 못합니다.

여기서 다시 한번 확실하게 밝혀드리는데,

진리의 당체인 나를 죽이고 버리는 것이 아니라,

인간 개체에 세뇌될 대로 세뇌된

그 몸을 죽이고 버리는 것입니다.

사실 진리의 당체는 깨달은 개체로서

전체를 가진 개체인 것이고,

여기서의 죽이고 버리는 개체는

진리의 당체를 가리고 있는 깨닫지 못한 인간 개체입니다. 이 개체를 죽이고 버림으로서 이 개체에 가리워져 있던 진리의 당체가 드러나는 것인데, 요즘 대다수의 수련생들이 죽이고 버리는 수련법을 잘못된 수련법으로 오인들 하고 있습니다.

이점에 대해서 제 개인적으로 한 말씀드릴까 합니다.

요즘 우리 주위에 깨달았다는 분들이 종종 나오고 있습니다. 물론 과학의 발전과 더불어 지식의 바다라 일컬어지는 인터넷 등의 매체들이 많이 보급화 되면서 사람들의 의식수준이 많이 높아진 것도 한 부분을 차지하고 있겠지만

저는 죽이고 버리는 수련법의 결과라 보고 있습니다.

예전에도 이런 수련법이 있기는 있었지만 지금과 같이 크게 보급화 되지는 않았습니다. 죽이고 버리는 수련법이 2000년도에 모 수련원에서 본격적으로 행해지면서 적극적인 홍보와 집중적인 수련에 의한 결과물이라 감히 말씀드리고 싶습니다. 그 이후부터 이곳저곳에서 나름 깨달았다는 각자 분들이

조금씩 배출되면서 비슷한 수련원도 많이 생겼습니다.

1990년도 이전까지만 해도 모 종교에 출가하여 평생을 닦고 닦아도, 초견성도 한번 제대로 못 이루고 돌아갔다는 스님들이 태반이었는데, 2000년도 이후 지금은 초견성은커녕, 견성까지 이루었다는 분들이 이곳저곳에서 많이 양출되고 있는 현 상황이 바로 이 수련법에 의해서라고 저는 확신하고 있습니다.

불교 경전을 제대로 한번 읽어보지도 못했던, 성경 한 권도 처음부터 끝까지 다 읽어 보지 못한 저 같은 사람도, 초견성, 견성을 이루었는데, 이 모든 것이 다 죽이고 버리는 수련법에 의해서라, 저는 다시 한번 확신하고 있습니다.

지금도 저는 이 수련법을 초심자들에게 계속해서 권하고 있습니다. 이 책 역시도 이 수련법을 전제로 자신 있게 내놓고 있습니다. 또한 신생 나름 깨달았다는 각자 분들에게도 서슴지 않게 묻고 싶습니다.

이 수련법에 의해서 깨달음의 기초를 밟지 않았습니까,라고 감히 질문 드립니다. 이 정도로 저는 이 수련법을 모든 수련자들에게 적극 권장합니다.

내가 곧 진리네 하니까,
참으로 사라져야 할 나를

진리로 착각 하고 있는 사람들이 있습니다.

여기서 잠깐, 나를 크게 두 가지로 나누어 봅니다.

진아(眞我) 와 저아(低我).

여기서 분명히 알아야 할 것은

진아와 저아를 따로따로보아서는 절대로 안 됩니다.

원래 하나인데,

한계와 분별하는 마음을 가진 저아(인간 개체의 나, 나로부터 나온 생각)가 생기면서

그 저아가 진아를 가리고 있는 것입니다.

이 수련법의 1차 목표는

진아를 가리고 있는 저아, 즉 인간 개체를 무조건 죽이고 버리는 것입니다. 갓 태어난 어린아이에게 수련·수행, 깨달음이 어디 있습니까. 사리분별을 정확하게 할 때부터 수련·수행, 깨달음이 필요한 것이지요.

지금까지 수련·수행, 깨달음을 거치지 않고, 완전한 그 자체가 되었다는 분은 단 한 명도 없었습니다.

부처님도 나름대로의 길을 통해서 대각을 이루셨고,

예수님도 자신의 십자가에 못 박히심과 더불어, 사흘 만에 부활하심으로서 완전한 주님이 되신 것입니다.

수련·수행, 깨달음 등 이런 유사한 것들을 거치지 않고

곧바로 성인의 반열에 오르신 분은 단 한 분도 없습니다.

이것이 무엇을 대변하는 것입니까?

제발 올바르고, 정확하게 깨달은 다음에 전리의 당체니, '나'니, 수련법이니를 따지십시오. 그래서 첫 관문을 말씀드리는 것입니다.

본래의 자리에 스스로 임해보지를 못했으니, 그런 분별에 빠져 엉뚱한 말만 지껄이는 게지요. 이 수련법이 별것 아닌 것 같지만 사실은 대단한 수렵법입니다.

저아를 죽여 버리겠다는데 지 까짓게 어떻게 하겠습니까.

저아의 정곡을 찌르는 수련법입니다.

저는 지금도 이 수련을 자주합니다.

이유는 인간 속세라는 곳이 모두가 다 유혹 투성입니다.

아무리 자각수행과 보림을 한다 해도 이 속세라는 곳에서 같이 생활하고 먹고 살려니, 말이 안 통하면 싸워야 하고, 마음에도 없는 거짓말을 해서 이익금이라도 남겨야지 먹고 살지요.

그러면 저아가 고개를 쏙 드러냅니다. 그놈을 또 죽여야지요. 살려두면 감당하기 힘들 정도로 금방 커집니다.

서두에서도 간단하게 말씀드렸지만

부처님께서 대각을 이루시고 속세로 돌아오시지 않으시고 평생을 탁발로 중생교화에만 힘쓰신

그 이유가 어디에 있다고 보십니까.

이 속세는 인간 개체 그들만의 법과 규약으로 형성된,

집착과 욕망으로 점철된 사회입니다.

생활고에 힘든 수련·수행자들은 공부가 안 돼서 퇴전하는 게 아니라 삶에 다시 세뇌되어서 퇴전하는 경우가 있을 수 있는데, 이런 것들을 손수 겪어보지들 않았으니 알 수가 없겠지요.

이 공부가 이래서 힘듭니다.

이 수련법은 반드시 꼭 하십시오. 당부드립니다.

그 이외에도,

하나 되는 관법, 흡수 관법, 죽이고 버리는 관법 등의 여러 가지 관법이 있는데, 수련 방법의 차이일 뿐, 결국은 나를 죽이고 버리고 놓는 관법입니다.

여기서 다시 한번 있고 없고 에 대한 정의를 간단하게 내려 봅시다.

있음이란? 전체의 드러남 즉 표출이고,

없음이란? 개체의 사라짐입니다.

즉 내가 있어 신이 있다는 말은?

내가 있어 신을 증할 수 있다는 말이고,

내가 없으면 신도 없다는 말은?

내가 없으면 신을 증할 방법이 없다는 말이지, 신이 없는 것은 아닙니다. 내가 없어도 신은 있습니다.

단지 어디에 있냐는 것이 중요한 것이지요.

결국 있음과 없음은 개체의 관점인 것이지요.

전체의 관점에서는 있음과 없음이라는 것도 아무런 의미를 두지 않고 전체가 내기 나름일 뿐입니다.

내면 있고 안내면 없는 것입니다.

여기서 낸다는 것은 무엇을 뜻하냐 하면

바로 마음을 낸(쓴)다는 것이고,

안 낸(쓴)다는 것은 마음을 내(쓰)지 않는다는 것입니다.

개체의 사라짐이 전체의 드러남이며,

전체의 드러남이 개체의 드러남입니다.

이와 같이 전체와 개체는 떨어(분리)질래야 떨어(분리)질 수가 없는 하나입니다. 이것이 완전함입니다. 만일 전체와 개체가 떨어(분리)졌다면, 그건 전체니 개체니라는 말을 할 수가 없습니다.

이 말은 전체는 개체의 있음에 의해서 그것이 전체를 대변하는 것입니다. 즉 전체는 개체가 있어 전체라 하는 것이고, 개체는 전체가 있어 개체라 하는 것입니다. 이렇게 보니까 전체가 없는 개체란 있을 수 없고, 개체가 없는 전체란 또한 있을 수 없습니다.

이것이 바로 **내적인 종교에서 말하는 연기적 존재**라 합니다.

이것이 있어 저것이 있고, 저것이 있어 이것이 있습니다.

이것을 **외적인 종교에서는 상대성**이라 하지요.

모든 존재가 다 이와 같아, 있음의 이면에는 그 있음을 있게 하는 없음이 있어 있음이 존재하는 것입니다. 우리가 삶에서 많이 외치고 권장하는 사랑도, 증오가 있어 사랑이 있는 것이지, 증오가 없으면 사랑 또한 없습니다.

결국 사랑이라는 것도 그 이면에는 증오하는 마음이 있기에 사랑이 빛이 나는 것입니다.

연기법과 상대성은 존재를 중심으로 해서 이루어짐으로,

저는 육신법이라 명명하고 있고,

존재는

이것을 바탕으로 깨달음을 이루어야 한다고 보고 있습니다.

그것이 바로 육신의 죽음, 버림, 사라짐, 놓음입니다.

비록 마음으로 하지만 육신인 몸을 대상으로 하는 것입니다. 삶에서 이런 말들을 합니다. 〈몸 멀어지면 마음 또한 멀어진다고〉 참으로 의미 있는 말입니다.

그놈이 진정으로 사라져야하는데, 그놈 죽이는 것도, 동정을 베풀어 습이 된다는 등의 말들을 하는 사람이 간혹 있는데, 단 1%만이라도 그놈을 살려놓으면 그놈이 이 삶에서 다시 커집니다.

이 삶 자체가 그놈이 만든 삶이기 때문에 이 삶을 계속해서 살아가려면 그놈을 완전하게 죽여야만 합니다.

그리고 전체를 가진 개체로서

새롭게 거듭난, 부활된 개체로서 살아가면 됩니다.
이 인간 개체가 모든 문제의 원인 제공자입니다.
이 인간 개체만 사라진다면 문제될게 단 하나도 없습니다.
전체를 개체가 대변한다하지만
그건 전체가 된 개체가 하는 것이지,
깨닫지 못한 개체 스스로는
죽었다 깨나도 전체를 대변할 수가 없습니다.
전체는 개체를 알 수 있지만
개체는 전체를 절대로 결코 알 수 없습니다.
개체가 사라져야 전체가 드러납니다.
그 전체에서 개체가 나옵니다. 이것이 바로 부활입니다.
이 개체는 위에서 지금까지 말한 그런 인간 개체가 절대로 아닙니다.

전체를 가진 개체입니다.
전체를 가진 개체란,
개체 스스로가 전체가 될 수 있다는 말입니다.
그러나 인간 개체는 전체를 모르기 때문에 전체가 될 수 없습니다.
이 상황을 말로 이해하려 하지 마시고,
진정으로 깨달아 보시면 다 아시게 됩니다.

입문

힘들고 어려운 삶을 살아온 제 자신 역시도 여느 사람들과 다름없이 색계인 물질계에서는 돈이 최고임을 너무나 실감하고, 돈을 벌기위해서 별짓거리를 다했습니다.

수시로 무슨 일만 있으면 인생, 사주팔자 혹은 점도 많이 보고, 몸에 좋든, 사업에 좋든, 좋다는 부적은 온 지갑에 지가 다 잘못해 놓고, 뭔가 좀 잘못되면 다 조상 탓이라고 여기고, 조상 모시는데 열중했으며, 지 죽을 날도 모르는 점쟁이 말에 솔깃해서 굿도 여러 번 해보았고, 종교라도 믿으면 하나님, 부처님의 가호로 복을 받아 잘 살 것이라는 허무맹랑한 기대감과 막연함으로 교회도 절에도 나가 다른 사람이 하는 대로 기도, 기원도 많이 해보았습니다. 처음엔 참 별놈의 짓거리를 다 해보았지요.

그러던 중, 1990년도 하던 사업의 큰 부도와 함께 모든 것들이 다 파탄에 이르렀고, 자살을 기도, 본격적인 진리 입문의 계기가 오면서 어렸을 때의 꿈인 출가까지도 결심하게 되었습니다.

그때부터 본격적으로 진리 탐구에 몰두하게 되었고, 처음에는 책과 성서, 불교경전도 읽으면서 년 1개월씩 시간을 내, 절에서 매일 108배도 해보고, 참선수련도 해보며, 번역해 놓은 티벳 서적 탐독과 유명하다는 분들의 나는 누구인가에 대한 책도 접하면서 나름 결론을 지어보기도 여러 번 해 보았습니다.

또한 틈틈이 책 내용대로 화두참선과 호흡법, 기 수련, 마인드 컨트롤 등, 어느 형식에 구애 받지 않고, 단체에 가입도 하지 않은 채 혼자서 닥치는 대로 이것저것 조금씩 다 해보았습니다.

그래도 어떤 결론을 못 내려, 이번에는 종교 쪽에서 무언가 찾으려 나름 수박 겉핥기식으로, 이 종교 저 종교를 조금씩 전전하면서 천주교 세례도 받고, 주일마다 성당을 열심히 나가기도 했습니다.

종교를 접하면서부터는 신의 존재유무와 나라는 존재가 과연 무엇이며, 왜 내 의지와는 전혀 상관없이 반드시 겪어야 할 생로병사에 대한 삶에 의문, 종교에서 말하는 운명, 숙명, 사후, 영생, 이런 것에 대한 강한 의구심이 싹트면서 점점 더 미궁에 깊이 빠지기 시작했습니다.

그러길 몇 년, 별 진전도 없이 세월만 축내다 이래선 안 되겠다 싶고, 혼자 진리공부를 하는 것도 어느 한계가 있음을 직감하고, 당시에 초심 수행자들에게 있어 큰 이슈가 되었던, 모 수련원에 정식으로 입문하면서 본격적인 진리 공부에 임했습니다.

아마 그때가 2000년도인 것 같습니다.

제가 그 당시 진리에 관심을 갖게 된 목적이 크게 두 가지였습니다. 이미 앞에서 간단하게 말씀을 드렸지만, 그 첫 번째 목적이 전생과 윤회를 믿고 두 번 다시 이 삶을 갖지 않으려 했던 것이고, 그 두 번째 목적은 도저히 내 힘으로서는 현실을 타파해 낼 수 없다는 막연한 생각에서 신에 의지해 그간의 어려웠던 내 삶을 보다 풍요롭고 더 잘살아 보자는 신의 은총을 기대했던 것입니다.

솔직히 저는 이두가지 목적으로 진리에 임했고, 종교의 신을 믿게 되었던 것입니다. 지금 생각해보면 참으로 어리석었습니다. 마치 깨달음과 종교가 힘들고 어려운 사람들의 안식처인양, 니나 네나 어려우면 찾아드는 임시 방편소로 생각하게 되었습니다. 목적이야 어찌됐던 그렇게 해서 진리공부에 입문했고, 난생처음 체계적인 수련에 돌입했습니다.

내 수련 → 나는 이 수련법을 적극적으로 권한다

나는 처음부터 이 개체를 죽이고 버리는 수련을 해왔습니다. 당시에 처음 입문한 단체가 그 수련을 중점적으로 시행하는 단체였으니까요. 처음엔 덜컥 겁이 났습니다. 가수가 죽음과 관련된 노래를 즐겨 부르다 보면, 어느 날 갑자기 죽는다는 말이 있듯이 멀쩡한 개체의 나를 죽이고 버리고를 계속 하다보면, 내가 진짜 죽는 것이 아닌가 하는 생각이 들어서 처음에는 내심 걱정도 많이 했습니다.

사실 의지가 약한 사람들은 충분히 그럴 수도 있습니다(이 역시도 마음으로 하는 것인 만큼, 깨달아야겠다는 굳은 의지와 확고한 신념 앞에서는 그 어떠한 징크스도 감히 나타나고 작용하지 않는다는 것을 꼭 말씀드리고 싶습니다).

사담이지만 저는 하도 깨닫지를 못해서 나중에 정말 죽어 없어져야겠다는 각오로, 작두법을 만들어 매일 틈나는 대로 내 목을 작두로 자르고, 머리가 없는 상태로 다니곤 했습니다. 솔직히 지금도 저는 초심자들에게 많이 권하는 수련법 중에 하나입니다. 깨닫고 보니까, 최소한 저에 있어서는 이 수련법같이 빠르고 좋은 수련법이 없다고 단언할 정도입니다.

사실 깨닫는데 있어서 가장 큰 걸림돌이 바로 개체인 나입니다. 이 개체만 사라지면, 이 개체에 가리어져 있던 본래가 스스로 드러나게 되어있습니다. 마치 태양은 아무런 조건 없이 그냥 빛만 발하는데, 거기에 구름이 가리어지면 태양의 빛과는 관계없이 그림자가 생기는 것과도 같습니다. 구름만 사라지면 태양이 스스로 드러나듯이 저는 죽이고 버리고의 수행을 참으로 많이 했습니다. 그래서 그런지 개체의 사라짐은

늘 돼왔던 것이지요. 여기서 개체의 사라짐은 완전한 사라짐이 아니었음을 나중에 알았습니다.

그런데도 깨닫지를 못하고 전전긍긍하다가 우연히도

우리 모임에 의식이 참으로 맑은 분이 들어오셨고,

저는 그분에게서 좋은 수련법을 하나 전수받아,

제가 깨닫는데 있어 큰 일조를 한

가슴내리기 수련을 하였습니다.

당시에 저는 작두법으로 제 머리를 잘라,

육식(안이비설신의)의 뿌리가 되는 가슴으로 의식을 내려,

머리가 없는 상태에서 가슴으로 일체의 모든 것을 보고, 듣고, 느끼고, 말하고, 맛보고, 내고를 다했습니다.

6개월 동안 위와 같은 꾸준한 자각수련과

거기서 한 번 더, 나를 확실하게 놓는 수련법을 스승님께 전수받고,

의식전환과 함께 바로 그날로 그렇게도 바라던 깨달음에 문을 활짝 열게 되었습니다.

본격적인 수련입문 6년 만에 거둔 큰 수확이지요. 이후 6년간의 수행으로 두 번째의 관문인 견성을 이루었습니다.

제 개인적인 생각은

초심 수련생들에게 가장 중요하고 반드시 이루어야 할 법이 법신불이라 봅니다.

법신불이 무엇이냐?

간단히 본래의 '나' 진'아'(내적종교인 불교에서 말하는 법의 주체)입니다.

좀 더 쉽게 설명하자면 세뇌되기 이전의 '나' 본래입니다.

이 법신불만 제대로 증득해도 일단은 해탈은 이룰 수 있으니까요.

그래서 저는 초기부터 광범위하게 법을 구상치 말고,

일단은 법신불 그 하나만이라도 반드시 이루겠다는 일념으로 도 공부에 임했으면 하는 것입니다.

사실 법신불만 확실하게 증득만 해도 되는 공부인 견성은 꾸준한 자각만 열심히 하다보면 쉽게 이룰 수 있습니다. 최소한 제가 체험 체득한 상황으로 봐서는 그렇다는 것이지요.

문제는 법신불입니다.

본 수련을 매우 단순하게 보실 진 모르지만

법신불만 증득해도 도 공부의 맥락을 정확하게 짚을 수 있음을 분명히 단언합니다.

법신불 증득의 최고 수련으로 저는 본 수련법을 권합니다.

제가 이 수련법을 강력하게 권하는 가장 큰 이유는

요즘 추세에 딱 맞는다는 것입니다.

초 스피드한 과학의 발전과 더불어, 인간의 마음도 스피드화 되어가는 현 상황에 걸맞는 수련법입니다.

없는 시간 쪼개가면서 생각하고, 지혜를 모으며, 스스로 자각하여, 법에 서서히 다가가는 기존의 수련보다는

매우 단순하면서도 그 깊이는 그야말로 정곡을 찌르는 이 수련법이 요즘 대세를 이루고 있다고 봅니다.

수련이 너무 단조롭다고들 하는데 바로 그것이 큰 장점입니다. 사실 수련이 학습적이고 길면서 지루하면 쉽게 실증을 느끼고, 그로인한 중도포기가 속출하는 그런 불상사가 많이 발생하곤합니다. 그 정도 되면 아무리 훌륭한 도법을 가지고 있다 해도 다 무용지물에 불과하지요.

또한 교육과 인터넷매체의 발달로 일반인들의 의식이 예전과는 달리 상당히 높아졌습니다. 말과 글로는 어느 정도 다 알아 별 중요하게 여기지도 않습니다.

그런 사람들에게 가장 적합한 수련법이 바로 이 수련법입니다.

이 수련법의 최대 강점은

특히 시간과 공간에 전혀 구애받을 필요 없이 아무데서나, 남녀노소 그 누구든지, 글도 전혀 모르는 배움과 유·무식과는 전혀 상관없는 직업, 재산, 학벌 또한 관계없이 외국인이든 국내인이든, 어느 정해진 법이나 절차 없이 누구든 다할 수 있는 수련법이라는 것입니다.

그 효과 또한 매우 탁월하여,

어느 일정 수련이 지나 그때부터 마음만 제대로 쓴다면, 단번에 초견성을 이룰 수 있는 쉽고도 빠른 아주 이상적인 수련법입니다.

여타 수련법과는 비교 불가라 저는 확실히 말씀드립니다.

습관화, 과격화가 단점이라면 단점이 될 수도 있지만 이는 수련을 극대화시키기 위한 것으로서 이 역시도, 본인 스스로의 마음상태에 따라, 달라질 수 있으므로 크게 염려할 필요가 없습니다.

단지 이 수렵법을 널리 보급한 모 수련원의 자체적인 상황은

수련생으로서 크게 신경 쓸 필요가 없다고 생각합니다. 타고 온 뗏목을 과감하게 미련 없이 버리듯이 법만을 보고 내 수련만 하면 되는데, 이 법을 창시하신분도 아니고, 그런데까지 신경 쓸 필요가 있냐. 이것이지요. 그 점에 대해선, 입문 하신다면, 제가 자세하게 말씀드리겠습니다.

(수련에 반드시 필요한 부분이므로 입문하신다면 꼭 연락주십시오)

인간 개체의 몸이라는 것이(여기서의 인간 개체 몸은 삶에 세뇌된 몸) 깨어나기 전에는 속된 표현으로 고통의 덩어리, 원인에 불과합니다.

이 몸이 있어 생로병사의 고통에 빠지는 것 아닙니까.

이 몸만 없으면 무엇이 생로병사를 합니까.

살아서 이 몸에서만 벗어나면 그것이 바로 해탈입니다.

요즘 외적인 종교에서 깨어난 각자들이 많이 양출되는 그 이유가 무엇인줄 아십니까. 바로 이 몸으로 헌신하고 몸을 참으로 버릴 정도의 구원 행을 몸소, 행하기 때문에 성인의 반열에 쉽게 드는 것이라 저는 생각합니다.

몸 편한 봉사활동은 보이는 행위이고,

몸을 바치는 봉사활동은 보이지 않는 큰 행위입니다.

결론적으로 내가 깨어나지 않으면 아무런 소용이 없습니다.

수단과 방법을 가리지 말고 일단은 깨어나고 봐야 합니다. 나이는 먹어가고 한시가 급한데, 언제까지 법 공부에만 매달려 있어야 합니까. 일단은 깨어나고 난 다음, 보림을 하든 삼위일체로 거듭나든 해야 할 것 아닙니까. 깨닫는데 무슨 조건이 그렇게 필요합니까.

깨어나는데 단순한 수련이 무슨 문제가 됩니까.

이 수련법 참으로 대단한 수련법입니다. 시키는 대로 앉아서 마음으로 열심히 따라 하기만 하면, 누구든 다 이룰 수 있습니다. 수련공부 일단은 빨리 이루고 봐야 합니다.

이것이 제가 첫 번째로 가장 권하는 수련입니다.

여기서 잠시 본 수련법에 대해서 의문점을 제시하는 분들이 있어 한 말씀 더 올릴까 합니다.

현재 본 수련을 중점적으로 행하는 수련단체에서의 수련생들은 필자 말대로라면, 그분들은 밤낮없이 매일 반복된 수련에 의해 초견성을 이루는 사람들이 참으로 많을 텐데, 라는 의문들을 합니다.

'요즘에 와서 왜 이루었다는 말들이 나오지 않는 그 연유가 무엇이냐'

거기에 대한 자세한 말씀을 드리기엔 너무 민감한 사항이라 지면상으로는 자세히 말씀 못 드리고,

분명한 것은 '진리의 주체·당체를 어디에 두냐'에 따라, 수련법이 달라질 수가 있음을 분명히 말씀드립니다.

이것은 본인 각자의 판단에 맡길 수밖에 없는 중요사항이므로 이 자리에선 더 이상 논하지 않겠습니다.

확실하게 말씀드릴 것은

여러분 각자 스스로가 깨달아 보면, 진정으로 다 알게 되는 것이고, 그래서 제가 입문하기 전에 저에게 자문을 구해보라 한 것입니다. 또한 진리라는 것이 처음에 시작은 각기 다르게 출발했어도, 최종적인 상황에 도달하면, 결국엔 하나임은 그 누구도 부인할 수 없는 사실이 됩니다.

여기에 대한 자세한 내용을 더 알고 싶으면 개인적으로 연락주세요. 아는 대로 답 드리겠습니다.

자 그림 본격적으로 시작해봅시다.

깨닫기 위한 준비운동 세 가지(앞에서 간단하게 말씀드린 상황들입니다)

내 안에서 찾아라

첫 번째입니다.

사람들은 삶을 살아감에 있어서 자기 내면보다는 외면, 즉 외부에 더 많은 의식을 두고 살아가고 있습니다. 그럴 수밖에 없는 것이 인간의 삶 자체가 상대와의 관계에서부터 시작되기 때문이지요.

우리들의 하루 일과를 한번 들여다보십시다.

아침에 눈을 뜨면서 습관처럼 행하는 동작들, 각자의 맡은 일에 기계화 된 하루의 일과, 어제와 별 다를 게 없는 그날그날의 삶, 물론 중간 중간 조금의 차이와 변화는 있겠지만 이것이 바로 모든 사람들의 공통된 삶입니다. 이런 공통된 삶속에서 자기 자신의 내면에 의식을 집중해보는 경우는 얼마나 될까요.

이것을 시간상으로 한번 계산해봅시다.

하루 24시간 중 잠자는 시간 8시간을 뺀 나머지 16시간에서 내 자신에게 의식을 집중해본 시간은 과연 몇 시간 정도나 된다고 보십니까. 솔직히 몇 시간은 제쳐놓고 단 10분이라도 자기 내면에 의식을 집중해본 사람도 그리 많지는 않으리라 봅니다. 제가 너무 크게 비약하는지는 몰라도 사람들 대다수가 자신의 외부에 모든 것을 다 바치는 삶을 살아가고 있습니다.

그렇다면 사람들 외부의 삶을 한번 보십시다.

물질위주의 삶이고, 상대와 경쟁위주의 삶이며, 정신보다도 육신위주의 삶이고, 자기라고 하는 '아' 만을 위주로 하는 삶입니다. 과연 사람들은 이런 삶 속에서 무엇을 배우고, 자신이 어떻게 변화되어 가고 있다고 보십니까.

물론 물질 풍요와, 높은 직위, 그리고 육신의 안락에 의해서 나와 내 가족만의 순간적인 영화는 누릴 수 있겠지만. 모든 사람들이 다 이렇게만 되고, 또한 이런 삶이 영원하다면 전혀 문제될 게 없지요.

삶 자체가 유한하고, 모든 것들이 한정되어있는 현 상황에서 사람들 각 개개인의 무한한 욕구 충족을 위해, 서로간의 경쟁이 심화될 수밖에 없는 게 또한 인간 삶입니다. 그 와중에 경쟁에서 밀린 자는 뒤로 쳐지면서 힘들고 어려운 삶을 살아가고, 경쟁에서 앞 선자는 삶의 승리자로 축복과 영광의 삶을 살아갑니다.

결국 사람들은 이 두 삶에 의해서, 경쟁에서 밀리지 않으려 자신의모든 것을 다 바치고, 또 한쪽에선, 빼앗기지 않으려, 온갖 수단과 방법을 총 동원하는 삶을 살아가고 있지요. 그러다보니 한마디로 삶이 각박할 수밖에 없습니다.

이런 삶에 흔적으로 지식의 발달과 더불어 각 개개인의 삶은 윤택하고 편안해진 반면에 또 다른 한편에선 많은 사람들이 너무나도 크나큰 상처들을 입고 있습니다.

그 상처란 삶의 질서가 깨지고 불신과 혼란이 가중되면서 급기야는 인간성 말살이라는 지경까지 오고야 말았습니다. 자기 자신밖에 모르는 각박한 사회로 변모되어 가고, 이혼과 가정 파괴, 개인 파산에 의한 신용불량자, 노숙자들이 양산되고, 자살급증에 각 개개인의 스트레스로 인한, 히스테리적인 각종 범죄, 여기에 환경오염에 의한 이상기후로 온갖 불치 난치병이 난무하고, 다른 한쪽에선, 물질 풍요에 의한 성문란, 인신매매, 마약, 이것이 바로 지금의 현 삶입니다.

삶이 이런 상태로 계속 진행된다면 앞으로의 삶은 어떻게 되겠습니까. 참으로 암울할 수밖에 없습니다. 누가 이런 삶을 만들었습니까. 바로 사람들이고, 우리들이며, 나입니다.

이런 나에게서 벗어나고, 각성하려, 종교를, 명상수련·수행단체를 또한 이와 유사한 여러 단체들을 많이 찾고 입문들을 하고 있는데, 이곳들 역시도 경쟁과 물질에 물들어서인지, 자기 단체만이 정통임을 주장하면서 사람 모으기에 급급하고, 입문해서 어느 정도 알만하면 늘어나는 과정 쫓아가랴, 돈은 돈대로, 시간은 시간대로 그래서 남는 것이라곤, 〈나 공부 이 정도 됐네〉 머리로 알음알이만 잔뜩 이고 있는 이것이 바로 내 밖에서 일어나는 일들입니다.

사실 내 밖에는 신이 창조한 자연 빼놓고는 하나부터 열까지 모두 사람들 자신의 삶을 위한 것들뿐입니다. 심지어는 신이 창조한 자연까지도 훼손하고 있습니다. 또한 사람들은 삶에서 닥쳐오는 힘들고 어려운 모든 일들을 외부에서 찾고 외부에서 해결 하려고 들합니다.

그러나 안타깝게도 외부에는 사람들이 찾고자, 해결하고자 하는 것들의 어느 한 일부분 혹은 순간적인 일만이 찾아지고 해결될 뿐, 근본적이고 완전하게는 힘듭니다.

그렇다면 어떻게 해야 할까요.

이제 그만 내 밖에서 찾으려는 것을 멈추고, 이번에는 내 안에서 한번 찾아보는 것이 어떻겠습니까. 어떤 문제가 됐든 그 문제를 만든 또한 그것을 문제라고 생각하는 그 사람 입장에서 더 나아가 '나'라고 명명하는 이 존재가 과연 어떤 존재인지를 내 안에서 한번 찾아보는 것입니다.

내가 정말 누구인가?

나와 이 삶과는 어떤 관계인가?

신이 어디에 있나?

최소한 이것만 찾아도 어느 정도는 해결되리라 보는데, 이 문제들의 올바른 답은 내 안에 다 있습니다.

먼저 제가 스스로 증득한 깨달음은 내적인 종교에서 행해지는 깨달음입니다. 저는 이것을 마음수련법이라고 명명합니다. 마음으로 하는 수련법이라 해서 저는 그렇게 이름 붙였습니다.

내적인 종교에서의 깨달음에 핵심은

바로 '내 안에서 찾아라' 이것입니다.

어릴 때부터 사람들은 육근에 의해서 모든 것을 대하다보니, 자기 내면보다는 외면(외부)에 의식이 많이 집중되어있습니다.

그래서 그런지 모든 것들을 자기 내면보다는 외부에서 찾고 거기서 해결하려고만 합니다. 그게 습관이 되어서 인지 가장 중요한 진리를 찾는 것도 대다수가 외부에서 찾고 있습니다.

속된말로, 외부에서는 죽었다 깨나도 진리를 찾을 수가 없음을 반드시 알아야 합니다. 이 아무것도 아닌 기본적인 사항도 모른 채, 진리를 접하려 드는 분들이 너무나도 많기에 미리 핵심으로 말씀을 드리는 것입니다.

저 역시도 당시에는 그랬지만 별것 아닌 사소함으로 돌리기엔 너무나도 큰 중요한 핵심사항입니다. 특히 내적인 종교에서 깨달음을 찾고자 하시는 분들은 반드시, 꼭 짚고 넘어가야 할 매우 중요한 부분입니다. 수련생 열이면 열 모두가 다 한결같이 자기 외면에서 진리를 찾고 있는 게 현실입니다. 이는 다시 말해서, 진리가 무엇임을 정말로 모르는데서 기인되었다 보는데, 내 밖에는 진리가 없습니다.

진리가 없다는 말은 여러분들이 찾고자하는

진리의 당체가 없다는 것입니다.

진리의 당체가 바로 여러분이고 나입니다.

그 내가 누구임을 아는 것, 내가 누구임을 알려면 내 밖이 아닌 내 안에서 찾아 들어가야 합니다.

시작은 내 안입니다.

이것이 기본입니다. 저를 인도해주신 스승님을 가장 존경했던 큰 이유도, 바로 이 부분입니다.

"너를 벗어나 그 무엇이든 찾지 마라"

저를 처음 대할 때 하신 말씀입니다.

이 말씀에 저는 그분을 참으로 존경하게 되었습니다. 이런 기본을 갖춘 상태에서 본격적인 수련에 임해야만 합니다.

별것도 아닌 것 같지만 참으로 중요한 내용입니다.

내 밖에는 사람들이 만들어놓은 진리밖에 없습니다.

지금 여기서는 '사람들이 만들어놓은 진리'라고 표현을 했는데, 그 깊은 뜻은 여러분들의 상상에 맡기고,

진리는 결코 그 누구에 의해서든 만들어 지는 게 아님을 분명하게 말씀드립니다.

내 안에서만 찾으십시오.

간절함

그 두 번째입니다.

이 부분은 깨달음을 갈망하는 초심자들에게 강력하게 주장하는 제 개인적인 소견입니다. 평생을 다 바쳐 깨달음에 몰두해도 초견성은커녕 그 근처에도 못가보고, 육신의 옷을 벗는 사람들도 부지기수라고 하는데, 감히 저 같은 사람이 본격적으로 입문해서 6년 만에 초견성을 이룬 것도, 이 간절함에서 비롯되었다고 저는 확신하고 있습니다.

간절함이 아니었다면, 저는 지금도 만년수련생으로 남아있었을 것입니다. 저에 있어서, 깨닫는 데는 간절함이 제2의 필수요건이라 감히 말씀드립니다.

간절함!

수련 중에 너무나도 답답할 때는 실제로 정말 죽어버릴까라고 마음먹을 때도 참 많았습니다.

그럴 때마다 '한 소식'씩 오곤 했지요.

(여기서의 '한 소식'이란 명상에서 사용하는 용어로서 지혜가 열린다는 뜻입니다)

누누이 말씀드리지만 수련도 마음작용입니다.

마음으로 하는 것이므로, 저와 같은 경우에서는 마음으로 간절함을 되새길 때마다 마음이 많이 열리곤 했습니다. 그래서 저는 초심자들에게 정말 권하고 싶은 부분이고, 이 간절함이 여러분을 본래의 자리로 한 발짝, 한 발짝 더 가까이 다가서게 해줍니다.

이건 제가 손수 경험한 실제 상황입니다.

비록 그때의 한 순간순간 머무르다 지나갔지만 범아일여의 경지도 그때 느껴보았습니다. 마음공부에서 마음으로 간절함을 갖는다는 것은 곧 그 간절함을 이룰 수 있는 최대의 지름길을 찾는 것과도 같습니다. 간절함이 참으로 간절한 사람은 언젠가는 분명히 이룰 수 있습니다. 그러나 간절함이 그렇게 간절치가 않고, 그냥 한번 알고나 가보자하는 분 혹은 양다리 걸쳐서 여기가 안 되면 저기서라도 구원을 받겠다는 그런 안이한 상태로 깨달음에 입문한다면, 시간과 금전만 낭비하고, 제풀에 꺾여 중도 포기하는 결과를 반드시 초래합니다.

깨달음에 입문하는 많은 사람들이 간절함이 없이 그냥 입문하는 경우가 참 많습니다. 솔직히 간절함이 간절치 못하면 열리기가 참으로 힘들고, 열린다 해도 스스로 완전하게 되기가 어려우며, 잘못하다간 엉뚱한 샛길(사견)로 빠지기가 쉽습니다.

그 샛길이란 각자의 상상에 맡기겠습니다.

깨달음의 제2 요건은 간절함이라고 저는 확실히 말씀드립니다. 이점은 진실로 깊이 새겨두십시오. 간절함은 한마디로 빨리 갈 수 있는 이정표와 같습니다. 깨달음은 빠를수록 좋습니다.

나에게서 벗어나라

그 세 번째입니다.

이 말은 바꿔 말해, 인간 개체가 깨달으려면 절대로 안 된다,라는 말입니다.

첫 번째에서는 내 안에서 찾으라 해놓고, 지금 여기서는 나에게서 벗어나라 하는데, 〈이게 말이나 되느냐〉 하시겠지만 내 안에서 찾긴 찾되 나를 벗어나라 이것입니다.

진정으로 깨닫고자 한다면

개체인 나에게서 참으로 벗어나야만 합니다.

이 말은 깨달아야겠다고 하는 그놈!

진리가 되겠다고 하는 그놈!

이루려고 하는 그놈!

그 무엇인가를 해야겠다고 설치는 그놈!

여하튼 내가 되었든, 내 이름 석 자가 되었든, 나라고 불리우고, 느끼고, 인정하는 그 놈이 있고서는 절대로 깨달을 수가 없음을 저는 분명히 말씀드립니다. 우리가 깨닫지를 못하는 가장 큰 원인이 바로 이런 내가 있어서입니다.

바로 자기라고 하는 인간 개체의 '아'가 깨달으려고 하니까 어려운 것입니다.

깨달음을 가장 크게 방해하는 자입니다.

여기서 그놈이 이 삶에서 행한 것들을 간단하게 살펴보면,

○ 나는 아직까지 부족한 게 참 많다.

○ 좀 더 수련·수행을 해야겠다.

○ 왜 그렇게 못 넘어가는지 모르겠다.

○ 깨달음이 그렇게 쉬운 것이라면 그 누군들 못 깨닫겠느냐?

○ 강의를 들으면 분명 다 맞는데 뒤돌아서면 안 된다.

○ 나는 인간 개체이다.

○ 전생의 업연으로 현 삶이 어렵다.

○ 나는 되는 일이 없다.

○ 내 주제에 나 같은 놈이 아직 멀었다.

○ 일체의 모든 부정적인 생각들.

이렇게 내가 나를, 어렵고 힘든 인간으로, 모든 면을 스스로 세뇌 시켜놓고, 발목을 잡고 있는데, 어떻게 깨달을 수 있겠습니까?

인간 개체인 나에게서 벗어난다는 것은 곧 본래에 드는 것입니다.

다시 말해서 내가 본래에 드는 것이 아니라,

내가 사라짐으로서 본래가 스스로 드러나는 것입니다.

이것이 깨달음입니다.

결국 내가 깨닫는 것이 아니고 본래가 눈을 뜨는 것입니다.

나는 사라지기만 하면 됩니다.

이 원리를 제대로 알아야지 올바르게 깨칠 수 있다고 단언합니다. 이건 비록 내적인 종교에서만이 행해지는 수련의 한 분야로만 보아서는 안 됩니다.

외적인 종교의 절대자를 단 한 점 의심 없이 믿고 따르는 그 행위 역시도 마찬가지입니다.

오로지 그분만을 철저히 믿기 위해서는

내가 사라지고,

그 자리에 오직 그분 한 분만 계시면

바로 그 자체가 그분과 하나가 됨과 동시,

진정한 구원을 받을 수가 있습니다.

구원을 받고자 하는 그 나만 사라지면 바로 구원이 됩니다.

이렇게 말씀드려도, 나를 진정으로 놓을 수가 없다는 등, 내가 놓아지지를 않는다는 등, 자존심이나 따지고, 나 없이 내가 어떻게 깨달을 수 있냐는 등의 엉뚱한 말만 한다면, 그 분은 최소한 이 방법으로는 절대로 결코 깨달을 수 없습니다.

깨닫는다는 그 자체가 바로 내가 누구임을 아는 것인데, 그 알려고 하는 내가 사라지지 않고, 버젓이 살아서 나는 누구인가를 찾아보았자 제자리에서 계속 맴도는 그런 상황밖에 되지 않는 것이므로,

인간적인 말로 죽었다 깨나도 깨달을 수가 없습니다.

내가 누구임을 알려면, 그 알려고 하는 그놈만 사라지면 바로 드러납니다. 그놈이 그 앞을 떡 가리고 있기 때문에 결코 드러날 수가 없습니다.

마음자리를 깨치는 것도, 일단은 개체인 내가 사라지고, 드러난 본래가 마음을 내는 것이 곧 마음을 깨치는 것입니다. 개체인 내가 사라지지도 않고 마음자리를 깨친다는 것은 알음알이에서나 있는 일이라 봅니다.

알음알이가 무엇입니까.

머리로 온갖 망념망상을 다 짓는 것이지요. 알음알이로 뭔 일을 못합니까. 깨치지 못한 나는 무조건 사라져야만 합니다.

하나님을 진정으로 믿고 따르려면 진정으로 믿고 있다는 그 내가 사라져야 하나님께서 스스로 임재하십니다.

사람이 태어나지 않으면 늙고 병들고 죽지를 않습니다.
태어나지 않으려면 사람이 되지 말아야 되겠지요.
사람이 안 되려면 사람인 내가 사라져야 합니다.
여기서 사람인 내가 사라진다는 것은 육신의 옷을 벗는 죽음이 절대로 아닙니다.
사람이라고 하는 이의식이 사라져야 된다는 것이고,
이 말은 의식전환을 뜻하는 것입니다.
의식이 사람을 벗어나 본래에 있으면,
그것이 바로 사람이 사라지는 것입니다.
의식이 본래에 있으면 태어남도 늙음도 병듦도 죽음도 없습니다. 본래의 자리에 생로병사가 없다는 말도 영생이라는 말도 다 여기서 나옵니다.

이렇게 말씀드려도 자기 자신을 끝끝내 놓지 못하면 저로서도 어쩔 도리가 없습니다. 저 뿐만이 아니라 어떤 종교, 어떤 수행단체를 간다 해도 그 가는 그자가 사라지지 않는 한 결코 깨달을 수가 없습니다. 이것만은 명심, 또 명심하시고 깨달음에 입문하시길 간곡히 바랍니다.

본래를 쉽게 찾는 법

위 마음가짐으로 어느 정도 준비가 되었다면,
이제 본격적인 수련에 들어가 보기로 합시다.

수련에서도 3가지 중요 핵심 사항이 있습니다.
그 첫째가 '수용'입니다.

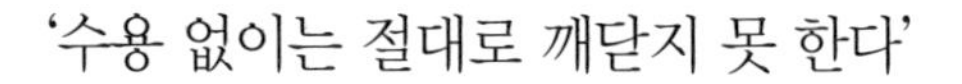

'수용 없이는 절대로 깨닫지 못 한다'
저는 이 말을 깨달음의 핵심으로 다루고 싶습니다.
제 깨달음대로 깨달으려면, 수용 없이는 절대로 불가하다는 말입니다.
수용을 안 하시고 깨달음에 입문하신다면, 저는 더 이상 말씀을 안 드리겠습니다. 아니 이 책도 보실 필요 없습니다. 보실 필요가 없는 게 아니라 보나 마나입니다.
그 정도로 수용을 가장 크게 강조합니다.
수용이 왜 그리 중요하냐.
제가 깨닫고 보니까,
깨달음이라는 게 결국은 **마음의 체험**입디다.
마음이 한 번도 체험 못해본 것을 깊게 한번 체험해 보는 것, 이것이 깨달음이다 이것입니다. 이것을 다시 풀어보면,
본래의 마음을 처음으로 한번 깊게 체험해 보는 것입니다.
그래서 **초견성**이라 합니다.

그러기 위해서, 개체마음을 내고 있는 이 몸이
정말로 한번 완전하게 사라져야만 합니다.

저는 처음에 깨달음이 뭐 대단한줄 알았습니다.

깨닫는 그 순간 참으로 **나 없음의 자리를 참으로 증득**했습니다.

여기서 나 없음의 자리란 바로 전체의 자리! 본래의 자리! 굳이 나라고 명명할 것까지도 없는 천상천하유아독존의 바로 그 자체였습니다. 비록 말로는 형용할 수 없지만 내 마음만이 느끼는 그것! 굳이 표현하자면,

마음이 빛으로 가득 찬 환함!

의식이 너무나 총명하고 앞뒤상하좌우가 통째로 뻥 뚫림! 며칠 동안 그런 상태가 지속되었는데, 그 상황에서는 마음의 체험이라는 생각도 못했지만 시간이 지나고 다시 원상태가 돌아오면서 그것이 본래마음의 체험임을 절실하게 느꼈습니다.

'깨닫는다는 것은 결국 내 본래 마음의 체험이다'라는 결론을 스스로 내리게 되었습니다.

여기서 두 가지의 사실이 나오는데,

첫째가 위에서 잠깐 말씀드린, '다시 원상태로 돌아오다'입니다.

이 말이 무슨 말인고 하니,

깨달음도 결국 본래 마음작용에 불과하다 이 말입니다.

마음작용이므로 다시 원상태로 돌아오는 것입니다.

여기서의 원상태는 주위 조건은 깨닫기 이전의 상태와 다름이 없지만 내 마음은 이미 깨달은 각자의 상태로서 개체가 아닌 전체의 상태 그 자체로, 개체도 낼 수 있는 완전 그 자체로 변화된 상태를 말합니다.

둘째는 저 역시도 당시에는 그랬지만 많은 사람들이 깨닫고 난 이후에 그 깨닫던 순간,

'마음의 체험' 그 상황을 계속해서 유지하려 합니다.

한마디로 그것을 마음의 습성이라 하는데, 마음은 꼭 우묵가사리와 같이 서로 엉켜, 한자리에 머물려는 습관을 갖고 있습니다. 우리가 어느 교육장에 교육을 받으러 가서 자리를 정해 앉는 것도 각각의 습관을 보입니다. 앞에 앉는 사람은 꼭 앞에만 앉고, 뒤에 앉는 사람은 꼭 뒤에만 앉는 것과 같이 이 모든 게 다 마음의 습성에서 나옵니다.

마음의 체험, 그 상황은 시간이 흐르면서 서서히 퇴색되어집니다. 퇴색 된다는 것은 아주 자연스러운 것으로,

'마음에 각인'이 된 상태이기 때문에 이제 그 마음은 그 이상의 새로운 체험만을 바랄뿐이지,

이미 체험한 마음은 조용히 가라앉는다는 표현입니다.

그렇다고 나없음의 체험 즉 본래 그 자체를 잃어버린 다든지 혹은 다시 개체에 빠져드는 그런 상황은 제가 겪은 바로는 절대로 일어나지 않습니다.

내가 바로 본래 그 자체임을 스스로 증득해서, 그 자리에 확고하게 섰는데, 그 자리를 잃어버린다는 것은 인간 개체인 상황에서나 있다면 있을 수 있는 일이지, 본래 그 자체에서는 결코 있을 수 없는 일입니다. 깨닫지 못한 개체의 사고방식으로 본래 그 자체를 논한다는 그 자체부터가 이미 문제라 봅니다.

앞서 말한 그 상황도, 깨닫지 못한 개체들의 자기들만의 한 생각일 뿐입니다.

단언컨대 본래의 그 자체에서는 결코 있을 수 없는 상황입니다.

항간에 공부가 퇴행한다는 둥, 식었다는 둥, 다시 무명에 빠져 든다는 둥의 말들을 하는 분들이 있는데, 저는 결코 그 말에 전적으로 동의하지는 않습니다.

그 말을 하는 사람은 본래를 깨닫지 못하고, 아직까지 인간 개체의 나에게 메여있는 사람입니다. 그 말들은 깨닫지 못한 개체들의 한 생각이고, 말입니다.

본래와, 깨닫지 못한 개체가 무엇이 다릅니까.

깨닫지 못한 개체는 한계를 갖는 생각과 말을 합니다.

본래는 한계가 없는 무한 그 자체입니다.

무한 그 자체가 무엇에 걸림이 있고, 멈추고, 잃어버리고, 다시 빠지고, 이게 있을 수 있는 일이라 봅니까.

그건 인간 개체의 사고방식이고, 인간 개체들만이 갖는 개체의 자기 한계입니다. 인간 개체로서 본래를 이해하려 들면 절대로 불가합니다. 어떻게 인간 개체가 본래를 이해하고, 본래의 무한을 감히 상상이나 할 수 있다고 보십니까.

그 인간 개체에서 벗어나야 합니다.

이런 경우는 간혹 간에 있을 수 있다고 봅니다.

증득과정에서 본래의 자리에 확철대오(廓徹大悟)하게 스스로서지 못하고, 긴가민가하면서 혹은 수련의 방향을 다른 쪽으로 틀었을 경우, 이것을 맛 뵈기 증득 이라고들 하던데, 그런 경우는 간혹 있을 수 있다는 말은 들었습니다.

이런 사실을 모르고, 내 공부가 식어 간다는 둥, 다시 원 자리로 퇴행한다는 둥의 어리석은 마음을 내게 되는데,

만일 그런 마음을 실제로 낸다면, 마음으로 하는 것이므로 그 마음 낸 그대로,

정말 식어가고 퇴행될 수도 있음을 미리 말씀드립니다.

그로 말미암아, 자신이 참으로 힘들고 어렵게 이룬 본래의 자리를, 다시 박차는 어리석음을 범하기 시작하는데, 이는 다시 무명으로 스스로 빠져드는 것과도 같습니다.

참으로 어리석기 그지없습니다.

공부가 식고 퇴행 되는 게 아닙니다. 만일 말 그대로 공부가 식고 퇴행된다면, 그건 아직 제대로 본래의 자리에 들지 못한 것이며, 그 자리를 알음알이 혹은 말로 글로 보고 배워서 안 것입니다.

확실하게 본래의 자리에 들었다면 퇴행이란 없습니다.

그간에 의식이 개체에만 머물러 있었기 때문에 몸에 의식에 습관화 되어있어서, 의식이 개체에 머무는 시간이 많을 수는 있어도, 본래를 잃어버린다던지 하는 경우는 결코 없다는 것을 말씀드립니다.

그래서 스스로 증득하라고 말하는 것입니다.

단지 위에서 말씀하신 마음의각인 상태에서의, 마음이 퇴색되는 것은 당연한 것으로 볼 수 있습니다.

그래서 마음작용이라고 저는 말씀드리는 것이고,

깨달음도 결국 내 마음작용입니다.

깨닫고 나서 많은 사람들을 만나 이야기를 들어보면, 어떤 분은 이미 스스로가 깨달아 본래의 자리까지도 체험해본 사람이 나는 그 자리에 한 번도 든 적이 없다고, 제발 그 자리에 들게 좀 해달라는 분들도 계시더군요. 정말 어처구니가 없었습니다. 저는 그분에게 분명히 그 자리에 들었다고 그렇게 말씀을 드려도, 나는 그런 체험을 전혀 못해보았다 말합니다.

그런 분들에겐 별다른 방법이 없습니다.

공부를 새로 시작할 수밖에 이 공부는 본인이 아니다하면 정말 아닙니다. 그렇다고 그 자리에 제대로 들지도 못했으면서 스스로가 인정한다고 해서 되는 것도 아니지만 사실 이 공부만은 스스로가 그 자리에 들지 않는 한, 그 어떤 다른 방법도 없습니다.

이 자리에서 다시 한번 말씀드리면, 마음의 체험 즉 증득은 사람마다 각기 다 다릅니다. 저는 위와 같이 체험을 했지만 어떤 분은 더 강력하게, 또 다른 분은 아주 미약하게 체험하는 경우도 있습니다. 사람마다 각기 자라온 환경과 수련방법 등에 의해서 조금씩 다 다르게 나타납니다.

중요한 것은 본인 스스로가 아니다 하면 절대로 아닙니다.

어떤 이유가 되었든 체험 못해보았다 하면 체험 못한 것입니다. 체험 못했으면, 스스로 본래의 자리에 찾아 들 수가 없으므로, 들 때까지 계속 수련해야만 합니다.

그 자리는 스스로 들어가 보지 못하고, 스스로가 체험 하지 못했으면 아무 소용없습니다. 말로, 생각으로, 인정하고, 수용한다고 되는 것은 절대로 아닙니다. 다른 것은 몰라도 그 자리만은 본인 스스로가 참으로 들어가는 체험(나없음의 자리)을 하지 않고서는 넘어갈 방법이 없습니다.

수용이라는 것도 결국 마음의 수용으로 마음이 하는 것입니다.

마음으로 어떻게 수용 하냐.

그 방법 좀 알려 달라 하시는 분들이 있는데 아주 간단합니다. 어떤 모 수련원에서는 위에서도 잠깐 소개드렸지만

나라고 하는 이 개체를 죽이고 버리는 방법으로

시종일관 수련을 행하고 있는데, 여기의 한 예를 든다면,

예전에 동양에서 많이 행해진

극악무도한 죄인들의 목을 칼로 베는 참수과정을

실제와 비슷하게 실행하는 과정에서 분명히 칼로 내 목을 베었는데도,

목이 안 떨어진다고 하소연하는 수련생들이 종종 있습니다.

비록 가상현실의 마음으로 하는 상황이지만 수련하는 수련생입장에서 가상현실의 마음으로 한다는 것을 확신해서인지, 내 목이 이렇게 붙어있는데 어떻게 떨어졌다고 인정하냐. 〈나는 절대로 실제상황이외에는 현실로 와 닿지 않아 수용할 수 없다, 아니 수용이 안 된다〉 이렇게 수용거부를 한다면, 그 수련생은 최소한 그런 방법으로는 절대로 깨달을 수가 없습니다.

가상현실이라도 실제상황이라고 수용해야만 합니다.

위에서 분명히 말씀드렸지요. 깨달음도 내 마음의 수용이라고, 참으로 중요한 사항입니다. 일체 전체가 완전하게 딱 끊

어진 상황에서 내가 완전하게 사라진 그 자리를 스스로 느끼며, 거기서 바로 증득을 해야 할 시점에서 〈나는 이렇게 멀쩡하게 있는데 뭔 소리 하고 있냐! 내가 사라지긴 왜 사라져?〉 이러면 속된말로 죽었다 깨나도 증득은커녕, 그 자리를 알려준다 해도 아무런 소용이 없습니다.

분명히 그 자리에서 스스로 자기 무릎을 탁 치는 체득이 있어야 하는데…

그래서 수용이 참으로 중요하며 수용 없이는 절대로 깨닫지를 못합니다.

처음부터 끝까지 수용으로 시작해서 수용으로 마무리를 짓는 게, 깨달음의 수련이라면 또한 깨달음의 수련입니다.

그 둘째가 위에서도 몇 번 말씀드렸지만

마음으로 해야 합니다.

마음으로 수용하고, 마음으로 될 수 있다는 확신을 갖고,

마음으로 증득해야 합니다.

비슷비슷한 말이지만 한마디로 마음을 써야한다 이 말입니다.

마음을 쓴다는 것은

수련 중에 일체전체가 딱 끊어진 상황에서

끊어진 그 자리에 멍하니 있지 말고,

마음을 돌려, 내가 참으로 사라지고 없어진,

나 없음의 상태를 감지하라, 느껴라,

'어! 개체인 내가 없어지니까 바로 이것이로구나'라고,

느끼고, 득하는 마음을 내 보라 이것입니다.

이렇게까지 말씀드렸는데도 그 자리에 가면 멍하니,

〈일체가 다 끊어졌는데요? 공하면서 고요하고 평화로우며 내가 없는데요!〉 이렇게 말하고 있습니다.

그래서

공하고, 고요하고 평화롭고, 내가 없다고 느끼는 그놈을

다시 한번 없애라, 놓아라,

'거기서 한번 더 나를 놔 보십시오' 또 재촉합니다.

이 재촉은 바로 마음을 쓰고 내라는 힌트를 주는 것입니다.

그 상황에서 마음을 한번 바꿔 먹어보라 이 말입니다.

일체가 딱 끊어진 그 자리를 보는 그놈이 아닌, 그놈까지도 사라진,

나 없음을 내가 스스로 느끼는 그 마음을 내라 이것입니다. 마음으로 하고.

그 셋째가 내가 한번 진정으로 사라져야만 합니다.

여기서의 나는 진아니, 저아니, 자아니, 이런 정해진 나가 아닌, 싸잡아 나라고 불리는 이놈!(뭐 이름을 불러도 좋고, 이 나입니다) 모든 문제는 바로 이놈입니다.

이놈 때문에 이놈이 깨달음도 만들어 놓고, 종교도 만들어 놓고, 신도 만들어 놓고, 마귀도 만들어 놓고, H님, V님도 다 만들어 놓고, 여하튼 모든 것을 다 만들어 놓았습니다.

이런 내가 참으로 한번 완전하게 죽어 사라져야만 합니다.

(또 이렇게 말씀드리니까 진짜 죽어 사라져야 하나?

이렇게 착각은 절대로 하지 마세요. 마음으로입니다.)

마음으로 진짜 완전하게 사라져야 합니다. 이놈이 사라지지 않으면, 또한 깨닫기가 매우 힘듭니다. 최소한 제가 체험한 바로는 그렇습니다.

이 세 가지만 확실하게 하시면

누구든 다 깨칠 수 있다고 저는 확신합니다.

여기서 그런 상황을 한 예로 들 수는 없고 해서, 제가 당시, 깨달았을 때의 상황을 그대로 자세하게 재현하여 말씀드리니, 참조해 보시길 바랍니다.

(비록 그 당시와는 어느 정도의 많은 시간이 흐른 상태라, 깨달은 그 상황을 완전 똑같이 재현할 수는 없지만)

수련방법

여기서 필자로서의 독자님들께 한 말씀 올리겠습니다.

항간에 이 수련방법에 대해서 여러

가지 추측의 말들이 있는 것 같은데, 이건 깨달음에 대한 정의를 올바르게 모르는데서 나온 말이라 봅니다.

즉 깨닫는 방법을 정확하게 모른다는 말입니다.

사실 마음으로는 사람들은 늙지도, 병들지도, 죽지도 않습니다. 그렇다면 늙고, 병들고, 죽는 것은 바로 우리 몸입니다. 나이 드신 분들에게 물어보면, 아무리 나이가 많이 먹었어도 마음은 항상 이팔청춘이라고들합니다.

이 말의 뜻은 몸이 늙었지만 마음은 늙지 않았다는 의미이기도 하지요.

비록 마음에서 몸이 나왔지만

그 몸이 마음도 변화를 시키고 있습니다.

몸이 늙으니까 마음도 덩달아서 늙어간다고 생각들을 하고 있습니다.

바로 **이 원리를 이용한 수련법**이 죽이고 버리고의 수련법입니다.

몸을 죽이고 버리고를 하는 것이지요.

누가? 내가!

어떻게? 마음으로!

마음으로 내 몸을 죽이고 버리고를 하는 게 이 수련법입니다. 이 몸을 죽이고 버리고를 하다보면, 어느 날엔가 이 몸이 정말로 없어졌음을 스스로 느끼면서 그 순간 본래가 드러납니다. 즉 **없음 속에서 있음이 드러나는 원리이기도 하지요.**

개체인 내가 참으로 사라지니까 본래가 드러나는 것이지요.

깨닫는다는 것은 한마디로 내 마음으로 이 개체가 없음(사라졌음)을 스스로 알아차림입니다.

본래마음을 보는 것입니다.

깨닫기 전에는

이 개체마음만 보고 이것이 내는 것에만 푹 빠져,

그것이 전부인양 알고 거기에만 빠져있었습니다.

그런데 이 개체마음이 사라짐과 동시

본래마음이 확 드러나는데, 이것을 스스로 증득하는 것이지요.

'아 이것이 본래마음이구나' 즉 초견성 하는 것입니다.

그러기 위해서 마음으로, 개체마음을 담고 있는 이 개체를 죽이고 버리고를 꾸준하게합니다. 그런데 마음이라는 게 묘해서 처음에는 간단하게 죽이고 버려도, 쉽게 수용을 하는데 정작 깨닫지는 못하고, 시간이 가면 갈수록 죽이고 버리는 방법이 과격하고 섬뜩해도 잘 죽여지고 버려지지가 않습니다.

죽이고 버리고의 습에 딱 묶깁니다. 한마디로 극대화 됩니다.

여기서 온갖 말들이 난무하기 시작합니다. 이런 말들에서 벗어나야 합니다. 그것을 이겨내고 꾸준히 계속 하다보면, 어느 날엔가 내가 참으로 죽고 사라지는 날이 옵니다.

그때 스스로 증득하는 것이지요.
이 수련방법이 바로 이런 원리입니다.

개체마음을 가지고 있는 이 인간 개체를 죽이고 버리는 것도, 다 마음으로 하는 것인데, 그것이 무엇이 문제가 되겠습니까. 상대를 죽이는 것도 아니고, 내가 나를 죽이는 것인데, 이것을 문제 삼는다면 다른 방법을 택할 수밖에 없습니다.

과격하다니, 섬뜩 하다니 를 따진다면, 죄송하지만 그분은 아직 깨달음의 기본이 안 된 사람이고, 그렇게 마음이 약해서 어떻게 깨달을 수가 있겠습니까.

예수님은 주님을 영접하기 위해서, 자신의 가장 귀중한 목숨을 그것도 참으로 가혹한 십자가에 못 박힘까지도 당하셨습니다.

그 상황을 실제라 생각해보십시오.

멀쩡히 살아있는 나를, 십자가에 눕혀놓고 양손바닥에 대못을 박는 그 아픔, 두발을 포개놓고, 그 발등 위에 긴 대못을 박는 그 아픔, 거기까지도 참을 수 있다 가정하고, 이번엔 눕혀있는 십자가를 반듯하게 세우는 그럴 경우 몸의 체중에 의해 하체로 내려 쏟는 그 통증! 양 손바닥, 양 발등이 찢어지는 처참한 고통, 생각만 해도 몸서리 쳐지지 않으십니까?

저도 당시에는
비록 상상이지만 그런 죽이고 버리는 수련도 해보았습니다.

여러분들에겐 실제로 죽고 사라지라는 것도 아니고,
마음으로 하라 하는데도,
과격 혹은 섬뜩 을 논하신다면 저로서는 할 말이 없습니다.
제발, 깨달음을 그냥 한번 해보고 되면 다행이고, 안되면 그만이라는 안이한 생각으로 깨달음에 임하지는 마십시오.

깨달음은 내 영혼을 깨우는 참으로 고귀한 작업입니다.
그런 위대한 작업에 나를 진정으로 희생해서라도,
얻을 수 만 있다면 얼마나 영광스런 일입니까.
나를 희생 한다 해서,
내가 찾고자, 되고자 하는 본래까지도 희생되는 게 아닙니다. 마음으로 하는 수련인 만큼, 마음을 크게 세우는 것도 방법 중에 하나입니다.
다시 한번 말씀드리지만
깨닫는다는 것은 상대가 아닌 자기 자신입니다.
나라고 명명하는 이 개체에서 의식을 분리시켜,
본래의 의식을 찾아 들어가는데,
그 방법이 그리 쉽고 만만하지가 않습니다.
이 개체인 내가 그렇게 쉽사리 순수하게 물러나지 않습니다. 죽이고 버리고를 아주 참혹하고 잔인하게 해도
이놈이 절대로 쉽게 분리되지가 않습니다.
진짜 찰거머리입니다. 한번 해보십시오.

그래서 깨닫기가 힘들다면 상당히 힘듭니다.

이점 유념해주시고 본론으로 들어갑니다.

우선 자세는 편안한 앉은 자세로 두툼한 방석을 깔고(편안함을 유지하기 위해서) 가부좌는 굳이 틀 필요 없습니다. 자신이 최대한 편안하다고 느끼는 자세로, 양쪽 어깨도 자연스럽게 내리고, 척추 또한 곧게 세우면 좋지만 처음엔 구태여 그렇게까지 할 필요는 없습니다.

최대한 자연스럽고 편하게, 단지 허리와 머리만은 절대로 벽에 기대면 안 됩니다. 허리와 머리를 기대면 앞뒤상하좌우로 뻥 뚫림이 잘 안 됩니다. 특히 자신의 몸 뒤에 병풍이 처져 있는 느낌이 드는데 이게 사라져야 합니다.

그것만 주의 하면 되고, 수련 중 다리가 아프면 앞으로 뻗고 해도 상관없습니다. 여하튼 처음엔 그 어느 것에도 구해 받지 않도록 최대한 편안하게 하십시오. 그 자세에서 눈을 감고 생각으로 (마음으로) 수련을 합니다.

(여기서, 이런 내용을 글로 옮긴다는 그 자체에 문제가 발생될 수 있어, 내용의 자세함을 자제하고, 간단하게 수련방법만 소개함을 죄송스럽게 생각합니다.)

예를 든다면,

군데에서 사용하는 수류탄을 지금 앉아있는 내 양쪽 겨드랑

이에 하나씩 끼우고 바닥에 떨어지지 않도록 양팔을 살짝 움츠립니다. 손에도 수류탄을 하나씩 꽉 쥐고, 허벅지에도 하나 끼우고, 양쪽 무릎 안쪽에도 하나씩 끼우고, 그런 상황에서 마음속으로 하나, 둘, 셋을 셈과 동시 수류탄을 폭파시킵니다. 만일 이것이 실제 상황이었다면 자신의 몸이 어떻게 되었겠습니까.

물어보나 마나 산산조각 나서, 몸의 일부분까지도 찾을 수 없도록 처참하게 사라졌을 것입니다.

방금 전까지도 자신이 앉아있던 그곳엔 텅 비어 아무것도 없겠지요. 이렇게 실제상황으로서는 충분히 인정하는데, 이것이 수련이라 생각하면 정말 안 없어집니다. 한번 해보십시오.

항상 실제상황이라고 인정하고 수용 하십시오.

마음으로 그렇게 느끼십시오.

'어! 내가 없네' 처음부터 이렇게 되면 얼마나 쉽습니까. 그간의 삶속에서 몸이 의식에 딱 붙어있어서 좀처럼 쉽게 떨어지지가 않습니다. 그러다 보니 몸이 쉽사리 사라지지가 않습니다.

이런 식으로 자신의 몸을 상상으로(마음으로) 온갖 수단과 방법을 총 동원해서,죽이고 버려 보는 것입니다. 최대한 그때그때의 상황을 사실적으로, 실제 상황으로 표현 생각하십시오. 그냥 대충대충 죽었다고, 사라졌다고, 버려졌다고, 인정하고 넘어가지 마시고, 꼭 남아있는 몸의 일부분까지도 없애는 진짜 사라진 그 상황을 반드시 확인하시길 바랍니다. 조그마한 티끌, 부분까지도 남겨놓으면 안됩니다. 쓰레받기로 싹싹 긁어서 부글부글 끓는 용광로에 넣어버리는 그런 뒷마무리로서 내가있던 그 자리가 깨끗한 상태가 되어야 합니다.

이 방법도 조금 해보고, 저 방법도 조금해보는 뒷마무리가 깨끗하지 못한 즉 인간 개체인 내가 조금이라도 남아있게는 절대로 하지 마세요. 한 방법을 시작했으면 끝까지 마무리를 깨끗이 한 다음, 다시 새로운 방법으로 넘어가세요.

다시 한번 말씀드리는데 참으로 중요한 것은 한 방법이 깨끗이 끝나면,

나 없어졌음을 꼭 확인하고 그 상태를 1~2분씩 명상해보고, 새로운 방법, 다음 방법으로 넘어 가세요.

온갖 최신무기, 동물, 우주 등 모든 것을 총 동원해도 상관없고, 그 방법 또한 무궁무진하니까, 각자 스스로가 생각나는 대로 하시면 됩니다.

내가 완전하게 사라질 때까지 길을 가다가도, 밥 먹으면서도 잠 잘 때도 누워서 잠들 때까지 작두로 내리치기도 하고, 마음으로 하는 것인 만큼,

실제로는 절대로 죽지 않으니 맘 놓고 하십시오.

자나 깨나 의식이 있을 때면 수단과 방법을 가리지 말고, 꾸준하게 계속해서 하십시오. 아주 습관화가 될 정도로,

죽임을 당하는 그 자체가 잔인할수록 효과는 더 빠릅니다.

다 나를 위한 수련법이므로 크게 개의치는 마십시오.

개체인 나에게서 벗어나는 방법입니다.

개체에 가리어진 본래를 드러나게 하는 초특급의 가장 빠른 방법임을 명심하십시오. 이렇게 하지 않고선, 이 인간 개체에서 벗어난다는 게 정말 쉬운 일은 아닙니다.

버리고 죽이고를 하다보면, 이 개체가 참으로 질김을 정말 실감하실 것입니다. 어지간해서는 이 개체가 절대로 물러나지 않습니다. 이 개체와의 싸움입니다. 전쟁입니다. 누가 죽이고, 누구와의 전쟁인지는 알 필요 없습니다.

그냥 내가 죽기만, 사라지기만 하면 됩니다.

그래도 힘들다 싶으면 연락 주십시오.

아는 대로 조언정도는 충분히 해 드릴 수 있습니다. 전문 수련원도 있습니다. 단지 무조건 입문하지마시고, 저에게 한번 정도 자문은 꼭 받아보시고 입문하세요.

(글로는 남길 수 없는 중요 핵심사항이 있습니다)

이 과정을 반드시 넘어가야만 합니다.

이 책에서는 이 방법만을 첫 번째 필수 조건으로 내세우는 만큼, 어쩔 수 없이 따라 주어야 합니다. 이 방법이 어느 정도 익숙해지면, 그 다음부터는 이 책의 내용대로만 따라하시면 됩니다. 이것이 제가 주창하는 수련방법입니다.

그럼 내가 어느 정도 사라져야 하나?

첫째, 앉아있는 내 뒤가 뻥 뚫려야 하고,

막대기로 앉아 있는 내 몸을 휘저어봐서 일체 걸림이 없는 혹은 바람이 앞에서 뒤로, 우에서 좌로,

휙 그냥 지나갈 정도로 되어야 합니다.

둘째, 내 의식으로 내가 앉아있는 그 자리에

아무것도 없는 사라진 그것을 느낄 때까지

눈 감았을 때나, 눈 떴을 때도,

똑같이 내가 없어졌음을 알아차릴 정도로, 이정도면 됩니다.

여기서 분명하게

이 죽이고 버리는 수련의 진정한 그 의미를 말씀드리겠습니다. 주님께서 창조한 이 몸을 죽이고 버리라 하니까,

참으로 의아해 하시는 분들이 많은 것 같습니다.

이 수련에서 죽이고 버리는 몸은

인간 개체의 삶에 세뇌될 대로 세뇌된 몸입니다.

그 몸이 있는 한 인간 개체들은 결코 절대로 구원 받을 수가 없습니다.

구원받지를 못하기 때문에 윤회의 수레바퀴에 계속해서 빠지게 되며,

끝없는 생로병사의 고통 속에서 헤어 나오지를 못하는 것입

니다.

세뇌된 몸을 참으로 놓고 버리고 죽여,

본래의 나로 거듭나고, 부활하여,

내적인 종교의 법신, 보신, 화신,

외적인 종교의 성부, 성자, 성령의 완전 삼위일체 그 자체로서 영생을 누리고, 대 자유로서 무한한 가능성을 유감없이 발휘하는

그런 본래로 환원시키기 위한 방법입니다.

이 수련의 목적이 바로 여기에 있습니다.

이점 진정으로 아시고 수련에 임해 주길 바랍니다.

사실 인간 개체의 삶에 세뇌된 이 몸을 아끼고 위해서 무엇에 써먹겠습니까.

천상천하유아독존

앞에서 말씀드렸듯이 저는 6년간,

여기서 6년간 이라고 하니까,

너무 길고 지루하다고 생각하실지 몰라서 잠깐 한 말씀드리지요. 6년이라는 기간은

아무것도 모르는 상황에서의 나 홀로 6년간입니다.

지금 이 책을 읽으시는 여러분들에게는 마음만 확실하게 세우신다면,

한 달 아니 빠르면 1, 2주면 다 될 수도 있습니다.

왜냐면,

제가 겪은 시행착오를 여러분들은 격지 않아도 되기 때문입니다. (부처님께서도 6년간의 고행만 하시다가 마음을 새롭게 다지시고 7일 만에 성도를 이루셨습니다)

저는 죽이고 버리는 수련을 당시의 수련원에서 공부 끝이라는 과정까지 모두 마쳤습니다. 그곳에서 인정하는 완자와 성자까지 다 받았습니다.

그래서 이 개체의 상이 사라짐은

눈 뜨고도 마음만 먹으면 그냥 되었지요.

눈감고 명상에 들면, 앞뒤상하좌우로 그냥 뻥 뚫려있는

그것을 바라보고(응시하고)만 있었습니다.

여기서 중요한 것은 앞뒤상하좌우로 뻥 뚫려있는 그것을 보는 자가 되어서는 안 됩니다. 그 보는 자가 곧 개체입니다. 보는 자가 아닌 그 자체가 돼버린 자, 그것이 본래입니다.

'앞뒤상하좌우로 뻥 뚫려있는 일체가 고요한 그것을 바라보고 있는 그자의 뒤에 있는 병풍같이 처져 있는 그것을 내적인 종교에서는 은산철벽(銀山鐵壁)이라고도 부르던데' 여

기서의 은산철벽은 하나의 '상'을 표현한 것으로서

내 뒤에 무언가가 가로막고 있다고 느끼는 나 혼자만의 '상'

최종적으로 이것을 뚫어야, 타파해야 깨달을 수 있습니다.

그날도 서울에서 지금의 저를 이 자리까지 인도해주신 스승님의 교육을 받았는데(한 달에 한 번씩 모임), 교육 도중에 자기라는 개체의 상이 사라지고, 앞뒤상하좌우가 확 터진 그 상황에서 그것을 보고 있는 그놈까지도 한 번 더 죽이라는 말씀의 교육을 듣고, 교육이 끝나 고속버스로 내려오는 도중 버스에서 명상에 들었습니다.

당시만 해도 명상에 들면 눈을 감는 동시, 죽이고 버리고도 할 필요 없이 그냥 앞뒤상하좌우가 확 터진 상황에서 그것을 그냥 보고만 있는 그 자체가 수련이었을 정도로,

더 이상의 진도는 못나가고 있었습니다.

한마디로 수련생들은 멍 자리(공 자리)에 든다고들 합니다(멍 하니 바라만 본다는 뜻이기도 합니다). 단지, 뻥 뚫린 그 자리를 보고만 있는 것도 당시에는 그냥 좋았습니다.

그 상황에서 낮에 교육받았던 대로, 그것을 보고 있는 그놈을 한 번 더 죽이라는 그 말씀이 떠올려지면서

순간,

앞을 보고 있던 그 의식이

내 내면으로 의식을 돌리면서 그냥 폭파시켜버렸습니다.

앞뒤상하좌우가 뻥 뚫린 그곳으로,

바라보고 있는 그 나를 집어 던짐과 동시 폭파시켰습니다(여기서의 표현이 쑥 들어가다, 그냥 내가 되다).

순간 나는 완전하게 사라졌습니다.

나라고 할 그 무엇도 전혀 없는 의식만이 꽉 차있었습니다. 그 의식은 지금까지 전혀 느껴보지 못한(여기서 어떻게 표현을 해야 정확하게 말로 전할 수 있을는지),

정말 나는 없었습니다.

그냥 전체 그 자체라고 할까요.

거리감도 없는 그냥 그 자체,

일체전체가 의식으로 꽉차있는

처음엔 얼떨떨하고 뭐가 뭔지,

순간 나를 찾아보았으나 나는 정말 온데간데없고,

눈을 뜨고 내 다리 쪽을 보면서

둘레둘레 나를 찾아보아도 나는 정말 없었습니다.

순간, 나없음의 자리가 바로 이런 자리인가 보다, 라는 생각이 스치면서

내가 사라진 그 자체가 바로 전체 본래 그것임을 확연하게 의식으로 느끼면서 환희가 터졌습니다.

눈물이 나고(감격),

희열과 함께 웃음이 나면서(환희),

일체의 걸림이 없는 의식 충만 그것이었습니다.

그러면서

내가 바로 천상천하유아독존 그 자체로구나 외치면서
일체의 모든 원인과 결과가 바로 나이었음을 증득하고,
내 숙명 역시도 다 내가 있어 있음을 스스로 알게 되었습니다.

지금은 기억이 많이 소멸되어서, 당시의 상황을 똑같이 표현할 수가 없지만
그 자리가 바로 전체이고, 내 본래이며,
화이트홀이고, 동시에 블랙홀임을 확실하게 증득했습니다.
바로 그 자리에서
일체 전체가 다 나오고, 다시 그 자리로 들어감을
또한 나라고 하는 이 '아' 역시도, 이 자리에서 나서,
이 자리로 다시 돌아옴을 확연하게 알게 되었습니다.
진공의 자리, 영원불멸의 자리(여기서 자리라는 것은 그 상황 즉 now를 뜻한다고 보면 됩니다),
스스로 증득해 보시면 아시겠지만
이 자리는 스스로 증득한 사람이외에는 도저히 말로,
그 어떤 무엇으로든 정확하게 표현할 수 없는 자리입니다.
마치 내 마음을 표현해 보라면,
말로 표현하기 어려운 것과도 같은 그것입니다.
그 자리에 든 본인만이 알 수 있는 자리입니다.
그래서 끊어진 자리네, 진공의 자리네, 내 본래의 자리네,

전체의 자리네, 누구누구의 자리네(여기서 종교적인 용어는 자제 하겠습니다), 화이트홀, 블랙홀 등으로 막연하게 표현되거나 불립니다.

명상수련단체에서는 '우주'라고도 빗대어 말들합니다.

참으로 대단한 자리입니다.

이 자리에 처음으로 들어, 제일 먼저 외치는 소리가

바로 내적인 종교에서는 오도송이라고 하더군요.

【천상천하유아독존】

저는 이것을 참으로 실감했습니다.

모든 게 다 중요하지만 나없음의 자리를 증득하는 게 큰 관건이며(여기서 나 없음의 자리에 대해서 확실한 표현을 해 드리겠습니다.

나 없음의 자리란,

바로 '나'라고 하는 상이 사라진 그 자리를 말하는 것입니다. '나'라고 하는 개체의 상이 사라지니까,

방금까지도 떡 버티고 있던 그 내가 없어지니까,

그것을 확연하게 느끼는 그 자! 바로 본래입니다),

그러기 위해서 마음을 그냥 멍한 상태로 바라다보는 것이 아닌,

마음으로 내가 사라졌음을 인지하고,

그 자체로서 내가 사라지니까 어떠한지를 스스로 내야만 합니다.

마음으로 인지하고, 그 상태를, 또한 마음을 내서,
증득하는 단계가 이루어지는 것이 깨달음입니다.

한마디로, 나없음을 마음으로 인지함과 동시에 그 상황이 어떤지를 느껴보십시오.

'내가 없으니까 어떠하더라'

많은 사람들이 나없음을 체험하면서
그 자리에서 마음을 내지 못합니다.
체험과 동시 마음을 내십시오.
그게 마음의 체험이고 증득입니다.
그래서 초견성이라고 합니다.
초견성!
〈내 마음자리를 처음으로 보다〉
내 마음을 내가 보는 것입니다.
(여기서의 내 마음은 인간 개체가 아닌 전체마음입니다)
한마디로 손바닥 한번 뒤집기지요.
이렇게 하던 마음을 순간 저렇게 확 돌려봅니다.

입장을 바꾼다고 하나(정말 말로 글로 이해시키려니 힘듭니다), 그 상황은 똑같지만 이런 방법들도 있습니다.

관법

○ 하나 되는 관법

내적인 종교에서 말하는 '일여(一如)'입니다.
즉 내 앞에 장미꽃 한 송이를 갖다놓고,
그 장미꽃과 내가 하나가 돼보는 것입니다.
하나가 되려면 둘 중에 하나가 사라져야 되겠지요.
장미꽃이 사라진다는 것은 수련이 아닌 것이고,
내가 사라져야 합니다.
내가 사라지기 위해서 내가 장미꽃으로 확 들어가 버리는
내 존재의 중심이 장미꽃으로 쑥 들어가는 것이지요.
내 의식이 장미꽃으로 쑥 들어가 나는 장미가 됩니다.
나는 사라지고 장미꽃만 남는데,
바로 그 상황이 내가 사라진 그 자체입니다.
내가 사라지니까 장미꽃만 남았는데 나는 장미꽃이야 하면서(**거기에 그런 상태로 머물러 있으면,
그것 또한 멍한 상태와 다름없습니다)**
이런 상태를 범아일여라고도 하는데,
거기서 머무르지 마시고,
나 없어졌음을 마음으로 느끼고 감지하라 이것입니다.
'어 내가 없어졌네, 내가 없어지니까 어떻네!'

"아' 개체인 내가 없어지니까 바로 이것이 전체이고 본래이구나'

'바로 이것이네!'

이렇게 증득이 됩니다.

그리고 그 상태를 그대로 말로 표현해보세요.

바로 그 표현이 위에서 말하는 오도송이 되는 것이지요.

증득하는 것입니다. 증득상황입니다.

'나란 놈이 사라지니까 어떻더라' 말씀해보세요.

이것이 바로 하나 되는 관법입니다.

(미리 팁을 드리면,

이 하나 되는 관법이 차후 견성을 이루는데 결정적인 역할을 한다는 것을 깊이 새겨두시길 바랍니다. 참으로 중요합니다.)

○ 흡수의 관법

태양계의 태양 속으로 흡수되는 관법입니다.

태양 속으로 쑥 들어가는 흡수의 관법.

태양의 그 열기는 참으로 대단합니다. 아무리 상상을 한다 해도 태양의 열에 녹지 않는 것은 그 무엇도 없습니다. 아마 흡수가 되기 전 태양 근처만 가도 재까지도 남지 않을 것이라고는 그 누구도 다 알고 있는 사실입니다.

그런 태양 속으로 내가 쑥 들어갑니다.

순식간에 재도남지 않고 사라지지요?

그때 내가 있습니까? 한번 찾아보십시오.

나는 온데간데없고 태양만 이글이글 타고 있습니다.

순간 내가 없어졌음을 마음으로 느껴보라 이것 입니다.

'어! 개체인 내가 정말 없어졌네.'

그러면서 내가 없어진 그 자리를 체험해보세요.

바로(스스로 무릎을 치는) 이 자리가 나 없음의 자리이고,

본래의 완전한 자리이구나, 스스로 증득하는 것입니다.

그 자리가 바로 내 본래입니다.

그렇다고 태양속이 본래라고 착각 하지 마십시오(이게 참으로 중요). 태양과는 무관한 내 개체의 사라짐을 느껴 보라 이것입니다.

그 순간 본래가 딱 드러납니다. 그것을 순간 증득하는 것이지요. 뭐 아주 간단합니다. 아주 쉽습니다. 이렇게 쉬운 공부가 어디 있습니까. 구구단 외우는 것보다도 더 쉽습니다.

바로 저는 이것을 알려드리려 100페이지가 넘는 쓸데없는 말을 하고 또 하고 계속해서 되풀이만 했습니다. 그 말이 그 말이고, 한말 또 하고, 또 하고, 뭐 간단히 이 페이지 한 장이면 되는 것을…….

○ 유체이탈 관법

이 법은 몸과 의식을 분리해보는 방법입니다.

명상에서 말하는 유체이탈 즉 아스트랄 프로젝션(Astral Projection)과 같이 거창하게 생각지는 마십시오.

그냥 쉽게 내 육신과 의식을 분리해보는 법으로서

간단히 내가 명상하고 있는 이 몸에서

의식을 뒤로 50㎝가량 떨어져 봅니다.

명상하고 있는 내 몸 뒷모습만 보입니다.

점점 의식을 뒤로 60, 70, 80, 100㎝ 물러납니다.

몸은 앞에 그대로 있고,

의식만 뒤로 물러나보기도 하고, 또한 앞으로 다가가 보기도 하는

한마디로 몸과 의식을 분리해보는 숙달을 하는 것이지요.

앞에서도 설명 드렸지만, 몸이 의식에 딱 달라붙어 좀처럼 떨어지지가 않아, 죽이고 버리고의 수련법이 잘 안 될시 시도해 보는 방법입니다. 몸과 의식을 자유자재로 분리시킬 수만 있어도, 몸을 죽이고 버리는 수련이 의외로 잘 될 수도 있습니다. 또한 분리시킨 상태에서 나 없음을 증득할 수도 있습니다.

(이 관법 또한 중요한 관법입니다.

나중에 주시자관법에서도 많이 활용될 수 있는 관법이면서

존재의 중심이동, 의식확장, 의식을 자유자재로 이동시키는 데에 결정적인 역할을 합니다.)

○ 사망관법

말 그대로 나는 죽었다, 사망했다라는 관법으로,

이 관법은 생활 속의 자각관법입니다. 즉 나는 사망했다, 죽었다, 없다를 항상 자각하고 다니는 것입니다. 이 관법은 나 없음을 생활화함으로써 위의 관법들을 행할 시, 쉽게 이 개체를 사라지게 하는 보조역할을 합니다. 꾸준히 무엇을 하든 항상 나없음을 관하는 관법입니다.

그 이외에도 여러 가지 관법이 있으나 본인 스스로가 그때그때 자신에 맞는 관법을 개발하여 행하십시오.

결국 내가 사라지고 없어지는 수련을 많이 하셔야만 합니다. 내가 사라진 상황에서 마음한번만 살짝 바꾸면 바로 터집니다.

저를 인도 해주신 스승님은 이 상황을 세수하다 코 만지기라 아주 쉽게 표현했습니다. 그 정도로 쉽다면 참으로 쉬운게 깨달음입니다.

저는 깨닫는 순간, 환희와 더불어 순간 허무감이 확 들었습니다.

그 허무감이란
내가 그렇게도 찾고
'그렇게도 기대했던 본래가 바로 나이었구나.
내가 이것을 찾으려 그렇게도 헤매었었나?
나랑 아주 가까이에 있는 등잔 밑이 어둡다고,
등잔 바로 밑에 있는 아니 바로 이 나를 놓아두고,
엉뚱한 밖에서
손바닥 한 번만 살짝 뒤집으면 될 것을
속이 훤히 보이는 백지장 한 번만 뒤집으면 바로 이것이었는데',
그동안에 밖에서만 찾고 고생했던 그 나를 생각해보니,
그렇게도 허망할 수가 없었습니다.
그것도 잠시 한순간이었고, 너무 기뻐 어쩔 줄을 몰랐습니다.
이 자리를 통해서 다시 한번 말씀드리지만
깨달음을 너무 높고, 어렵고, 힘들다고, 감히 아무나 되는 게 아니라고, 누가 말했는지?
생각하는 관점만 바꾸십시오.
깨달음은 아주 쉬우나,
깨닫고 나서의 되는 과정이 그렇게 만만치가 않습니다. 그러나 그것도 초견성만 제대로 확실하게 행하면, 금방 됩니다. 깨닫고 나니까, 나는(내가) 바로 그런 존재였구나'를 외치면서 지금부터가 이제 본격적인 수행공부에 임하는 것입니다.

사실 이 공부의 시작이 여기서부터 입니다.

인간 아무개의 개체가 본래 그 자체로 변하는데,

그게 그리 쉬운 것만은 결코 아니라는 것을

그러나 안 되는 것은 아닙니다. 얼마만한 자각과 마음을 내냐에 따라서, 빠를 수도, 늦을 수도 있는 것입니다.

여기서 참으로 중요한 것은

또 한 번 말씀드리는데,

스스로 증득해서 그 자리에 서봤나? 아니면

그 자리를 그냥 듣고 배워서 머리로 알고만 있는 것이냐?

이 차이점입니다.

전자는 항상 그 자리에 스스로 설 수 있는 능력을 갖고 있어, 본인 의지대로 무엇이든 할 수 있지만

후자는 안타깝게도 그 자리에 스스로 서보지를 않아, 내적인 종교에서 말하는 해탈의 경지에는 결코 들 수가 없습니다.

전자를 스스로 증득하면 진리의 스승이 어디에 있는지를 확실하게 알게 됩니다. 그래서 그 스승을 등불 삼아 되는 공부로 나아갈 수 있습니다.

그 스승이 어디에 있고 누구냐?

바로 내 안에 있는 본래가 내 스승이고 나를 인도하기 시작합니다.

위에서 잠깐 말씀드렸지만 인가도 거기서 받아야 합니다.

아니 초견성 그 자체가 곧 인가입니다.

그때부터 밖에 있는 스승은 조언자에 불과할 뿐입니다.

그래서 부처님께서 나를 등불로 삼으라 하신 것이지요.

여기 부처님께서 열반에 드실 때의 가르침에 한 대목입니다.

〈너희들은 저마다 자기 자신을 등불로 삼고 자기를 의지 하여라. 진리를 등불삼고 진리를 의지 하여라.〉

외적인 종교의 10계명 중 그 첫째가

〈나 이외에는 그 어느 신도 믿지 마라.〉

내적인 종교나 외적인 종교! 참으로 대단한 종교이며,

결국엔 하나임을 여지없이 드러내는 최고의 말씀입니다.

여기서 말하는 **자기 자신**과 **나**는

내적인 종교에서는 법, 보, 화 삼보를 이룬 거듭난 개체를, 의미하는 것이고,

외적인 종교에서는 성부, 성자, 성령의 삼위일체를 이룬,

원죄에서 벗어난 부활한 자를 의미하며,

진리는 본래와 H님을 의미합니다.

그래서 스스로 깨쳐야 합니다.

또한 이런 분들도 주위에 참 많이 있습니다.

깨닫고 보니까 진리의 당체가 바로 나이더라 하니까, 스스로 깨닫지도 못하고, '내가 본래 그 자체인데' 하면서 개체인 나를 완전 그 자체로 여기고 있는 분들이 참 많습니다.

여기서의 나는 죽고 없어져야 할 인간 개체의 나임을 분명히 아십시오.

나라고 하는 것도, 본래의 자리에서는 낼 수도, 안 낼 수도 있는 하나의 인칭대명사인 단어에 준할 뿐인데,

나이다 하니까,

수련 중에 진정으로 버리고 죽여야 할, 그 나(흔히 개체의 나라 불림)까지도 진리의 당체로 보고,

무조건 내가 진리이네 하면서 말끝마다 내가 진리인데를

자처하는 사람들이 우리 주위에 참으로 많습니다.

물론 본래의 자리에는 전체 개체가 하나로서

전체에 머무르고 싶으면 전체에 머물 수 있고,

개체를 내고 싶으면 개체를 낼 수 있는 통으로 하나인 자리로서

깨닫지 못한 이 개체도 결국 본래에서 나온 것이고,

또한 깨달은 개체도 본래에서 나왔지만

일단은 이 공부를 제대로 하기 위해서는,

본래의 자리를 스스로 증득하는 게 급선무이므로,

처음엔 '나'에 대한 개념을 분명히 하는 게 올바로 가는 길이라 생각하여, 분리해서 말씀드리는 것이니 착오 없으시길 당부드립니다.

비록 통으로 하나일망정,

첫 공부과정에서는 '나'에 대한 개념을 분명히 하십시오.

이 말이 진짜 정말 중요합니다.

지금 자칭 공부가 다 되었다는 분들 중에서도 아직까지

그 자리를 제대로 들어가 보지 못한 수련생들도 의외로 참 많습니다.

그냥 묵묵부답으로 넘겨 버리는

혹은 인간 개체인 나를,

본래의 나로 둔갑시켜놓은 사람도 있습니다.

본인 스스로는 솔직히 다 알고 있을 것입니다.

깨달음을 누가 만들었습니까? 개체가 만들었지요. 그 개체는 본래가 내긴 냈어도 무명에 가리워진 인간 개체입니다. 인간 개체이기 때문에 깨달음을 만들었지요.

'진리의 당체가 나이다'라는

인간 개체의 관념에 사로잡혀있는 사람들이 많이 있습니다. 이런 사람들은 솔직히 본래 나 없음의 자리를 제대로 체험 증득치 못했으므로, 본래의 자리에 스스로 들 수가 없습니다.

내적인 종교의 어느 파에서는 아예 나라고 하는 '아'는 없다,라고 단정하면서 그냥 찰나로만 주장하는 파도 있는데, 그곳에서는 나를 찰나로만 불리고 있는가 봅니다. 거기에 대한 맞고 틀리고란 각각의 관점에 달려있으므로, 거기에 대해 저는 함구할 뿐입니다.

본래의 자리에서는

나란 있을 수도(개체로 명명) 없을 수도(전체로 명명),

있게도 혹은 없게도 할 수 있습니다.

내가 점하나 딱 찍으면 있는 것이고,

그 점을 싹 지워버리면 없는 것입니다.

찰나도 내면 찰나이고, 거두면 그냥 본래입니다.

그런 능력의 소유자가 바로 본래입니다.

그 본래를 인격적으로 부르면 나라고도 할 수 있고,

신격적으로 부르면 신이라고도 할 수 있습니다.

'내가 본래다, 하는 그 나를 스스로 증득해서 얻으십시오'

말로만 나를 외치지마시고,

위에서 말씀드린 '자리'의 인격적 부여가 '나'라고 저는 보는 것이지요.(앞에서 말한 now도 같은 의미)

내적인 종교에서는 법신불이라고도 표현합니다.

여하튼 명칭이 중요한 게 아닌,

참으로 그 자리에 스스로 들어 보았냐,

안 들었냐가 정말 중요합니다.

앞으로 반드시 해야 할, 되는 수행공부에서는

법신의 자리에 얼마나 거(존재) 하냐에 따라,

빠르고, 늦고가 분명히 판가름 나고,

제대로 제 자리를 찾아 들어 가냐에 따라,

많은 변화가 있다고 저는 보고 있습니다.

법신의 자리를 스스로 증득도 못하고,
스승이 법신불 그 자체가 바로 나이다, 라는 말만 듣고,
그 내가 본래다,라고 머리로 알고 있는 사람은
절대로 공부에 진전이 없이 제풀에 꺾여, 중도 포기하는 결과를 반드시 가져옵니다.
이것이 바로 머리로 알음알이로 하는 공부라 합니다.
말로는 그럴싸해도
스스로 법신의 자리에 들 수 없으면,
존재의 중심을 그 자리로 옮길 수 없으면, 아무런 소용이 없습니다. 그 정도로 그 자리는 반드시 스스로 가보지 않고서는 절대로 넘어갈 수 없는 자리입니다.
반드시 증득해서 넘어가십시오.
그 자리만은 인정하고 수용한다고 되는 그런 자리는 분명 아닙니다.
여기까지가 제가 증득하고, 깨달은 내용입니다.
여기서 가장 핵심적인 부분 두 가지만 말씀드리겠습니다.

그 첫 번째가 위에서 말씀드린 나 없음의 자리에서
앞뒤상하좌우로 뻥 뚫린 그것을 보고 있는 그 상황과(보고 있는 자!)
일체전체가 딱 끊어진 참으로 나 없음의 본래 자리인 그 상황과의(돼버린 자!)

구분을 분명히 해야 합니다.

전자는 그 보고 있는 그놈이 바로 최종적으로 없어져야 할 개체인 것이고,

후자는 보고 있는 개체까지도 사라진 본래 그 자체입니다.

여기서 전자의 앞뒤상하좌우의 뻥 뚫린 그 자리와

후자의 일체전체가 딱 끊어진 그 자리와는 분명한 차이가 있습니다. 대부분의 사람들이 전자의 그 자리를 본래의 자리로 착각들을 많이 합니다. 그 자리도 언뜻 보면 마치 끊어진 자리같이 보이는데, 그 자리는 위에서 말씀드린, 보이지 않는 은산철벽에 가리어진 자리로서 공한 자리, 멍한 자리로 그냥 무한한 우주를 바라보는 상황과 같습니다.

조용하고 확 트인 자리로, 본래의 자리로 착각들을 많이 하는데, 거기엔 분명히 그것을 바라보고 있는 개체가 있습니다. 그러나 후자는 전자의 그런 자리하고는 그 차원이 다릅니다.

언뜻 보면 비슷한 것 같지만 후자의 자리는 일체의 걸림이 없는 대 자유의 무한함을 느낄 수 있고, 한곳에 멈춤이 아닌,

내 의식을 이리저리 마음대로 돌릴 수 있는 자리입니다.

움직임이 아주 자유롭지요.

눈을 떠도 의식이 항상 거기에 그대로 있고, 개체의 나까지도 멀리서 보입니다. 한마디로 보는 놈을 보는 자 즉 주시자 관법이 자연스럽게 됩니다.

그러나 전자는 한곳에 멈춰있고, 움직임이 자유롭지 못해

서, 몸을 움직이면 바라보고 있는 개체가 금방 드러납니다.

사람들이 본래의 자리로 많이 착각을 일으킵니다.

비록 앞뒤상하좌우가 뻥 뚫렸어도, 그것은 하나의 '상'일 뿐이고 개체가 바라보는 경치일 뿐입니다.

바라보고 있는 그놈을 그 자리로 확 집어 던지세요.

그리고 그 자체가 돼버리세요.

그러면 방금까지 바라보고 있던 내가 완전하게 사라지면서 '어, 내가없네' 그걸 마음이 느낄 것입니다.

순간 '아, 이 자리가 바로 본래의 자리이고 참으로 끊어진 자리, 완전한 그 자리이구나'를 스스로 증득합니다. 그것이 바로 초견성입니다.

전자의 자리와, 후자의 자리를 절대로 착각하지마세요. 많은 수행자들이 이 함정에 빠져듭니다.

공한 자리와 본래의 자리에

깨닫지 못한 개체마음자리와 본래마음자리의 엄청난 차이이기도 합니다. 이것을 확실하게 구분하는 것이 곧 스스로 증득하는 것입니다. 정말 중요합니다.

그 두 번째, 이 공부는 어느 누구의 공부가 절대로 아닙니다.

자신의 공부이고, 내 공부입니다.

나를 벗어난 상대는 어떤 수단과 방법으로도 충분히 속일 수 있지만 내 자신은 절대로 단 한 순간도,

나 자신을 결코 절대로 속일 순 없습니다.

자신의 공부됨됨이는 자신밖에 모릅니다.

이 공부는 상대에게 보이는 공부가 절대로 아닙니다.

나를 위한, 내 전부를 위한 공부인 만큼 스스로가 알아서 가시길 바랍니다. 현재 본인 스스로가 본래의 나로 거듭났으면 거기에 맞춰서 행을 할 것이고, 아직까지도 증득이 안 됐으면 수련자로서의 행만 하게 되어있습니다.

공부가 안 됐는데도 상대에게 보이고 내 세우며 대접 받고 싶으면 거기에 합당한 행만 나오게 되어 있는 게 이 공부입니다. 사람들은 자기 자신을 남에게 내 세우기를 참 좋아합니다. 상대가 알아주기를 바라고 상대에게 대접받기를 좋아하고 상대보다 더 잘났다고 으스대기를 좋아합니다.

그 원인은 본래의 무한 그 자체가 개체유한에 걸리다보니, 무한의 습성이 은연중에 나오는 것이지요. 그 어디에도 걸림이 없었던 본래의 무한한 그 자체가 인간 개체의 유한함에 걸려서 자신의 뜻을 제대로 못 펴기 때문에 그로인한 강박관념에서 비롯되었다 보는 것입니다. 이 해결책 역시도 인간 개체에서의 벗어남입니다.

공부된 만큼 말과 행이 나오는 게 바로 이 공부입니다.

진리는 단 0.001%도 거짓이 없습니다.

진리가 곧 나이기 때문이고,

그 나를 누구보다도 가장 잘 아는 사람 또한 바로 나입니다. 상대에게 보이려, 과시하려 이 공부를 하는 것은 결코 아닐 것입니다. 오로지 나를 위하고, 내 본래에 들어, 잃어 버렸던 무한 가능성의 대 자유인이 되기 위해선, 단 1%라도 자신을 속이는 일이 없도록 이 공부에 임하십시다.

인간 개체가 참으로 죽지 않아 내 본래를 못 찾았으면,

나는 아직 본래가 아닙니다. 인간 개체입니다.

〈내가 바로 본래 그 자체이다〉라고 말하지도, 인정하지도 마시고, 부지런히 인간 개체 사냥이나 다시 하십시오. 인간 개체가 참으로 사라지고, 내 본래가 딱 드러나서, 본래의 행을 부지런히 하여 완전 그 자체로 거듭났을 때,

그때 비로소 〈내가 바로 본래 그 자체이다〉라고 크게 외칩시다.

그때는 내 마음대로 무엇이든 다 낼 수도,

다 거둘 수도 있습니다.

이 공부는 오로지 내 공부입니다.

내 영혼을 깨우는 공부입니다.

상대는 현 삶에서 잠시 나타난 허상일 뿐입니다.

그 허상에 잘 보인들 무엇하고,

또한 그 상대가 알아준들, 몰라준들 그게 무슨 소용입니까?

기회가 왔을 때 깨어나십시오.

이 기회는 자주 오는 게 아닙니다. 언제 또 올지도 모릅니다. 왔을 때 잡으세요. 공연히 상대만 의식해서 그냥 적당히 넘기지 마시고, 안됐으면 확실하게 잡고 넘어가십시오. 기회를 떨쳐 언제 어떻게 될지 모르는 불안한 개체의 삶에 계속해서 빠지는 우를 범하지 마시길 당부드립니다.

여기서 내적인 종교의 핵심법인 진공묘유(眞空妙有)를 깨달음과 연관시켜 이해의 폭을 넓혀 볼까 합니다. 이 또한 제 견해입니다.

진공묘유를 아주 쉽게 표현해보면,

'눈감으면 진공이요, 눈뜨면 묘유라'

참으로 쉽고 간결한 표현인데, 여기서 눈감으면 진공하니까, 눈감으면, 깜깜한 그 자체를 진공으로 알아듣고 여기는 사람들이 있습니다.

그게 아니다 하면, 이번에는 깜깜한 그 자체에서 무엇이 나오고 어떤 변화가 일어나는 줄 알고, 그곳에 계속 집중합니다. 하루 종일 몇 날, 몇 개월을 그렇게 기다려보세요. 잡생각에 의한 엉뚱한 상 같은 것이 나올 수 있는데, 그걸 붙잡고 무엇을 보았다는 말들을 합니다.

묘유 역시도 마찬가지입니다.

깨닫지 못한 상황에서의 눈뜨고 봐 봤자 다 인간 개체의 관점이고, 자기만의 한계이며 분별하는 마음의 상으로 밖엔 안 보입니다. 이것이 스스로 깨치지 못한 사람들 자기만의 사고 방식입니다.

여기서 한 가지 가장 중요한 팁을 드린다면,

눈을 감고 눈을 뜨는 그 놈이 바로 진공묘유 그 자체라는 것을 스스로 깨달아야하는데,

사람들은 그 짓을 하는 그놈을 자각하는 게 아니라,

진공의 상태, 묘유의 상태를 가지고 깨달음을 논하고 있습니다.

이 착각은 보통착각이 아닙니다.

상태와 상황을 가지고 논하지 말고,

그 짓을 하고 있는 그놈을 가지고 논 하십시오.

그 놈이 어떤 놈이냐 입니다. 깨달은 놈인지? 죽어야 할 놈인지? 깨달은 놈이 되어야 합니다.

죽어야 할 놈이 되면 마귀 중에 상 마귀가 됩니다.

그래서 스스로 깨닫기 전에는 이런 답을 미리 알려주면 안 된다는 것인데, 이만큼 됐으면 이제 어느 정도 감이 잡힐 것 같아 미리 알려드린 것인데,

이걸 또 이용한다면, 아니 그래도 상 마귀가 되겠다면,

그건 그 자신에게 닥치는 그 자신에 큰 문제인 만큼 본인들 알아서 하시길 바랍니다.

쉽게 설명 드리고 방향을 올바르게 잡아드리기 위해서 이런 방편을 쓴 것뿐입니다.

눈감으면 개체의 사라짐으로서 전체를 뜻하고,
눈뜨면 개체의 나타남으로 개체를 뜻하므로
결국 본래는 전체와 개체를 둘이 아닌 하나로서
둘을 다 아우르고 있다는 뜻도 됩니다.

제가 개체인 내가 사라져야 한다는 뜻도, 개체가 사라지니까, 지금까지 개체에 가리어져 있던 내 본래가 확 드러나는데,
그 자가 누구입니까.
바로 방금 전까지 개체에 가리어져 있던 그 나가 아닙니까.
여기서의 그 나는 ○아무개의 나가 절대로 아닙니다.
지금 이 책을 보고 있는 그 나도 아닙니다.
그런 개체인 내가(○아무개, 책을 보고 있는 나) 사라진,
본래의 나입니다. 이래도 모르겠다 하신다면, 저는 묵묵부답 '나는 모릅니다'입니다.
여기서 이 책의 모든 정답을 다 표현해 버렸는데,
내가 누구임을 알아
그 자체로 거듭나면 이 공부는 끝입니다.
인간 개체의 관념을 버리십시오.

또 하나의 비유를 들어,
본래를 전체라 명명하고 본래가 옷을 입고 있다 가정해봅시다. 개체는 본래가 입은 옷에 불과합니다.

깨닫는다는 것은 그 옷을 벗겨내기 위한 수련입니다.
그 수련의 방법은 여러 가지가 될 수 있는데,
저는 죽이고 버리는 방법을 선택했고,
그 수련을 통해서 옷은 내 개체이고,
그 옷을 입고 있는 그 자가 바로 내 본래임을 스스로 증득하게 됩니다.
본래가 곧 법신불이고 진공이며 근원이고,
옷은 보신의 마음작용에 의해서 화신불로 그 모습을 잠깐 드러낸 묘유이며, 결과에 해당됩니다.
그런데 스스로 깨치지 못한 사람들은
옷을 본래로 착각을 한다 이 말입니다.
그 이유는 옷 속에 감춰져 있는
아니 그 옷을 입고 있는 그 실체를 못 보았기 때문입니다.
여기서 아주 중요한 것은
비록 설명 상 본래와 옷을 구분해 놓았지만
사실은 본래와 옷은
절대로 떨어질 수 없는 하나임을 분명히 아셔야 합니다.
'여기서 본래가 진공이고 옷이 묘유입니다'
본래가 옷이 없으면 본래 스스로가 절대로 드러날 수가 없습니다. 옷을 입혀 놓아야지 본래가 드러나는 것입니다.
반대로 옷은 본래가 입고 있지 않으면,
그 옷은 한갓 헝겊에 지나지 않습니다.

사람이 생각하고 마음을 내는 것도,
다 본래가 있음을 증하는 것입니다.
만일 사람에게 본래가 없다면,
그건 사람이 아니라 허수아비일 뿐입니다.

그 옷을 사람이 입으면 사람이라 하고,
산이 입으면 산이라 하며, 나무가 입으면 나무라 합니다.
이 말을 풀어 보면,
본래는 하나인데,
그 본래가 사람의 옷을 입고 있으면 사람이라 하고,
그 본래가 산의 옷을 입고 있으면 산이라 하며,
그 본래가 나무의 옷을 입고 있으면 나무라 합니다.
깨닫고 보니까, 내가 본래 그 자체이므로,
결국 삼라만상 일체 전체모든 것이 다 나의 분신일 수밖에 없습니다.('내가있어 있다'라는 말의 참뜻)

이것을 미시적인 관점에서 우리 몸으로 살펴보면,
우리 몸에는 몇 수십, 수백억의 세포로 형성되어있다 합니다. 세포의 수는 우주에 널려있는 모든 것들의 수와 일치하다 하는데(그래서 사람을 소우주라 부르는 것입니다), 각각의 세포가 모여서 하나의 물질을 만들고, 그 물질을 눈이라 칭해봅시다.

눈은 몇 십, 몇 백 개 각각의 세포가 모여서 눈이라는 물질을 만들고, 또 다른 각각의 세포가 모여서 새로운 물질인 코를 만들며, 이렇게 해서 눈, 코, 귀, 입, 표면이 조화를 이루어 얼굴을 만들고, 팔을 만들고, 다리를 만들고, 몸통을 만들고, 내장과 장기를 만들고, 이렇게 해서 하나의 완전한 한 사람을 만듭니다.

그 각각의 세포 입장에서는 서로 각기 다 다르다 하겠지만 한 물질인 눈의 입장에서는 하나입니다. 또한 각각의 물질입장에서는 서로 각기 다른 물질이라 하지만 얼굴입장에서는 하나입니다. 얼굴, 팔, 다리, 내장·장기입장에서는 각기 다른 물질 체라 하지만 사람입장에서는 하나입니다. 결국 개체의 입장에서는 각기 다 다르다 보지만 전체의 입장에서는 하나입니다.

각각의 다른 세포가 모여 하나의 물질로, 각각의 다른 물질이 모여 하나의 물질체로, 각각의 다른 물질체가 모여 전체를, 전체 입장에서 보면 하나이면서 그것이 바로 완전체입니다.

사람 역시도 본래의 측면에서는 하나인데, 사람 개체의 입장에서는 한 개체에 불과할 뿐이고, 그래서 개체는 개체인 자기밖에 안 보이는 것입니다. 개체가 전체를 보려면 개체를 벗어나야만 되는데, 그러려면 스스로 깨달아 전체가 되어야 하고, 전체가 되기 위해선 개체가 완전하게 사라져야 합니다.

이것은 말로 글로 알음알이로 해결될 일이 결코 아닙니다.

수련을 통해서 본인 스스로가 전체에 들 수밖에 없습니다. 전체에 들어서야, 개체가 무엇이고? 삶이 무엇이며? 어떻게 사는 것이 진정한 삶인지를 알게 되는 것입니다.

다시 원점으로 와서, 깨닫고 보니까, 이 공부는 결과적으로 내 관념과 관점을 바꾸는 공부입니다.

어떻게? 본래 그 자체로.

언제까지? 완전하게 거듭날 때까지!

그래서 **도는 일상삼매에 일행삼매하면** 그것으로 끝입니다.

즉 일상삼매가 절대성이고,

일행삼매가 절대성의 모든 행위입니다.

쉽게 말로 풀자니 종교적인 면이 대두되어서, 여기서는 이렇게만 풀겠습니다. 아실 분은 충분히 아실 것입니다.

이렇게 간략하게나마 풀어 보았는데, 사실 깨달음을 말로 풀어 본다는 게, 그리 쉬운 일도 아니고, 뭔가 많이 부족하고 모순된 면이 분명히 있습니다(설명 상). 그러나 이렇게까지 하지 않고서는 도저히 그냥 넘길 수 없는 게, 또한 이 공부입니다.

지금까지 내적인 종교의 깨달음에 의한 내 본래를 찾는 방법을 내가 직접 증득한 상황으로 간단하게 말씀드렸는데, 조금이라도 도움이 되었으면 합니다. 글로 표현하려니 이만 저만 어려운 게 아닙니다. 충분히 이해해 주시길 바라며, 꼭 이렇게까지 해야 만이 깨달을 수 있는 것이냐? 중간 중간 말씀을 드렸듯이 방법은 무궁무진합니다.

이건 어디까지나 제 깨달음의 한 방식입니다.

그렇다면 외적인 종교를 갖고 있는 사람들은 깨달을 수가 없는 것인가. 또한, 종교가 없는 사람들은 어떻게 해야 하나. 같은 인간인데, 누구는 되고, 또 누구는 안 되고가 어디 있습니까. 방법에 차이가 있을 수 있지만 그 누구든 다 될 수 있습니다.

진리의 당체가 여러분 각자 스스로입니다.

그런데 진리의 당체라고 하는 내가 왜, 개체에 빠지고, 또한 개체에서 벗어나려 깨달음을 찾고, 종교에 신에 의지를 해야만 하느냐, 라는 의문을 품게 됩니다.

원래는 이것이 가장 크게 대두되어야 할 첫 번째 문제인데, 순서가 바뀐 것 아니냐 반문하시겠지만 이 문제는 내가 누구임을 안 다음에 푸는 것이 당연한 것이기에 순서를 앞당긴 것뿐입니다. 그래서 이번에는 종교적인 관점이 아닌 우리들의 일상 삶을 통해서, 삶과 진리를 연관시켜 보면서 다시 한번 삶을 논해 보기로 합시다.

우선 간단하게 아래 3가지만을 먼저알고, 계속 진행해보도록 하겠습니다.

깨달으면 어떻게 되나

그 첫째가 삶이 무엇임을 압니다.

삶은 〈본래〉가 내는 마음작용입니다.

즉 일체전체 삼라만상 모든 것들이 다 마음이라 이것입니다. 내적인 종교에서 말하는 〈일체유심조(一切唯心造)〉 입니다.

〈일체유심조〉란, 일체 모든 것은 오로지 마음이 지어낸 것, 마음이 일체의 존재를 만든다, 라는 뜻으로 일체전체 삼라만상 모든 것들은 마음으로 이루어졌다는 말이지요.

저는 인간이 만들어낸 발명품 중에서 가장 위대하다고 생각되는 게, 라이트형제가 만든 비행기라고 봅니다. 비행기를 발명하기 전, 처음에 하늘을 날고 싶다는 욕망이 작용했을 것이고, 그 욕망이 바로 마음입니다. 날고 싶다는 마음이 시발점으로 비행기라는 위대한 발명품이 생겨난 것이지요.

결국 마음을 내고 그 마음의 작용에 의해서 비행기가 만들어졌고, 이것이 바로 〈일체유심조〉입니다.

우리의 육근(안이비설신의)작용으로 말씀드리면,

〈무에서 유가 나온 것입니다.〉

인간 개체의 학설과 상식으로 보면 도저히 이해가 안 되는 부분이지만 사실이 그러하지 않습니까?

〈생각에서 물질이 나온다.〉

이것이 바로 마음으로는 충분히 가능한 일입니다.

이렇게 본다면, 삶은 하나의 허상이며 꿈입니다.

"이게 뭔 말이여" 하시겠지만 사실이 그러합니다.

삶이 너무나도 리얼하고, 개체가 그대로 받아들이기 때문에 허상이고 꿈임을 전혀 모르고 살아왔던 것입니다.

그 둘째가 〈본래〉인 내가 영생함을 압니다.

생사일여 함을 압니다.

즉 태어남과 죽음이 삶의 시작과 끝이 아닌 변화의 한 과정이고, 결국 태어남과 죽음이 둘이 아닌 하나임을 확실하게 아는 것이지요.

내가 어디서 와서 어디로 가는지를 압니다.

이 말은 온 곳(오고)도, 가는 곳(감)도 결국 같다는 것입니다.

같기 때문에 오고감이 없는 것이지요.

마음작용이므로, 마음을 내면 오는(탄생) 것이고,

마음을 거두면 가는(죽음) 것입니다.

여기서 한 가지, 만일 오늘 저녁에 이 육신의 옷을 벗는다면 어떻게 되겠습니까. 한번 깊게 참구해보세요.

내가 진정으로 누구임을 스스로 증득했다면, 증득한 〈본래〉의 자리에 들것이고,

스스로 증득을 못했다면 결코 절대로 〈본래〉의 자리에 들 수가 없음을 이 자리에서 분명하게 밝혀 드립니다.

그럼 어떻게 되느냐? 윤회와 진화편에서 말씀드렸지요. 살

았을 때 자기가 알고, 생각하고, 느끼고, 믿었던, 그것밖에 모르므로 사후에도 그렇게 되고, 그것만 찾고 헤맵니다.

말과 생각으로만 〈본래〉의 자리를 아는 자는 바로 여기서 표가 납니다. 스스로 자신을 점검해 보시길 바랍니다.

자 이쯤해서 **죽음**에 대한 정의를 제 스스로 한번 내려보겠습니다. 우리가 삶에서 흔히 이런 말을 많이 합니다.

'인명은 재천이다' 이 말의 뜻이 무엇이겠습니까. 인간의 생명은 하늘에 있다는 말인데, 여기서의 하늘이 곧 각자 스스로의 자기 마음입니다. 즉 이 말을 풀이해보면, 내 생명은 내 마음에 달려있다는 말로, 내가 곧 내 생명을 죽이고 살리고 할 수 있는 〈살활자재권〉을 가지고 있다는 말입니다.

앞 윤회편에서 잠깐 말씀드렸지만 사람이 죽어도 죽은 그 당사자는 자신의 죽음을 결코 절대로 인정하지 않는다했습니다. 살아 있을 때의 그 마음과 몸을 그대로 다 가지고 간다고 했습니다.

우리가 흔히 구천에 떠도는 영가를 천도시킨다고 천도제를 지내주는데 천도제가 무엇이냐, 하면 '너는 이미 죽었으니 그만 본래자리로 들어가라' 영가에게 알려주는 것이 천도제입니다. 이와 같이 본인 스스로가 죽음 그것을 인정하냐, 안 하냐의 마음! 그것이 〈인명은 재천〉이라는 말의 뜻이고, 마음이 바로 삶과 죽음까지도 창조하고 좌지우지하는 그 중요성을 말씀드리며,

삶과 죽음 또한 다 마음작용임을
거기에 빠져 세뇌되는 것 또한 인간 개체의 삶입니다.

그 셋째가 대 자유함을 압니다.

즉 존재 자체가 원래부터 그 어디에도 걸림이 없이 자유자재합니다. 있고 없고가 자유자재하며, 되고 안 되고 또한 자유자재(自由自在)하고, 일체 전체 모든 것이 다 자유자재합니다. 〈본래〉의 자리는 들어가 보지 못한 사람은 감히 상상도 할 수 없는 자리입니다.

그 자리에서는 못하고 안 될게 없습니다.

간단한 방편을 드린다면, 여러분들 마음으로는 안 되고, 못 될게, 무엇이 있습니까.

한번 마음으로 들해보십시오.

세계를 다스리는 왕도 될 수 있고, 세계의 모든 금은보화가 다 내 것이고, 가고 싶은 곳, 누리고 싶은 것 다 가고 누릴 수도 있으며, 마음으로 무엇을 못합니까? 마음으로 안 되는 것 있으면 말해보세요. 그와 같은 원리입니다.

간단히 이렇게 크게 세 가지만을 말씀드렸습니다.

도저히 믿기지 않고, 어떻게 그럴 수가 있나, 하실 텐데, 스스로 깨닫기만 해도 이 정도는 다 됩니다.

앎이 이 정도이면, 그럼 된다면 어느 정도 이겠습니까.

이것이 바로 신의 능력입니다.

그래서 신이 누구이고 어디에 계시는지를 확연하게 알 수 있고, 또한 그 자체가 될 수 있습니다. 단지 이런 영광과 축복도, 깨달은 사람만이 누릴 수 있는 특권이라면 특권입니다.

깨닫지 못한 사람은 위에서 말씀드린 사람마음의 삶밖에 모르기 때문에 그 삶이 전부인양 오직 그 삶만을 위해, 삶속에서 찾고, 삶속에서 결론을 내리며, 삶의 방식으로만 이해하려고, 또한 그렇게 해야지 맞는 것으로 인정하며 살아갈 뿐입니다.

이건 알려준다 해서 아는 것도 아니고, 본인 스스로가 그렇게 인정한다 해서 그렇게 돼가는 것도 아닙니다. 오직 스스로 증득해서 그 자리에 스스로 들어 마음을 내고, 들일 줄 알아야 합니다. 이것이 깨달음에 비밀이라면 비밀이지요.

지금까지를 총괄적으로 정리해보면, 아직까지 견성에 대해선 자세하게 말씀을 안 드렸지만

일체전체 모든 것이 다 마음으로 시작해서,

마음으로 끝을 맺었음을 어느 정도는 이해하셨으리라 믿습니다.

비록 초견성이지만 마음의 중요성을 참으로 인정하신다면, 지금부터 말씀드리는 각 항목 속에서 간접적으로나마, 스스

로 견성을 체험해 보시길 바랍니다.

앞장에서 다뤘던 항목들이 중복되게 다시 나올 수가 있는데

앞장에서는 마음이 전혀 가미가 안 된, 순수한 개체인간적인 상황으로 말씀드렸으나, 지금부터 나오는 중복된 항목들은 마음을 가미시킨 상태에서 비교분석해서 보십사하는 뜻에서 중복했음을 분명히 말씀드립니다.

4장

마음 편
「0+1=마음」

「0+1=마음」(자유로운 영혼)

원래 이 책의 주 제목으로 이것을 사용하려 했던 것입니다.

비록 부제목이지만 여기에 담겨있는 그 뜻은 참으로 대단합니다. 아주 쉽고 간단하면서도 뭔가 깊이가 있는 제목임을 분명히 말씀드립니다.

「0+1=1」

유치원생이 아닌 숫자의 개념만 알아도, 그 누구든 풀 수 있는 아주 순수한 수의 개념입니다. 제가 왜 이런 아주 간단한 수의 개념을 차원이 있는 진리에 반영시켰나하면, 인간의 삶 대부분이 숫자를 모든 생활에 보편화 시키고 있기 때문입니다. 그래서 저 역시도 숫자를 이용해 여러분들에게 쉽게, 가까이 다가가고 싶어 이렇게 수의 개념을 이용한 것입니다.

「0+1=1」

이것은 인간한계이고, 인간 현 삶의 공식이며 방식입니다.

한마디로 모든 개념에 시작이라 할 수 있지요. 이 개념을 갖지 않고선 현 인간의 삶을 살아가기가 매우 힘듭니다.

이 말은 인간들이 살고 있는 이 삶은 이미 「0+1=1」이라는 한계로 딱 굳어진 삶이라는 것입니다.

많은 사람들이 바로 이 덫에 걸려있어,

삶이 어렵고 힘들며, 심지어는 육신의 옷을 벗은 사후에도 이 개념을 갖고 있기 때문에 윤회의 늪에 계속해서 빠지게 되는 것이지요.

깨달음도 마찬가지입니다.

이 공식을 갖고 이 방식으로 깨달음을 이루려하니, 깨달음이 어렵고 힘든 것입니다. 이 공식과 이 방식은 개체 인간들이 만들어낸, 그들만의 공식이고 방식입니다.

그렇다면 본래의 공식과 방식은 무엇이냐.

본래에 정해진 공식과 방식이 어디 있습니까.

굳이 제 나름대로 표현을 해 본다면

【0+1=마음】

저는 이렇게 표현해봅니다.

여기서 0은 전체를, 1은 개체를 표현합니다.

순수한 우리말 이름으로는 '자유로운 영혼'이라 부르면 되는데, 전체와 개체가 그 어디에도 메이지 않는 대 자유함을 의미합니다. 이것의 참뜻은 여러분들이 깨닫는 순간 탁 터지게 되어있습니다. 또한 깨달음으로 가는 수행자 분들에게, 필자로서 크나큰 팁을 하나 선물해 드리는 것입니다.

한마디로 틀을 깨는 것입니다.

여기서 마음이 무엇을 가리키는가? 무한가능성입니다.

즉 어느 것을 답해도 다 된다는 뜻이지요.

그렇다면 그 마음은 무엇인가?

의인화 시키면 사람인 바로 '당신' 혹은 '나' 도 될 수 있고, 신격화 시키면 H님, V님 도 될 수 있습니다.

전체이면서 전체를 가진 개체의 나로서

무엇이든 다 낼 수 있는 '나'입니다.

그때그때마다 상황에 맞게 결정을 지으면 되는 것이고,

결정지은대로 내면 되는 것입니다.

이것은 한계를 짓지 않는 무한 그 자체이며,

또한 그것이다 하면 유한 그 자체도 될 수 있는 것이지요.

그래서 '자유로운 영혼'이라 부르는 것입니다.

이 상태가 된 자는 그 어디에다 내놓아도, 그 무엇을 한다 해도 항상 「0+1=마음」입니다. 이렇게 된 자는 의문의심이 없고, 이래야 한다, 저래야 한다에서 벗어나 있으며, 정답을 찾아 이리저리 방황하지도 않습니다. 또한 이것이 저것이 정답이라고 하지도 않습니다. 제대로 깨달음을 이루신 많은 선사들의 깨닫고 난 이후의 화두가 다 이것입니다.

화두를 풀고 자시고할 것 없이 화두 그 자체가 바로, 「0+1=마음」 이것을 말함입니다. 그것도 모르고 화두를 붙들고 온갖 씨름들은 다 하고나서, 그때서야 〈풀어보니 이러하더라〉 또 자기 헛소리를 나불거립니다. 풀어보고 자시고할 게 뭐 있습니까. 온갖 헛소리만 지를 뿐, 아무런 진전도 없이 자화자찬만 늘어놓습니다.

나를 놓으라고 하니까 새로운 나를 만들어서 거기에 다시 메입니다.

내가 그것이다 하니까 거기에 나를 대입시켜서,

'나는 그것이다' 말로만 떠들고 다닙니다.

변하라고 하니까 열심히 나를 변화시키느라고 바쁩니다.

하라고 한다면, 되라고 된다면 그것은 또 하나의 한계에 또 걸려드는 것입니다. 도대체 언제까지 한계에 걸리는 짓거리를 할 작정입니까. 깨달은 각자들의 주장하는 정답을 보면, 우주, 본래, 진리, 하나님, 부처님, 신, 허공, 마음 등의 답들을 말하는데, 이 답들의 공통점이 무엇입니까.

완전함이고, 대 자유함이며, 무한함입니다.

결국 단어들은 제 각각이지만 뜻은 결국 하나입니다.

그런데 한갓 단어를 가지고 정도·사도, 정통, 비 정통을 논하니, 일반인들이나 초심자들은 얼마나 더 방황하겠습니까.

이것 또한 한계입니다.

이런 한계를 가지고는 또한 무한에서 딱 걸리게 되어 있습니다. 우주면 어떻고 마음이면 어떻습니까.

우주 하니까 하늘의 우주에 딱 걸립니다.

그러니까 이번엔 마음이라고 합니다.

마음 하니까 개체마음을 들썩 거립니다.

단어에 글에 모두들 다 속아 넘어가고 있습니다.

왜 인간이 깨달으려고 합니까.

「0+1=마음」 저 개인적으로는 이 자체가 되기 위해서입니다. 이 속에 위에서 말씀드린,

완전함 과 대 자유함과 무한함이 다 들어있습니다.

이 자체가 되기 위해서, 인간 모두는 다 스스로 깨달아야 한다고 보는 것이지요.

그렇다고 이것이 또한 정해진 답은 아닙니다.

깨달음에 정해진 답이란 없습니다.

정해진 답이 없어, 「0+1=마음」 이렇게 표현한 것입니다.

지금까지 제가 말씀드린 내용은

제 스스로 내린 깨달음에 대한 제 답변입니다.

여기서 여러분들께 분명히 짚고 넘어갈 부분은

비록 앞에서 단어 용어에 대한 간단한 설명을 드렸지만 혹간에 막히는 부분이 있을 것이고, 내용면에서도 인간적인 개념으로는 도저히 이해 불가한 면도 있어, 그것을 사고와 논리를 펴며 반박하려는 마음을 낼 수도 있습니다.

특히 종교적인 면에서, 신의 명칭과 깨달은 나와 동일시시킬 경우 의외의 변수가 분명히 나올 수 있습니다.

이점을 냉철하게 판단하시어

안 된다는 관점보다는 그럴 수도 있음을 긍정적으로 받아주시길 진심으로 바랍니다.

진리를 인간적인 사고와 논리로 접근하려들면 절대로 안 됩니다. 또한 그렇게 해서 풀 수도 없는 것이고요.

죄송스런 말씀이지만 차원 자체가 전혀 다르기 때문입니다.

즉 3차원은 2차원을 이해할 수 있어도,

2차원은 3차원을 단 1%도 이해할 수가 없습니다.

인간은 아무리 훌륭하고 지식이 풍부해도 인간은 인간입니다. 아무리 발버둥 쳐도 깨닫지 못하는 한,

거듭나지 못하는 한, 인간일 수밖에 없습니다.

모든 면에서 이미 「0+1=1」이라는 개념으로 딱 굳어진 사고를 일일이 깨트려 가면서 말씀을 드리기에는 너무나도 힘이 듭니다.

깨닫기가 참으로 어렵고 힘들다는 것은

그 내용이 어려운 것이 아니라,

딱 굳어진 사고방식을 바꾸기가 정말 어렵다는 것이지요.

이 점 깊이 헤아려 주시고, 막히고 여러 면에 어려움이 있어도, 일단은 그냥 넘어가 주시면서 어느 종착지에 도착과 동시 스스로 마음에 문이 열리고, 깨달음과 함께 그간의 모든 의문 의심, 그리고 모름에서 벗어나는 그때가 분명히 오게 되어 있습니다. 그때까지만 꾹 참고 이 책을 읽어 주시면 정말 감사할 따름입니다.

이것이 제가 독자 분들에게 바라는 가장 큰 바람이지요.

「0+1=1」이라는 이 개념에서만 벗어나면

모든 것이 그냥 다 풀리게 되어 있습니다.

이 개념 또한 여러분들을 꽉 잡고 있는 크나큰 끄나풀입니다.

인간의 의식으로서는 도저히 이해 불가한 일들이 이 지구상에도 분명히 존재합니다. 이 사실을 여러분들은 어떻게 설명하고 이해를 하고 계십니까. 그냥 불가사의한 일로 돌려버리고 맙니다.

해는 동쪽에서 떠서 서쪽으로 지고, 내 몇 대 조상은 무엇을 했고, 어디 박씨에 파가 뭐고, 몇 대 손이고, 무슨 자 돌림이고, 조상 제삿날이나 외우고 다니고, 묫자리, 천도제, 지옥, 극락, 천당이나 찾고 등 이런 모든 상황이 「0+1=1」의 공식에 메인 사람들이 하는 생각이고 말입니다.

「0+1=1」

인간의 삶은 시작부터가 이 한계와 분별 심으로 시작해서, 한계와 분별하는 마음을 가지고 인간의 삶을 살아가다가 한계와 분별 심을 안고 육신의 옷을 벗습니다. 한마디로 인간의 삶은 한계와 분별 심의 삶이라 해도 과언이 아닙니다.

한계와 분별하는 마음을 갖게 된 동기는 이 책 첫 장에서 말씀드렸고, 결국엔 인간 개체의 이 몸이 있기 때문입니다. 이 몸은 생로병사의 변화를 합니다. 이 변화는 시간이 있기 때문이고, 시간은 곧 움직임입니다. 움직임은 생명현상의 일부분을 뜻하며, 이 생명현상이 곧 삶입니다.

삶은 유한합니다.

유한하기 때문에 삶이 고통스럽습니다. 원래 무한 그 자체가 유한에 딱 머물러 있으니, 모든 것이 다 고통스러울 수밖에 더 있습니까.

개체의 몸에 메이는 것이 곧 한계가 되는 것이고,
개체의 마음에 메이는 것이 곧 분별 심이 되는 것입니다.

이제 한계와 분별 심을 벗어나서는

이 삶을 살아 갈 수가 없을 정도로 너무나도 깊숙이 배어 버렸습니다.

언어부터 시작해서, 인간에게 필수적인 항목인 의식주에 이르기까지 한계와 분별 심이 뿌리내리지 않은 곳은 단 하나도 없을 정도로 거기에 딱 메여있습니다.

인간 각 개개인들이 공통적으로 하는 말 가운데 가장 흔한 말, 〈왜 삶이 내 마음대로 안 될까?〉

바로 한계와 분별 심에 휩싸여 있기 때문입니다.

즉 여기서의 내 마음은 인간 개체의 마음입니다.

인간 개체의 마음이기 때문에 안 됩니다.

인간의 욕망과 집착이 어디까지 이겠습니까.

무한 그 자체라,

신의 습성을 가진 인간이, 인간의 습성으로 이 삶을 살아가고 있으니,

얼마나 답답하겠습니까.

인간의 모든 고통이 어디에서 비롯된 다 보십니까.

이렇게 말씀드리니까

〈인간 삶 자체가 원래 허상이고 꿈이며 마음작용이다〉 이런 깨달음의 결과론에 대한 말씀들을 하시는 분들이 계시는데, 그 말은 0.몇 %에 해당되는 깨달은 분들에게나 통용되는 말이지, 나머지 99.몇 %에 해당되는 일반인들에겐 미친 소리에 불과합니다.

〈그렇다면 필자는 인간 삶 자체를 고통과 모순으로만 보고 있느냐?〉 보는 관점의 차이로,

깨달은이는 깨달은 관점으로 삶을 보는 것이고,

깨닫지 못한 일반인들은 일반인들의 관점으로 삶을 봅니다.

저는 깨달은 사람으로서 책을 쓰기 때문에 책속에서는 일반인들의 관점으로 삶을 보면서 책을 쓰는 것입니다. 그래야 일반인들이 깨달음 속으로 들어오는 것이지요. 그건 여러분들의 판단에 맞깁니다.

바로 여기서 인간 삶의 중요성이 나옵니다.

이 삶이 무엇입니까.

바로 신이 계심을 증거 하기 위한 본래마음의 생명현상입니다.

신과 인간의 차이

신과 인간의 차이점을 인간의 관점으로 비교 분석해보십시다.

이 문제에 앞서 신의 존재유무가 상당히 중요한 사항입니다.

질문: 과연 신이 있나? 없나?

여러분 스스로가 한번 답해보십시오.

정답:

〈있다〉라는 답변을 한사람은 어디에 근거를 두고 〈있다〉라고 말씀하십니까?

〈없다〉 그렇다면 없다,라고 답변을 한 사람 역시도 마찬가지입니다.

어떻게 답변을 했던, 그 답변에 대한 확실한 근거나, 인간 스스로가 인간 상대에게 확실하게 확신시켜주는 답변은 아마 힘들지 않을까 봅니다.

성경이나 경전에 그 근거를 두고

혹은 본인 스스로의 믿음에 대한 확신에 답변밖에는 없습니다. 솔직히 이 문제는 인간의 사고방식으로는 절대로 결코 풀 수 없습니다. 그 이유는 차원자체가 다르기 때문이지요.

신의 차원과 인간의 차원!

간단히 인간은 자기중심적인 차원만을 가지고 있으나,

신은 자기중심적인 차원 뿐 만이 아니라, 전체적인 차원 또한 가지고 있습니다. 그러기 때문에 신은 인간을 알 수 있지만 인간은 신을 절대로, 결코 알 수가 없습니다. 아니 상상도 할 수 없습니다. 그래서 저는 인간과 신의 차이점에 대한 말씀부터 꺼내려 합니다.

신의 존재여부를 잠시 벗어나, 인간이 생각하는 신에 대한 개념을 한번 정리해 보기로 합시다.

인간이 생각하는 신이란?

그 첫째가 **완전함입니다.**

신은 무슨 일에나, 또한 어느 것에나,

일체 전체 모든 것에 다 완전해야 된다는 생각입니다.

완전하다는 것은 전지전능하다는 뜻도 되지요.

그 둘째가 **대 자유입니다.**

신은 일체 전체 그 어디에도,

걸림이 없이 대 자유해야 한다고 생각합니다.
자유자재의 뜻도 되지요.

그 셋째가 **무한입니다.**

신은 능력이나 모든 면에서 다 무한해야 한다고 생각합니다. 이 무한 속에는 창조도 포함되어 있습니다.

무한하다는 것은 무엇이든 다할 수 있다는 뜻이기도 하지요. 이외에도 소소한 것들이 있는데, 결국 위 세 가지에 다 포함됩니다.

그러나 인간은 위 세 가지를 갖추지 못하고 있다고 스스로 생각합니다.

그래서 신이 아니고 인간이라 생각하고 있는 것이지요.

여기서 한 가지 매우 중요한 사항이 있습니다.
위에서 말씀드린 인간이 생각하는 신의 개념에서
'완전함!' '대 자유!' '무한!'은 겉으론 드러나지 않은
〈마음〉으로만이 느끼고 감지할 수 있는,
한마디로 '마음작용임'을 알 수 있습니다.

완전함을 보십시다.
완전함은 그 누구도 알 수 없고,
오직 완전함을 갖춘 본인 스스로만이 알 수 있는 것입니다.

자기 자신만이 알 수 있는 상태입니다.

대 자유 역시도 마찬가지입니다.

자유 그것 또한 스스로만이 느끼고 감지할 수 있는 '마음작용'입니다.

무한 역시도 똑같습니다.

오로지 그것들을 갖춘 본인 스스로만이 알 수 있고, 감지할 수 있습니다.

이 말은 곧 완전하고, 대 자유하고, 무한한 것도,

내 마음으로만이 느끼고 감지할 수 있는 것이지,

나를 벗어난 상대 혹은 제3자 그 외에 다른 그 어떤 것에서도 느끼고 감지할 수는 없다는 말입니다.

일예로,

여기 완전함을 갖춘 사람이 있다 가정해봅시다.

그가 완전함을 갖춘 사람인지 아닌지는 누가 어떻게 어떤 방법으로 알 수 있습니까.

여기 대 자유함을 갖춘 사람이 있다고 가정해봅시다.

그가 대 자유함을 갖춘 사람인지 아닌지는 누가 어떻게 어떤 방법으로 알 수 있습니까.

여기 무한함을 갖춘 사람이 있다고 가정해봅니다.

그가 무한함을 갖춘 사람인지 아닌지는 누가 어떻게 어떤 방법으로 알 수 있습니까.

이렇게 말씀드리니까,

〈성경에 나오는 죽은 자를 살리는 등의, 신비, 기적, 초능력 등을 일으키고 행하는 자!〉로 생각하는 사람들이 간혹 간에 있는데, 여기서 성경의 내용을 수박겉핥기 식으로 해석해서는 절대로 안 됩니다.

이것이 바로 인간들이 생각하는 차원입니다.

저는 이 자리에서 성경에 쓰인 그 내용을 비하하거나 혹은 사실, 거짓을 규명하려는 것은 절대로 아닙니다.

성경은 참으로 위대한 대경전입니다.

여러분 스스로가 예수님과 같이 자기 자신의 모든 것을 오로지 하나님 그분의 뜻에 따라 다 바칠 수 있는 그런 확고한 믿음이 있으시다면,

여러분도 그와 같은 신비와 기적, 초능력을 분명히 발휘할 수 있고, 나올 수도 있다고 저는 단언합니다.

참으로 자기의 십자가를 지고 하나님과 일치(하나)를 이룰 수가 있다면 그보다 더한 능력도 나올 수 있습니다. '영생'이 그 대표적인 예입니다.

'영생!'

이 얼마나 대단한 능력입니까. 위에서 말하는 죽은 자를 살리는 그 능력입니다. 이 능력은 여러분 모두가 다 가지고 있는 능력입니다. 단지 개체인간으로 존재하기 때문에 그 능력

을 가지고, 낼 수 있음을 전혀 모르고, 또한 발휘할 수도 없습니다. 그래서 죽는 것이고, 인간 누구든지 다 죽는 것으로 스스로가 인정해 버리기 때문에 인정한데로 그대로 다 됩니다.

말이 잠시 옆으로 빗나갔는데,

신의 완전함, 대 자유함, 무한함은 내가 그 자체가 되지 않고선, 알 수도, 느낄 수도, 감지할 수도 없습니다.

이렇게 보니까, 완전함, 대 자유, 무한도

결국 나만 알고, 나만 느끼고, 나만 감지할 수 있습니다.

이 말은 내가 있어 신도 있다는 말이고, 내가 곧 인간이면서 그것들을 갖춘 신도 될 수 있다는 말 아닙니까. 이 말을 바꾸어보면 결국 신도 나를 벗어나서는 존재할 수가 없다는 말과 다름없습니다.

그렇다면 내가 바로 인간이면서 신이 될 수 있다는 말인데, 〈이거 큰일 날 소리하는 것 아닙니까?〉라고 말씀하시는 분들이 분명히 있을 것입니다.

이점에 대해서는 아주 민감한 부분이라 탁 터놓고는 말씀 더 못 드리고, 독자 여러분의 상상력에 맡길 수밖에 없습니다.

사실 인간은 두 가지 측면을 다 가지고 있습니다.

완전함의 측면과 인간적인 측면!

그런데 이 두 가지 측면을 다 가지고 있으면서

정작 자신의 삶에서는

인간적인 측면만을 가지고, 내는 삶을 살아가고 있습니다.

인간 최대 문제점이 바로 이것입니다.

인간은 본인 스스로를 너무나도 모르고 있습니다.

자신이 참으로 위대한 존재임을 정말 모릅니다.

그러기 때문에 외부에서 완전함을 찾고, 만들고, 그 완전함을 믿으며, 심지어는 그 완전함의 종속자로 전락되어, 그 완전함을 위해서라면, 자신의 가장귀중한 목숨까지도 서슴없이 바치는 피조물이 되어서, 그 완전함을 높고 위대하게 포장하며, 그 완전함에게 구원과 영생을 기원하기까지 합니다.

참으로 아이러니컬하지 않습니까.

이건 제가 간단하게 글로서 풀어 본 건데,

비록 개념적으로 정리해본 것이지만 사실이 그러합니다.

여기 그것들을 다 갖춘 신이 있다고 가정해봅시다.

여러분들은 그 신을 어떻게, 어떤 방법으로, 100% 확신을 갖고 믿을 수가 있겠습니까.

아마 예수님께서 옆에 와 계신다 해도 믿지 못 하실 것입니다. 각자의 시험을 통한다 해도 그건 어디까지나 육근(안, 이, 비, 설, 신, 의) 중 마지막(의)을 뺀, 오근(안, 이 비, 설, 신)으로만 느낄 수 있는 것이지, 그 신의 마음만은 그 신이 되지 않고선 전혀 알 방법이 없습니다.

신은 제쳐놓는다 해도 자신과 가장 가까이에 있는 집 식구들 마음도 단 몇 %도 헤아리지 못하는데,

〈다른 것은 몰라도 신은 딱 보면 다 알 수 있다〉 이런 답변은 사실 허무맹랑한 궤변에 지나지 않고,

인간 개체들의 차원에서 하는 자기들만의 해석이고 말입니다.

평범한 자신의 집 식구들 마음도 단 몇 %도 알 수 없으면서 어떻게 신의 마음을 알 수 있냐? 이것이지요. 인간들은 자신들의 삶에서 스스로 세뇌될 대로 세뇌 되어서 거기서 벗어나기가 참으로 힘들어졌습니다.

그렇다면 완전함이 어떻게 해서 인간이 되었고
또한 인간이 어떻게 완전함이 될 수 있는지?
바로 이것을 알고,
완전함이 되기 위해서 이 공부를 하는 것입니다.
인간과 (완전함)의 차이에서는
원래는 인간이 (완전함)이고, (완전함)이 인간입니다.
차이가 없다는 말이기도 하지요.
여기서 말을 올바르게 잡아 봅시다.
(이 책 첫 장에서 이미 다 말씀드렸습니다)
신이 신으로 와서 신으로 돌아가는 게 정상입니다.
그런데 신이 신으로 와서 다시 인간으로 돌아갑니다.

이게 가장 큰 문제이지요.

이것을 적나라하고 극단적으로 말씀드린다면,

'인간이 신을 낳고 그 신을 인간으로 키운다' 저는 이렇게 말씀드립니다.

즉 인간인 어머니가 그 자식인 신에게, 삶을 통해서 무명과 원죄를 씌워주고 있다고 감히 말씀드렸습니다.

무명과 원죄가 바로 한계와 분별하는 마음입니다.

〈어떻게 그럴 수가 있냐?〉

이 말에 흥분하시고 노여워하시는 분들이 분명히 있으리라 봅니다.

성경의 한 구절에 이런 말이 나오지요.

'뿌린 대로 거둔다'

이 말은 해석하기에 달라 그 뜻이 완전하게 상반될 수 있습니다. 좋은 의미로는 어머니는 자식을 너무나 사랑한 나머지, 본인 스스로가 인간 개체임을 모르고, 자신이 낳은 신의 자식에게, 인간세상에서 가장 훌륭하다고 생각하는 이름을 붙여줍니다. 이것이 한계이며 그리고 좋고 훌륭한 사람이 되라고 좋은 것만 알려줍니다. 이것이 분별하는 마음입니다.

바로 인간은 인간의 자식을 낳는 결과를 초래하고야 맙니다.

원래는 신의 자식으로서 신만을 낳아야하는데, 인간인 어머니가 신의 자식을 낳아놓고 인간의 한계와 분별하는 마음을 신의 자식에게 심어주어 인간으로 만들어 놓고 말았습니다.

이 얼마나 안타까운 일입니까.
이건 인간 누구나가 다 겪는 필연입니다.

위 내용에서 보시다시피
인간은 곧 신의 나타남 즉 표출이고, 신의 축소판입니다.
여기서 인간을 개체로 표현하고 신을 전체라 표현해봅시다.
개체는 전체의 드러남입니다.
이 말은
전체 스스로는 자신을 절대로 결코 드러낼 수가 없습니다.
그냥 상상으로라도 전체를 드러내 보십시오. 못 드러내고 안 드러내집니다.
왜? 바로 '상'이 없기 때문입니다. 전체는 '상'이 없습니다.
없는 게 아니라 전체 스스로가 '상'으로 표현될 수가 없는 것입니다.
너무나 광범위하고 너무나 크기 때문에
그렇다면 전체가 드러나려면 어떻게 해야 합니까?
바로 개체가 있어야 합니다.
개체가 있음으로써 전체를 표현할 수가 있습니다.
명상에서는 전체를 우주라 표현합니다.
우주란? 가장 알기 쉬운 표현으로 하늘이라 가정해봅시다.
하늘!
개체가 육근을 통해 보고 느끼는 저 하늘!

개체를 통해서 하늘이 있음을 압니다.

만일 개체가 없다면 하늘이 있음을 어떻게 압니까?

개체는 전체를 대변합니다. 아니 전체가 있음을 증합니다.

개체가 없다면 전체를 증할 방법이 없습니다.

바로 이와 같이 개체의 삶은 반드시 꼭 필요한데, 그 삶이 개체의 한계와 분별 심에 묶여 있는 게 아주 큰 문제입니다.

그것을 푸는 자가 누구입니까.

바로 각자 개개인입니다.

그것이 깨달음이고,

각자 스스로가 풀어야 할 과제이며,

왜 깨달아야 하는지에 대한 답변입니다.

여기서 잠시, 한계와 분별 심이 인간에게 미치는 영향력에 대해서 말씀을 드립니다.

「0+1=1」

이것이 인간들이 짓고 있는 한계이고 분별 심입니다.

만일 이 한계를 벗어난다면 어떻겠습니까.

한마디로 인간 삶을 살아갈 수가 없습니다.

이 한계와 분별 심은 인간 스스로들이 만든 자기들만의 법칙이고 규약이며,

이것을 바탕으로 해서 모든 것들을 창조하고,

여기에 준해서, 모든 것들이 서로 연관 지으며 삶을 유지하

고 있습니다.

인간의 모든 사고와 행위들, 또한 이것을 근본으로, 여기에 맞춰진 생각과 행동을 하면서 삶을 영위해 나가고 있습니다.

심지어는 깨달음 그 자체도 여기에 근거를 두고,
이것을 기본으로 하면서 여기에 맞는 깨달음을 성취하고,
그래야지 그것이 올바른 깨달음이라고 정의 내립니다.
만약 이 법칙을 벗어난 깨달음은 엉뚱함,
헛것으로 돌려버립니다.
사실 이런 관념·관점을 벗어나는 게 깨달음인데,
그런 관념·관점을 갖고 깨달음에 임하니,
깨달음이 힘들고 어려울 수밖에 더 있습니까?
그래서 그런 관념·관점을 다 놓고 깨달음에 임하라 합니다.
여기까지는 그래도 좋습니다.

이 한계와 분별 심은 육신의 옷을 벗은 사후에도 그대로 작용을 합니다. 작용을 한다기보다 그런 한계와 분별 심으로 사후를 맞이합니다.

제사의식, 천도제, 영가 조상, 사후, 천국, 극락, 지옥 등의 말들이 바로 한계와 분별 심에서 비롯된 것입니다.

인간이 죽으면 육신을 불에 태우던지 아니면 땅속에 묻습니다. 그리고 그 육신은 시간이 가면서 썩어 없어집니다. 육신이 살아있을 때 먹었던 음식을 죽어서도 먹어야 된다는 그 한

생각으로, 제삿날에 음식을 차려 놓고 제를 지냅니다. 영가가 죽어서도 구천을 헤매고 있다고 천도 제를 지내줍니다.

이 모든 행위들이 살아있을 때, 한계와 분별 심에 세뇌될 대로 세뇌된,

그 상태에서의 연장선상으로 보는데서 비롯되는 것입니다.

육신의 옷을 벗었는데도 한계와 분별 심에 딱 묶이다보니,

사후가 그대로 현 삶과 연결되어 있는 줄 아는 것이고,

사후에도 살아있을 때와 똑같은 그런 세계가 있다고 믿습니다. 그래서 살아있을 때 자신의 행위에 의한 상벌로서 천국, 극락, 지옥이라는 세계를 스스로 만드는 것입니다. 그리고 거기에 스스로 빠져서 자신이 생각한 그대로 상벌을 받습니다.

이 얼마나 우스꽝스런 일입니까.

이 모든 것이 다,

이 삶에서 스스로 가지게 된 한계와 분별 심에 의한,

계속해서 이어지는 연장선상으로 보는데서 비롯됩니다.

마치 다람쥐 쳇바퀴 돌 듯이 그 자리에서 계속해서 빙빙 돕니다. 다람쥐 입장에서는 절대로 제자리에서 빙빙 돈다고 생각지 않고, 지금 한창 앞으로 달려가고 있는 것이지요.

우리 인간의 입장에서 볼 땐 다람쥐가 참으로 어리석지요.

깨달은 입장, 신의 입장에서 보면,

우리인간도 쳇바퀴 타는 다람쥐와 매 마찬가지입니다.

이것을 내적인 종교에서는 윤회라 하지요.

언제까지?

본인 스스로가 깨닫는 그날까지

한계와 분별하는 마음이

이와 같이 엄청난 상황을 초래합니다.

그렇다면 사후와 그런 모든 것들은

있는 것이냐, 없는 것이냐?

한계와 분별 심에 세뇌 되어 그 자체에서 못 빠져 나와, 본인 스스로가 삶에서 알고 있고 인정한다면, 그 알고 있고 인정한 그대로 정확하게 있는 것이고, 그대로 다 받게 되어있습니다.

그러나 한계와 분별 심에서 벗어나,

「0+1=마음」 이것이 된 사람은 '마음'의 답대로 됩니다.

「0+1=마음」의 답이 1이라면, 위에서 말씀드린 상태 그대로 빠지는 것이고,

「0+1=마음」의 답이 그때그때 상황에 맞게 마음으로 내면 낸 대로 되는 것이고,

안내면 안 낸 대로 또한 되는 것이며, 답이 정해짐이 없는 무한 그 자체인 것이지요.

어느 답을 내든지 그 내는 자의 마음입니다.

이 자는 그 어디에도 걸림이 없는 게지요.

이런 걸림이 없는 사람은 「0+1=1」이라는 한계만을 짓고

있는 현 삶에서는 그에 맞춰 스스로 살아 갈 수는 있지만,
「0+1=1」이라는 한계에 딱 묶인 사람은
현 삶을 벗어나서는 살아갈 수가 없습니다.
이것이 곧 차원입니다.
「0+1=1」의 차원에 있는 사람은 「0+1=마음」의 차원을 결코 절대로 이해 혹은 그 무엇으로든 알 수가 없는 것입니다.
알 수가 없다 보니 틀리다고, 잘못 됐다고 도리어 큰 소리 칩니다.

「0+1=마음」은 신의 차원입니다.
그래서 신은 한계가 없는 무한이고,
그 어디에도 걸림이 없는 대 자유함이며,
무엇이든 마음대로 다 낼 수 있는 완전함이지요.
우리 모두가 아니 인간 모두는 원래 신 그 자체로서 드러난 존재였는데, 한계와 분별하는 마음을 내면서 유한에 딱 걸려, 스스로의 구렁텅이에 빠져 자신을 구속하기에 이릅니다.
위에서 말씀드린,
〈아니 당신을 누가 묶어 두고, 구속하고 있나?〉에 대한 답변입니다.
신의 속성인 창조자로서의 창조를 하긴 하는데
그 창조 역시도, 「0+1=1」의 한계에 머무르는 유한의 창조만을 계속하는 것입니다.

그러니 창조된 모든 것들 역시도 유한에만 머무르는 것이고, 영원할 수가 없는 것이지요.

인간이 왜 깨달아야 하는지는?
「0+1=마음」으로 돌아오기 위한 목적입니다.
「0+1=마음」이 신의 속성이고, 본래 그 자체입니다.
삶은 신의 속성을 능력을 보여주고 나타나게 해주는 신의 놀이마당입니다.
이 놀이마당에서 너무 즐기고 푹 빠지다보니,
전체를 잃어버려 개체의 삶만을 살아가게 된 것이 인간이고, 개체의 삶이 돼버린 것입니다.
이제 그만 전체로 돌아갈 시간이 되었습니다.
이제 전체로 돌아가면,
놀이마당에서 개체로 살아보고, 많은 체험도 해 보아서,
아무 때고 즐기고 싶으면 다시 즐길 수 있습니다.
그때는 전체를 가진 개체로서 입니다.
이것이 깨닫는 목적인 동시에 왜 깨달아야 하는지에 대한 답입니다.
그러나 이런 깨달음이 없는 개체는 그냥 개체로서의 개체일 뿐입니다.
아무리 전체를 가지라 해도 전체의 자리에 스스로 들어보지 않아서 전체를 모릅니다.

그 전체의 자리는 스스로밖에는 못 들어갑니다.

깨달음의 중요성과 마음의 완전함과 대 자유, 무한을 다시 한번 강조한 것 같습니다.

지금까지 우리는 내적인 종교에 준한, 마음의 깨달음에 대한 설명을 했습니다. 그렇다면 외적인 종교에서 마음의 깨달음은 어떤지, 한번 심도 있게 펼쳐보도록 하겠습니다.

외적인 종교는 성경의 내용을 위주로, 필자가 깨달은 것을 접목시켜, 느낀 그대로를 말씀드리다 보니, 본의 아니게 H님·V님의 명칭을 많이 사용하고, 더 나아가 나와의 관계를 동일 선상으로, 표현하게 됨을 참으로 죄송스럽게 생각하며, 많은 독자 분들에게 글로나마 쉽게 이해시켜 드릴 목적으로, 글을 쓰는 것이오니 많은 양해 부탁드립니다.

또한 사실과 동떨어진 내용이 쓰여졌다 해도 그건 어디까지나, 제 개인적인 해석과 견해라 여겨주시면 감사하겠습니다.

「0+1=마음」에 대한 명상

명상 자세를 취하시고, 위 「0+1=마음」 편을 다시 한번 읽어 보시고, 깊이 명상을 해 보시기 바랍니다.

(명상)

「0+1=마음」 내 스스로가 이것을 인정할 수 있나?

「0+1=마음」에 대한 나의 생각?

(명상 끝)

하나님은 인간을 왜 창조했을까요?

여기서 잠시 외적인 종교인 구약성경의 창세기 천지창조 편을 참조해보십시다.

(구약성경 창세기 천지창조 1장-2장10절까지의 내용입니다)

창세기

(천지창조)

한 처음에 하나님께서 하늘과 땅을 지어내셨다.

땅은 아직 모양을 갖추지 않고 아무것도 생기지 않았는데, 어둠이 깊은 물 위에 뒤덮여 있었고 그 물 위에 하나님의 기운이 휘돌고 있었다.

하나님께서 〈빛이 생겨라〉 하시자 빛이 생겨났다. 그 빛이 하나님 보시기에 좋았다. 하나님께서 빛과 어둠을 나누시고, 빛을 낮이라 어둠을 밤이라 부르셨다. 이렇게 첫날이 밤, 낮 하루가 지났다.

하나님께서 〈물 한가운데 창공이 생겨 물과 물 사이가 갈라져라〉 하시자 그대로 되었다. 하나님께서는 이렇게 창공을 만들어, 창공 아래 있는 물과 창공 위에 있는 물을 갈라놓으셨다. 하나님께서 그 창공을 하늘이라 부르셨다. 이렇게 이튿날도 밤, 낮 하루가 지났다.

하나님께서 〈하늘 아래 있는 물이 한곳으로 모여 마른땅이 드러나거라〉 하시자 그대로 되었다.

하나님께서는 마른땅을 뭍이라 물이 모인 곳을 바다라 부르셨다. 하나님께서 보시니 참 좋았다.

하나님께서 〈땅에서 푸른 움이 돋아 나거라!〉 〈땅 위에 낟알을 내는 풀과 씨 있는 온갖 과일나무가 돋아 나거라〉 하시자 그대로 되었다.

이리하여 땅에는 푸른 움이 돋아났다. 낟알을 내는 온갖 풀과 씨 있는 온갖 과일 나무가 돋아났다. 하나님께서 보시니 참 좋았다. 이렇게 사흗날도 밤, 낮 하루가 지났다.

하나님께서 〈하늘 창공에 빛나는 것들이 생겨 밤과 낮을 갈라놓고 절기와 나날과 해를 나타내는 표가 되어라〉 〈또 하늘창공에서 땅을 환히 비추어라〉 하시자 그대로 되었다.

하나님께서는 이렇게 만드신 두 큰 빛 가운데 더 큰 빛은 낮을 다스리게 하시고, 작은 빛은 밤을 다스리게 하셨다. 또 별들도 만드셨다.

하나님께서는 이 빛나는 것들을 하늘 창공에 걸어 놓고 땅을 비추게 하셨다. 이리하여 밝음과 어둠을 갈라놓으시고 낮과 밤을 다스리게 하셨다.

하나님께서 보시니 참 좋았다. 이렇게 나흗날도 밤, 낮 하루가 지났다.

하나님께서 〈바다에는 고기가 생겨 우글거리고 땅 위 하늘 창공 아래에는 새들이 생겨 날아 다녀라〉 하시자 그대로 되었다. 이리하여 하나님께서는 큰 물고기와 물속에서 우글거리는 온갖 고기와 날아다니는 온갖 새들을 지어내셨다.

하나님께서 보시니 참 좋았다.

하나님께서 이것들에게 복을 내려주시며 말씀하셨다.

〈새끼를 많이 낳아 바닷물 속에 가득히 번성하여라. 새도 땅 위에 번성 하여라〉 이렇게 닷샛날도 밤 낮 하루가 지났다.

하나님께서 〈땅은 온갖 동물을 내어라! 온갖 집짐승과 길짐승과 들짐승을 내어라〉 하시자 그대로 되었다.

하나님께서는 이렇게 온갖 들짐승과 집짐승과 땅 위를 기어 다니는 길짐승을 만드셨다. 하나님께서 보시니 참 좋았다.

하나님께서는 〈우리 모습을 닮은 사람을 만들자! 그래서 바다의 고기와 공중의 새 또 집짐승과 모든 들짐승과 땅 위를 기어 다니는 모든 길짐승을 다스리게 하자〉 하시고, 당신의 모습대로 사람을 지어 내셨다. 하나님의 모습대로 사람을 지어 내시되 남자와 여자로 지어내시고, 하나님께서는 그들에게 복을 내려 주시며 말씀하셨다.

〈자식을 낳고 번성하여 온 땅에 퍼져서 땅을 정복하여라. 바다의 고기와 공중의 새와 땅 위를 돌아다니는 모든 짐승을 부려라.〉

하나님께서 다시 〈이제 내가 너희에게 온 땅 위에서 낟알을 내는 풀과 씨가 든 과일나무를 준다, 너희는 이것을 양식으로 삼아라, 모든 들짐승과 공중의 모든 새와 땅 위를 기어 다니는 모든 생물에게도 온갖 푸른 풀을 먹이로 준다〉 하시자 그대로 되었다.

이렇게 만드신 모든 것을 하나님께서 보시니 참 좋았다. 엿샛날도 밤, 낮 하루가 지났다. 이리하여 하늘과 땅과 그 가운데 있는 모든 것이 다 이루어졌다.

하나님께서는 엿샛날까지 하시던 일을 다 마치시고, 이렛날에는 모든 일에서 손을 떼고 쉬셨다. 이렇게 하나님께서는 모든 것을 새로 지으시고, 이렛날에는 쉬시고, 이날을 거룩한 날로 정하시어 복을 주셨다. 하늘과 땅을 지어내신 순서는 위와 같았다.

〈아담과 하와가 지음 받다〉

야훼 하나님께서 땅과 하늘을 만드시던 때였다.

땅에는 아직 아무나무도 없었고, 풀도 돋아나지 않았다. 야훼하나님께서 아직 땅에 비를 내리지 않으셨고, 땅을 갈 사람도 아직 없었던 것이다. 마침 땅에서 물이 솟아 온 땅을 적시자, 야훼하나님께서 진흙으로 사람을 빚어 만드시고, 코에 입김을 불어 넣으시니 사람이 되어 숨을 쉬었다.

야훼하나님께서는 동쪽에 있는 에덴이라는 곳에 동산을 마련하시고, 당신께서 빚어 만드신 사람을 그리로 데려다가 살게 하셨다.

야훼하나님께서는 보기 좋고 맛있는 열매를 맺는 온갖 나무를 그 땅에서 돋아나게 하셨다. 또 그 동산 한가운데는 생명나무와 선과 악을 알게 하는 나무도 돋아나게 하셨다.

구약성경 2장 15-18절

야훼하나님께서 아담을 데려다가 에덴에 있는 이 동산을 돌보게 하시며, 이렇게 이르셨다. 〈이 동산에 있는 나무열매는 무엇이든지 마음대로 따 먹어라. 그러나 선과 악을 알게 하는 나무열매만은 따 먹지 말아라. 그것을 따 먹는 날 너는 반드시 죽는다.〉

야훼하나님께서는 아담이 혼자 있는 것이 좋지 않으니, 그의 일을 거들 짝을 만들어 주리라. 하시고

구약성경은 글이 없던 그 당시의 구전으로 전래 내려온 성경으로서, 그 내용면에서 말로 전해내려 오다보니 일부가 와

전될 수도 있고, 또한 그 뜻이 잘못 해석되어 엉뚱함으로 전달될 수도 있지만

창조의 이면에서 보면,

너무나도 잘 표현 구사된 성경이라 저는 극찬하고 싶습니다.

위의 내용에서 보듯이,

하나님의 창조역사를 보면,

하늘과 땅으로부터 시작해서, 빛과 어둠, 낮과 밤, 남자와 여자, 들숨과 날숨 등 상대성으로 이루어졌음을 알 수 있습니다.

상대성!

사전적인 의미로

각각의 독립된 개체가 상호의존적인 관계를 맺고 있는 것을 상대성이라고 표현되고 있는데,

한 가지 중요한 사실은 창조에는 각각의 독자성이 아닌,

상호의존적인 관계로서 성립됨을 알 수 있습니다.

이 말은 곧, 각각 개체 단독적으론 창조가 불가함을 말해주는 내용이라 봅니다.

앞선 내용에서 개체와 전체에 대한 비유로 각각의 세포가 모여서 물질을 만드는 내용과 같습니다.

이렇게 본다면, 모든 존재는 서로 상호 의존적인관계를 맺고 있다고 볼 수 있습니다. 우리의 삶이 그렇지요.

상호의존적인 관계란
조화와 조건을 말하는 것으로서
서로 조화를 이루어, 새로운 한 물체가 창조되고,
각 조건에 맞추어,
조건에 합당한 자기만의 삶을 영위해 나아가는 것입니다.
어떤 물체의 한 형체를 보더라도, 그 형체에는 크게 내부와 외부가 서로 합쳐져서 한 형체를 이루고 있습니다.
여기서 내부와 외부가 곧 상호 의존적인 관계로서
독단적으로 떨어져서는 한 물질에 준하지 않지만
그것이 서로 조화를 이루면 한 형체로 창조되는 것이고,
거기에 어느 합당한 조건이 성립되면,
서로 융합해서 새로운 것들이 또 창조됩니다.
저는 창조학 박사도 아니고, 학자도 아니며, 연구가도 아니므로, 더 이상의 설명은 생략하기로 하고
제 이야기만 하겠습니다.

상대성인 상호의존적인 관계를 미시적인 관점으로 보면,
세포 분열과 같이 한 세포에서 분리된 각각의 세포가 서로 융합을 이루어 하나의 새로운 형체를 만드는 관계로,
우리 몸에서 세포의 구조와 같은 것이며,
거시적인 관점으로는 우주의 에너지 파장에 의한 각 혹성(행성)의 생성 관계

위에서 설명 드린 하나님의 창조역사 등으로 볼 수 있습니다.

하나님 창조의 이면에는,

그 첫째가 상호의존적인 관계에서 창조가 이루어진다는 것과 상호의존적인 관계를,

내적인 종교에서는 '연기적 관계'가 이에 속하지 않나 보는 것입니다.

그 둘째가 창조 역시도 곧 마음의 작용임을 알 수 있습니다. 천지창조는 전적으로 하나님의 마음작용입니다.

마음작용임을 알 수 있는 것으로서

빛이 생겨라, 갈라져라, 드러나 거라, 돋아나 거라, 표가 되어라, 비추어라, 날아다녀라, 번성 하여라, 내어라, 등의 말들로 미루어 보면 마음작용임을 쉽게 알 수 있습니다.

내적인 종교에서 말하는 '일체유심조'가 바로 여기에 속하지 않나 보고 있습니다.

하나님 마음작용을 전체마음이라고도 말할 수 있는데,

하루, 이틀, 사흘, 나흘, 닷샛날까지 일체의 모든 것을 다 창조하고, 엿샛날에 그것들을 다스리고 거느릴 수 있는 하나님의 모습을 닮은 사람을 만들었다고 쓰여 있습니다.

사람을 만드는 과정을 정확하게 묘사했는데, '진흙으로 사람을 빚어 만드시고 코에 입김을 불어넣으시니, 사람이 되어 숨을 쉬었다' 여기서 코에 입김을 불어넣는 이것이 바로 생명입니다. 생명이 곧 들숨과 날숨이며, 들숨이 우주 블랙홀의 상태이고, 날숨이 우주 화이트홀 상태라 봅니다. 블랙홀은 흡수(소멸)를 뜻하고, 화이트홀은 창조로서 우리들의 각 세포는 들숨과 날숨을 통해서 계속 죽어가고, 또한 새롭게 탄생되는 역순환을 꾸준히 진행하고 있습니다.

결국 생명현상도 들숨과 날숨이라는 상호의존성으로 이루어졌습니다.

재미난 것은 사람이 죽음을 맞이해서 숨을 거둘 때, 들숨으로 숨을 거두고, 태어남과 동시 날숨으로 삶을 맞이한다고 저는 보고 있습니다.

그 셋째가 에덴동산의 선악과가 나옵니다.

인간의 삶에서 고의 원인으로 추정되는

내적인 종교에서는 '무명' 즉 나라고 하는 '아'의 한계를 가지는 것이 곧 무명이고,

외적인 종교에서는 '원죄' 즉 분별하는 마음을 뜻하는 선악과를 따먹었기 때문에 원죄에 들었다고 하는데,

선악과에 대해서는 뒤에 다시 말씀드리기로 하고,

사실 무명과 원죄는 같은 맥락으로 보시면 됩니다.

위 내용에서 보다시피 인간의 창조는 우주를 기점으로, 인간이 살아갈 수 있는 모든 조건을 다 갖춘 상태에서 마지막으로 인간을 창조했다는 것은 한마디로

인간의 위대성과 중요성을 말해 주는 것이라 봅니다.

우리가 성경에서 보면 하나님의 표현으로,

'아니 계신 곳이 없다'고들 하는데,

이 표현은 **전체 혹은 모든 것**,

더 나아가 **마음을 의미**함을 진정으로 아셔야 합니다.

전체란 모든 것, 표현불가입니다.

전체를 한번 표현해보십시오.

전체는 스스로 드러 내놓을 수가 없습니다.

그래서 전체라 하지요. 하나님을 전체라 합니다.

반면 개체란 표현, 표출, 드러내는 나타남입니다.

만상만물이 다 개체이고,

그 개체의 최고으뜸의 표현이 인간인 '나'입니다.

나를 개체라 합니다.

그렇다면 하나님을 어떻게 표현할 수 있습니까.

위에서 설명한대로 라면 '아니 계신 곳이 없음'으로,

일체전체 모든 것들이 결국 하나님인 것이지요.

이것을 하나님의 표상이라 합니다. 우주도 태양계도 별도

지구도 다 하나님의 표상입니다. 모든 동식물, 물질도 다 하나님의 표상이지요.

그러고 보니까 인간도 하나님의 표상입니다.

천지창조에서 하나님 닮은 사람이 곧 인간입니다.

모든 표상중 인간이 하나님의 으뜸상입니다. 이 말은 인간이 하나님과 일맥상통한다는 말과 크게 차이가 없겠지요.

즉 하나님의 대변자이기도 합니다.

이렇게 귀한 인간이 신이 아니고 무엇이겠습니까.

하나님의 모든 권한을 다 주셨습니다. 권한이 곧 능력이지요. 신의 능력입니다. 단 한 가지 조건이 있습니다. 선악과는 절대로 따먹지 말라고 했습니다. 그런데 이 조건을 파기해 버리다 보니, 인간은 그때부터 죄악을 받습니다.

영생을 거두는 죽음과 삶의 고난,

출산의 고통 이것이 바로 원죄입니다.

만일 인간이 선악과를 따먹지 않았다면 어떻게 됐겠습니까.

종교도 필요 없었겠고, 물론 깨달음도 없었겠고, 사후도 없었을 것이며, 지옥이니 악마니도 없었을 것입니다.

결국 하나님이 인간을 창조한 것은

하나님을 증거 하기 위해서이고(개체가 전체를 증하다),

신이 계심을 만방에 고하기 위함이며,

일체 전체 모든 것들이 완전 그 자체임을 입증하기 위해서입니다. 나는 완전 그 자체입니다.

인간은 이 세상에 왜 태어났나? 왜 사나?

이 책 첫 머리말에 인간은 왜 태어났나? 왜 사나?

에 대해 여기서 그 답을 한번 풀어 볼까 합니다.

물론 앞장에서 말씀드렸던, 한계를 짓고, 분별하는 마음을 내기위해서, 인간이 태어난 것은 분명히 아닙니다.

그렇다면 인간이 왜 태어났습니까? 왜 삽니까?

모든 사람들이 가장 알고 싶어 하는 인간 최대의 이슈가 아닐까 생각도 해봅니다.

저는 이 문제를 크게 두 가지로 보고 있습니다.

그 첫 번째가

이 문제를 어떤 관점에서 보느냐 이것입니다.

즉 나라고 하는 인간 개체의 관점으로 보면, 이 문제의 답은 각 개개인마다 다 다르고, 답이라기보다는 각자 자기의 한 생각만을 내세울 뿐, 어떤 결론을 지을 수가 없습니다.

지금 당장 이 책을 읽고 있는 당신은 이 질문에 어떤 대답을 하시겠습니까. 또한 당신의 그 대답이 이 문제의 답이라 확신할 수 있는지요. 물론 당신의 입장에서는 당연히 맞는 답이라 말씀하시겠지만.

그럼 신의 관점으로 보면 어떤 답이 나오겠습니까.
답보다는 이런 질문 자체가 이미 모순이지요.
신이 왜라는 의문이 어디 있고,
태어남과 죽음이 어디 있습니까.
결국 이 질문은? 인간의 차원에서
개체의 인간만이 갖는 의문에 지나지 않다는 것을 알 수 있습니다.
본인 스스로가 깨닫지 못한 인간이기 때문에 이런 질문과 의문을 갖게 되는 것이지요.

그 두 번째로,
깨달은 본래의 입장에서 말해보면, 이런 답이 나오겠지요.
그냥 태어나다.
(여기서의 태어남은 개체의 출현을 의미하는 것으로, 본래의 생사일여와는 전혀 관련이 없는 본래의 마음작용에 의한, 본래가 마음을 내는 것으로 생각해 주십시오)
그 어떤 이유가 필요 없습니다.

이유나 왜는 개체인간들이 갖는 그들만의 의문, 호기심입니다. 「0+1=1」이 공식에 세뇌된 사람들만이 갖는 그들만의 의문입니다.

그래도 굳이 그 이유를 알고 싶다면 이렇게 풀어드리겠습니다. 창조의 능력과 무한 가능성의 능력,

그리고 자유자재할 수 있는 대 자유의 능력,

이런 완전함을 자신의 삶에서 표출하고 누려,

자신이 곧 신 그 자체임을 증거 하기 위한 목적이

이 삶에 태어난 이유라 말씀드립니다.

그 대표적인 예가 종교에서 말하는 삼위일체(성부, 성자, 성령), 삼보(불, 법, 승) 등이 있는데,

바로 이것을 실현해 보이려 사람이 태어나는 것이 아닐까요.

신이 계심을 증하고, 신이 누구임을 알리고, 신이 영생하는 완전 그 자체임을 드러내기 위해서, 사람으로 모습을 갖춘 상으로 오는 것이 곧 태어남이고, 삶이며 생명현상입니다.(이 상태는 무명과 원죄에 들기 이전의 상태이고)

무명과 원죄에 든 상태에서는, 깨달음이 전주가 되어야 겠지요. 깨달음으로써 스스로 그런 능력이 있음을 아는 것입니다.

깨달은 상황에서는 참으로 단순하면서도 편향됨이 없는 중도적인 입장이라 할 수 있지만

깨닫지 못한 개체적인 입장에서는 그런 삶을 살아가기가 그리 순탄치만은 않습니다. 그런 사실들을 전혀 모르기에 모름

으로서 그냥 정처 없는 삶을 살아가고 있는 것입니다.

선악과가 무엇을 의미하는 것일까?

선과 악을 알게 하는 이 선악과가 과연 무엇을 뜻하고 있으며 또한 하나님은 왜 선악과를 만들었나?

속된 표현으로, 외적종교인 기독교가 여타종교의 타깃이 되는 아주 중요한 대목입니다. 여기에 많은 종교가 학자들 나름대로의 학설과 주장이 나오는데, 저 같은 사람이 감히 무어라 말씀을 드릴수가 있겠습니까만은 제 조그마한 견해로 말씀을 드린다면 아마 이렇지 않을까 생각합니다.

마음에는 개체마음과 전체마음이 있다고 했습니다.
개체마음과 전체마음의 가장 큰 차이점은
개체마음에는 개체라는 상이 있어,
그 상을 분별하는 육근이 작용을 하는 것입니다.
그래서 각 개체마다 자기만의 성품으로 표출되어 나타납니다.

나무는 나무의 성품을 갖고 나무의 형태로 나타납니다.
돌은 돌의 성품을 갖고 돌의 형태를 띠고 있지요.
사람 역시도 마찬가지입니다.
같은 사람인데도 생김새가 다 다른 이유가
각자 자기의 성품대로 그대로 나타나기 때문에 그렇습니다.

여기서 잠시 창조에 대해 간단히 알아보면
창조라는 것은 결국 상을 만드는 것입니다.
(물론 상으로 표현할 수 없는 비물질도 있겠지만 여기서는 물질의 상을 중심으로 말씀드립니다)
상! 위에서 잠깐 말씀드린 자기만의 성품이 그대로 표출되는 것입니다.
한마디로 마음의 표출이라 할 수 있지요.
개체가 바로 마음의 표출입니다.
그렇다면 전체마음엔 상이 있을까요, 없을까요?
언뜻 보기엔 상이 없는 것 같지만 상을 낼 수 있는 그 능력을 갖추고 있는 것이지, 상이 없는 것은 아닙니다.
그럼 상이 있는 것인가.
전체마음 그 자체가 곧 상이라면 상(비물질)입니다.
단지 너무나도 크고 광범위하며 끝이 없어 표현불가 하므로, 상이 없다고들 표현합니다. 즉 오감인 안(눈) 이(귀) 비(코) 설(입) 신(몸)으로 표출할 수가 없을 뿐이지 의(마음)로는 느낄 수가 있습니다.

여기서 중요한 것은 상에는 각각의 이름이 있습니다.

이름! 각각을 나누는 그 특성, 즉 분별입니다.

분별은 신의 능력입니다.

개체의 상 에는 반드시 분별이 있어야 합니다.

만일 개체마음에 분별하는 능력이 없다면 어떻게 되겠습니까. 뒤죽박죽 엉망이 되겠지요.

개체 자체가 분별이라 해도 과언이 아닙니다.

그런데 그 분별이 위에 말씀드린 하나님의 창조역사에서처럼, 하늘과 땅, 빛과 어둠, 낮과 밤, 남자와 여자, 들숨과 날숨의 상대성과

뒤이어 에덴동산에서 나오는 선악과인,

선과 악의 상대성과는 분명한 어떤 차이가 있습니다.

어떤 차이가 있나.

하늘–땅, 빛–어둠, 낮–밤, 남자–여자, 들숨–날숨의 상대성은 우리 몸의 육근 중, 오근(안, 이 비, 설, 신)으로 감지할 수 있는 상대성이나,

선–악은 육근 중 마지막인 (의) 즉 마음으로만이 느낄 수 있는 마음의 상대성입니다.

결국 오근도 그 뿌리는 다 마음에서 나온 것이지만

마음으로는 느낄 수 없고 오감으로는 느낄 수 있습니다.

여기서 마음으로는 느낄 수 없고 오감으로 느낄 수 있다는 것은 감각을 통해서 느낄 수 있다는 것입니다.

아주 쉬운 예로, 물이 뜨거운지 차가운지는 무엇으로 느낄 수 있습니까. 전기의 흐름 역시도 무엇으로 감지할 수 있습니까.

이렇게 분명히 나눌 수 있습니다.

똑같은 상대성인데,

하늘과 땅, 빛과 어둠, 낮과 밤, 남자와 여자, 들숨과 날숨과 같이 다섯 가지 감각기관(눈, 귀, 코, 입, 몸)으로 감지할 수 있는 상대성!

또한 오감으로는 감지할 수 없고,

오로지 마음으로만 느낄 수 있는 상대성!

이 말이 무슨 말 이겠습니까? 바로 분별 심입니다.

분별 심! 즉 분별하는 마음!

하나님께서 자신의 모습을 닮은 사람을 만드시고, 모든 권한을 다 주셨는데, 딱 한 가지 경고를 합니다.

선악과만은 따먹지 말라고, 이 말은? 이 경고는?

개체는 분별하는 마음을 절대로 내지 말라는 하나님의 경고입니다.

(즉 개체마음으로 짓는 분별 심)

분별하는 마음(분별 심)을 선악과로 비유한 것이고,
여기서의 선악과는 **분별 심의 상징성**을 의미하는 것입니다.

제가 이 책을 시작할 때 용어의 첫 편에 자세하게 말씀드렸습니다. 다시 한번 간추린다면,
여기서 분별과 분별 심을 정확하게 구분해보면,
언뜻 같은 의미를 지닌 것 같지만 결코 그렇지 않습니다.
분별은 모든 사물에 그 각각의 특성을 오감으로 감지하고, 구분 지을 수 있는 상태를 분별이라 하며,
이것을 **오감작용**이라 하고,
분별 심은 오감이 아닌 개체마음으로만이 구분 짓고 나누는 **개체마음작용**입니다.
우리가 흔히 말하는 분별망상이 이에 속합니다.

명상 수련을 하는데 있어서, 초심자들에게 가장 경계의 대상으로, 삼는 게 분별인데, 이는 분별 심을 말하는 것이고, 위에서도 간단히 설명 드렸지만 사실 개체는 분별없이는 이 삶을 살아가기가 어렵습니다.
삶 자체가 이미 분별이라 해도 과언이 아닐 정도로 분별이 꼭 필요합니다. 인간 삶에서 분별이 없다면 과연 어떤 삶이 될까요. 간단하게 짐승들의 삶과 같은 것 아닙니까.
분별이 있기에 인간다운 삶을 살아가는 것이고,

그 삶을 진보시키고 발전시키는 아주 중요한 역할을 하고 있다고, 저는 보고 있습니다.

그러나 분별 심, 즉 마음으로 분별하여 나누는 분별 심은

인간 삶을 참으로 힘들고 어렵게 만듭니다.

서로 갈라놓고, 한쪽으로 치우치게 하는 편견을 유발시키며, 대립과 독선, 망념과 망상의 근본, 원죄와 무명의 굴레까지도 만들어 버렸습니다.

선악과는

분별 심을 상징하는 하나님의 가장 큰 메시지입니다.

또한 하나님께서 최초로 사람에게 준 주의 경고이기도하고요. 이 메시지와 경고를

그 어떤 이유와 목적에서든 사람은 지키지 못했던 것이고,

거기에 대한 응징으로 사람은 힘들고 어려운 개체의 삶을 사는 것으로 성경에는 기록되어 있습니다.

선악과는 분별 심으로 분별하는 마음을 뜻합니다.

이쯤해서, 제 나름대로 삶에서 가장 경계해야 할 두 가지를 지적하겠습니다.

1. '나' 라는 한계를 짓지 말아야하고,

2. 개체는 분별하는 마음 즉 분별 심만은 짓지 말라는 것,

즉 분별은 하되 분별하는 마음만은 결코 절대로 내지 말라

는 것입니다.

왜 선악과를 만들었나

위에서 분별과 분별 심에 대한 정확한 구분을 말씀드렸듯이 **분별은 신의 능력이면서 사람의 능력**입니다.

하나님께서 사람에게 부여한 최대의 능력입니다.

만일 사람에게 분별의 능력이 없다면 어떻게 되겠습니까.

철모르는 어린아이와 성인의 차이는 무엇입니까.

만상 만물을 부릴 수 있는 능력, 그 능력이 바로 분별입니다. 그 능력을 누가 주었고? 누가 가지고 있습니까?

하나님이 주신 것이고,

사람만이 자유자재로 부릴 수 있는 그 능력의 소유자입니다.

분별, 분별하니까 무언가 어색하고 잘못된 것 같은 생각들을 하는데,

그건 짓지 말아야 할 분별하는 마음 즉 분별 심 때문입니다. 분별하는 마음인 분별 심만 내지 않으면

그곳이 바로, 우리들이 일상적으로 말하는 극락이고 천국이며, 하나님께서 손수 창조 하신 에덴동산입니다.

선악과를 별도로 만든 게 아니고,
분별 심의 상징성을 의미합니다.
마치 위에서 설명 드린 6근(안, 이 비, 살, 신, 의)에서
마지막 '의'인 마음을 뺀 것과 같은 의미로 보면 됩니다.

분별은 하되, 그 분별을
개체마음으로만은 절대로 하지 말라는 하나님의 큰 메시지이고,
그것을 선악과로 비유해서, 방편이라고 저는 보는 것이지요.
분별!
사실 분별은 개체의 삶에서는 반드시 있어야 됩니다.
만상만물이 다 이름이 있는데
그 이름을 붙인 자가 누구입니까. 여러분이고, 나입니다.
지금에 와서 이름을 다 거둔다 해도 그 물체는 이름 없이 그대로 다 있습니다. 물과 불에서 그 이름을 없앤다 해서 그 성질까지도 없앨 수는 없습니다. 그 성질인, 뜨거운 건지, 차가운 건지를 아는 게 분별입니다. 만일 분별이 없다면 어떻겠습니까. 그야말로 뒤죽박죽이 됩니다.
마음에서 몸이 나와 몸 마음이 하나라 하지만
마음으로 하는 분별 즉 분별 심은 신을 거스르게 하는 분별이고,
몸으로 하는 분별은

신으로 거듭나게 하는 분별이라고 저는 말씀드립니다.

그런데 상대성에서 의미 있는 내용이 하나 있습니다.

오감으로 감지할 수 있는 상대성 즉 몸으로 하는 분별은

상호의존적인 관계의 상대성을 갖고 있는 반면,

마음으로만이 감지할 수 있는 상대성 즉 마음으로 하는 분별심은 **상호극단적인 관계의 상대성**을 갖고 있다는 것이지요.

마음으로 하는 분별인 상대성을 보면 아실 것입니다.

'상호의존적인 관계의 상대성과 상호극단적인 관계의 상대성' 한번 연구해볼만한 가치가 있는 것 아닙니까?

원망, 증오, 두려움, 공포, 미움, 시기, 질투, 이별 등이 다 마음으로 짓는 분별 심입니다.

또한 선악과를 먹는 과실에 비유한 이유를 든다면?

우리는 흔히,

'마음을 먹는다'라는 표현을 자주 사용하는데,

분별 심이 곧

분별하는 마음을 의미하는 마음작용으로서

먹는다, 라는 의미로 과실에 비유한 것이라 봅니다.

그런 맥락에서 그렇게 사용되었다 보는 것이지요.

앞장 어머니와 아이의 태어나는 과정에서 다 말씀드렸듯이

인간의 모든 문제는 바로 한계를 짓고, 분별 심을 내는데서

시작되고, 그 분별하는 마음에 의해서,

무명과 원죄에서 깨어나지를 못하고 있습니다.

한계와 분별하는 마음만 딱 멈추면 본래 그 자체가 그대로 드러납니다.

이것이 종교와 단체를 갖고 있지 않은 일반인들이 깨닫는 방법이라면 방법입니다. 그러나 인간 개체 삶에서 이것을 멈춘다는 게 그리 쉬운 줄 아십니까?

차라리 죽고 버리는 수련이 더 쉽습니다.

깨닫는 것! 깨어나는 것!

별것 아닙니다.

한계와 분별하는 마음만 딱 멈추면 그것으로 끝입니다.

분별하는 마음만 딱 멈추면

바로 그 자리가 전체이고 본래이며, 법신불 자리입니다.

이 사실을 내적인 종교에서만 외친 게 아니라,

외적인 종교에서도

그것도 구약성경 첫 장 첫머리부터 하나님께서 말씀하셨습니다. 삼라만상 일체 전체를 다 취해도

선악과만은 먹지(취하지) 말라고,

그 선악과가 바로 분별 심-분별하는 마음입니다.

선악과 이야기가 나왔으니 하나만 더 비유해봅시다.

(구약성경 창세기 3장7-11절, 선악과를 따먹은 이후의

행동)

그러자 두 사람은 눈이 밝아져 자기들이 알몸인 것을 알고 무화과나무 잎을 엮어 앞을 가리었다. 날이 저물어 선들바람이 불 때 야훼하나님께서 동산을 거니시는 소리를 듣고, 아담과 그의 아내는 야훼하나님 눈에 뜨이지 않게 동산 나무사이에 숨었다.

야훼하나님께서 아담을 부르셨다,

〈너 어디 있느냐〉

아담이 대답하였다.

〈당신께서 동산을 거니시는 소리를 듣고 알몸을 드러내기가 두려워 숨었습니다〉

〈네가 알몸이라고 누가 일러 주더냐? 내가 따먹지 말라고 일러둔 나무열매를 네가 따 먹었구나〉

선악과를 따먹은 이후의 아담과 하와의 행동입니다.
선악과를 따 먹기 전에는 아담과 하와가 알몸이면서도
서로 부끄러운 줄을 몰랐는데,
선악과를 따 먹고 나서 제일 먼저 취한 행동이
나뭇잎을 엮어 앞을 가렸다라고 했는데,

이 내용은 아이는 어머니의 가르침에 세뇌 되면서 나라고 하는 '아'의 한계에 서서히 갇히게 됩니다.

아주 갓난아기 때의 순수의식상태에서는 나라고 하는 '아'를 갖지 않아, 부끄럽고 창피함을 모르지만 분별하는 마음 즉 분별 심이 생기면서 나라고 하는 '아'가 형성되고부터는 부끄럽고 창피함을 알아 감추려하는 것과 똑같습니다. 바로 이 내용을 묘사한 대목이 아닐까요. 이렇게 보면, 비록 구약성경이지만 내용면에서는 참으로 대단함을 느낍니다.

본래의 자리에서 점을 하나 딱 찍는 것이
하나님이 마음을 내는 것이고,
그 마음을 냄과 동시 일체 전체는
상호 의존적인 관계로서 서서히 드러나기 시작합니다.

이것이 내적인 종교에서는 〈일체유심조〉로서 마음작용에 의해서, 모든 것들이 그 나름대로의 개체성을 갖고 나타납니다.

내적인 종교에서 말하는 일체유심조! '무'에서 '유'가 생겨나는 이치입니다. 흔히 인간적인 개념으로, 일반적인 상식상 이해를 못하시는 분들이 간혹 있던데, 너무 깊게 생각지 마시고 간단하게 생각해봅시다.

어떤 물체나 물질이든 최초에는 바로 우리들 의식속의 한 생각에서 비롯됩니다. 발명가가 발명을 할 때 처음엔 생각에서부터 시작합니다. 여기서 생각이 무엇입니까. 생각은 의식에서 나옵니다. 의식은 마음에서 나오지요. 의식이 곧 내적인 종교에서 말하고 위에서도 말했던 묘유입니다.

지금까지 외적인 종교의 구약성경 창세기 천지창조 편에서 하나님의 창조 역사와 인간이 갓 태어나 어머니와의 접촉상태를 제 나름대로 연관지어보았습니다.

여기서 가장 주목해야 할 아주 중요한 부분이 있습니다.

위에서도 간단히 언급했지만 하나님 창조역사의 그 중심 즉 주체, 주역, 핵심이 무엇이냐. 누구를 위해서. 무엇을 창조하려고. 그 닷새간에 온갖 모든 것들을 다 창조했나.

바로 인간을, 여러분을, 나를 창조하기 위해서
모든 심혈을 다 기울였습니다.

결국 중심이 주체가 주역이 핵심이
하나님 모습을 닮은 사람입니다.

사람이 바로 인간이고, 여러분이며, 나입니다.

나를 창조하기 위해서 닷새 동안 일체 전체 삼라만상을 다 창조해 놓은 것입니다. 나 하나를 위해서 그 많은 것들을 다 창조하신 것이지요.

그러고 보니까 내가 얼마나 위대한 존재입니까.

이 사실만은 종교를 벗어나 모든 사람 각자 스스로들이 분명히 인정하고 넘어가야 할 사항이라고 말씀드립니다.

비록 깨달았던, 깨닫지를 못했던, 삼라만상 일체 전체는
나를 위해서 있는 것이고, 좀 더 깊이 들어간다면,
내가 있어 있는 것입니다.

그럼 하나님은 만상 만물을 왜 창조했나?
그 첫째는 하나님이 계심을 증하기 위해서이고,
그 둘째는 창조의 능력을 스스로 입증한 것이라 봅니다.

여기서 그 첫째인 하나님을 증 한다는 것은
전체가 전체스스로를 표현하는 방법은
만상만물을 통하지 않고서는 절대로 스스로를 표출할 방법이 없기에
만상만물의 개체를 통해서, 하나님이 전체가
존재함을 알리기 위해서입니다.
한마디로 전체는 개체를 통해서 전체가 있음을 증거하기 위해서, 개체를 만들어(창조해) 내는 것이라 말씀드립니다.
이 말은 결국 내가 바로 그 누구임을 알게 하기 위함이고,
그 분의 표상임을 나타내주는 것이기도 하지요.
'나는 본래의 축소판이다' 바로 이것을 말함이지요.
외적인 종교의 하나님과 예수님의 관계가 바로 이것을 나타내는 좋은 본보기입니다. 예수님은 하나님에게서 나온 것이고, 묘유 역시도 진공에서 나왔습니다. 만상만물 역시도 하나님에게서 나왔고, 진공에서 다 나왔습니다.
이렇게 보니까 결국 하나님이 진공이고(진공이 하나님이며) 만상만물이 다 묘유입니다(묘유가 또한 만상만물이고).

그 둘째인 창조의 능력은

하나님만이 갖고 있고, 하나님만이 낼 수 있는 무한한 능력입니다. 그 누가 이렇게 대단한 창조의 능력을 가지고 있나?

한번 깊게 생각해보십시오.

5장

마음 편 2

원리

지금까지 우리는 많은 이야기를 했습니다.

왜 그런 많은 이야기를 한줄 아십니까?

목적은 단 한 가지 〈나는 반드시 깨달아야 한다는 것〉

그것을 여러분들에게 확실하게 주지시켜드리려 여러 이야기를 했던 것이며,

깨닫는다는 것은 결국 인간 개체인 내가 신으로 거듭나고,

본래의 나로 환원되기 위한 것입니다.

그러려면 제일 먼저 해야 될 일은 그분들이 어디에 있나.

그것을 알아야 되겠지요. 그래야 그분들에게 구원을 청하든지, 되는 방법을 알려달라든지 뭔 수를 내야 할 것 아닙니까. 그분들이 어디에 계십니까. 여기서 한 가지 그분들 하니까, 신이 각기 다 다르다고 생각지 마십시오. 제가 표현을 잘못 했습니다. 그분들이 아니라 그분 한 분 즉 신입니다.

신이 어디에 있습니까?

이 답도 이 책의 내용에서 다 말씀드렸습니다. 예전엔 이것 찾는데도 평생을 다 바쳤다 합니다. 참 세월이 좋아지기는 했습니다. 그만치 많이들 열려있다는 증거이기도 하지요.

저는 신을 전체라 표현했고, 나를 개체라 표현 했습니다.

여기서 복습삼아서 한 가지 질문을 드립니다.

질문: 전체와 개체의 차이가 무엇입니까?

답변:

깨닫는 방법의 한 과정입니다.

전체와 개체의 차이는?

간단하게는 상이 있고 없고 의식과 무의식, 이렇게 표현할 수 있지만 그건 어디까지나 일반적인 차이이고, 좀 더 성숙하고 깨달음에 가까운 답변을 한다면?

'나'라고 하는 상을 내면 그것이 개체이고,

'나'라고 하는 상을 내지 않으면 전체이다.

저는 이렇게 표현해봅니다.

그렇다고 전체는 '나'라고 하는 상이 없는 것은 아닙니다.

그 능력을 가지고 있어

내고 싶으면 내고, 거두고 싶으면 거둡니다.

전체는 상이 없으나 상을 낼 수 있는 능력을 가지고 있습니다. 개체는 상이 있습니다. 문제는 그 상에 빠져서, 한계를 짓고 분별 심을 내는 그것이 문제가 된 것입니다.

깨닫는 방법의

첫 번째 조건이 상에서 벗어나는 것입니다.

상에서 벗어나려면,

일체 모든 상을 부정하고 마음의 내용물로 보아야 합니다.

여기서 마음의 내용물이란, 일체유심조(一切唯心)를 말함입니다. **즉 일체 전체 모든 것이 다 마음으로 이루어졌고, 이것이 일체유심조입니다. 결국 상입니다.** 상이 일체유심조인 마음의 내용물입니다. 마음의 찌꺼기라고도 하고 좀 더 심하게 마음의 똥 이라고도 합니다.

이 글도 결국은 마음의 똥이며 버려야 할 상입니다.

창조할 때는 언제고, 마음의 내용물이라고 버리라고 하는 것은 무엇이냐. 이렇게 말씀들을 하시겠지요. 위에서 말씀드렸지만 개체는 상에 빠져 한계를 짓고, 분별하는 마음을 내서 스스로 고통 속에 빠져 방황하기 때문입니다.

상에 빠진 것이 가장 큰 문제입니다.

상에 빠지지만 않았더라면 그런 결과를 초래하지 않았을 것이고, 신 그 자체로 영생을 누렸을 것 아니겠습니까.

그렇다면 상이 무엇에 필요하단 말이요. 좋은 질문입니다.

개체가 깨닫는다는 것은 전체가 되어서 개체를 한번 씩 체험해 보는 것입니다. 이때의 체험은 개체에 빠지는 것이 아니라, 개체랑 하나 되어서 느껴보기도 하고, 즐겨보기도 하는 것입니다. 마치 잠깐 소풍 나가 들에서 풀들과 나비, 곤충 등과 어울려 놀다 돌아오는 것과도 같습니다.

그럼 다시 그 개체에 빠지는 것 아니냐?

아닙니다. 한번 빠져서 방황하다 깨우쳐, 본래마음으로 돌아왔기 때문에 두 번 다시 전처를 밟지 않지요. 이미 한번 크게 경험했는데 또다시 빠질 이유가 있습니까.

깨달으면 이런 모든 것들이 다 가능합니다.

깨달은 자는 자신이 좋아하는 꽃과도 아무 때나

하나가 될 수 있습니다.

일예로, 빨간 장미가 좋다하면 마음으로 빨간 장미와 하나가 되어서, 빨간 장미로 한 시간을 있던 하루를 있던 본인 원하는 대로 있다, 다시 돌아오는 것입니다. 그게 가능합니다.

그 무엇이든 다 가능하지요.

시공을 초월해 있기 때문에 다른 혹성, 행성도 갔다 올 수 있습니다. 말 그대로 자유자재하고, 무한하며,

부족함이 전혀 없는 완전함 그 자체입니다.

뭔 짓을 못하고 못 갈 곳이 어디 있습니까.

외적인 종교의 예수님 부활도 바로 이 원리입니다.

죽은 내 육신에도 들어갈 수 있으나, 들어가서 뭘 하려고 그 짓을 합니까. 그렇게도 인간 개체가 좋다면 아니 미련이 남아 있으면, 다시 들어가는 용을 내서 상으로 다시 나타나십시오. 그리고 다시 깨달으십시오.

원하신다면,

그렇다고 개체에 어떤 영향을 주느냐.

그렇지 않습니다. 개체에 빠지지 않으므로 어떤 참견이나 간섭, 행위 등은 안합니다. 그 개체에 완전하게 빠지면 할 수 있으나, 빠지면 또다시 개체마음을 내야하고 또 깨쳐야하는

데, 당신 같으면 그 짓을 하겠습니까. 개체에게는 아무런 영향을 주지 않고 나만 즐기다 오는 것이지요.

개체는 그 사실을 전혀 모릅니다.

자기 자신에 푹 빠져 있기 때문에

개체도 자연의 개체는 인간의 개체보다는 복잡한 DNA를 가지고 있지 않고 간단하고 단순해서, 스스로는 약간 알아 챌 수도 있습니다만 별 크게 개의치는 않습니다.

두 번째로 위에서 개체는 의식을 가지고 있다했는데, 위와 같은 행위의 가능성이 바로 의식으로 하기 때문에 가능합니다.

바로 이 의식!

내적인 종교에서 흔히 말하는 묘유가 바로 의식을 말하지요. 이 의식을 이용해서 깨달아야 합니다.

의식으로 무엇을 깨닫느냐. 전체의 무의식을 깨쳐야 합니다. 어떻게?

의식과 무의식의 차이점이

바로 의식을 하고 있는 내가 있나, 없나의 차이입니다.

내가 있다는 것은 의식을 하는 내가 있는 것이고,

내가 없다는 것은 의식을 하는 내가 없는 것으로,

무의식의 그 상태를 말합니다.

우리가 꿈도 꾸지 않는 깊은 잠을 잘 때, 그때는 '나'라고 하는 의식이 전혀 없는 무의식상태입니다.

여기서 **내가 없는 것이 아니라 무의식의 상태로 있는 것**입니다. 그런데 잠에서 깨면 무의식상태에서

의식 상태로 돌아옵니다.

그것을 의식하는 자가 누구이냐?

바로 나입니다.

여기서 한 가지 중요한 사실은

나는 의식과 무의식을 다 겸비하고 있다는 사실입니다.

여기서의 나는?

엄밀하게는 '나'라고 해서는 안 됩니다.

'나'라고 하기 때문에 깨닫기가 어렵고, 그때부터 또 혼동하기 시작합니다. 정확하고 올바르게 이름자를 붙인다면?

본래마음입니다.

'나'는 본래마음에서 나온 의인화시킨 인간 개체의 의식입니다.

이 인간 개체의 의식을 마음으로 죽이고 버려,

이 개체가 사라진, 없어진 그 상태가

곧 전체이면서 무의식상태,

이것을 의식하는 그것이 곧 깨달음입니다.

나 없음의 자리이고, 개체의 사라짐이며,

전체의 드러남인 하나님, 부처님, 신의 자리라고도 합니다.

무의식을 의식하는 자리입니다.

무의식을 의식하다? 이 말이 뭔 말이냐?

무의식이라는 것은 의식이 없어 무의식이 아닌,

의식의 멈춤을 뜻함. 무의식자리가 바로 이렇게 생겼습니다.

이 무의식 자리가 바로 차원을 넘는 자리이고,

대 자유하며, 무한하고, 완전한 자리입니다.

여여한 마음자리입니다.

그래서 개체인 나를 참으로 버리고 죽이라 하는 것입니다.

상을 가지고 있는 상속에 빠져있는

그 개체를 참으로 버리고 죽여, 전체가 되는 것입니다.

무의식의 전체마음을 나 없음의 의식으로 들어가는 것이지요.

이게 가능하냐? 가능합니다.

가능하기 때문에 이 글을 자신하고 씁니다.

이게 이공부의 최고 중요한 요점입니다.

이것이 바로 견성입니다.

깨달음 공부 이거면 끝납니다.

더 이상 뭘 할 게 더 남아 있습니까?

이런 저런 말만 해봤자 헷갈리기만 합니다. 공연히 엉뚱한 알음알이만 잔뜩 갖고 헤매기만 합니다.

무의식의 자리는 시간과 공간을 초월한 자리이고
그 자리는 오로지 생명만이 존재하는 자리이며,
의식이 참으로 쉬는 자리입니다.
'그냥'이 바로 그 자리입니다. 그냥 여여한 생명의 자리입니다. 열반에 드는 자리라고도 합니다.

이 공부는 전체마음이 돼보는 것

전체마음이란 무의식의 마음입니다.
무의식의 마음을 의식으로 한번 들어가 보는 것입니다.
이게 뭔 말인가 하실 텐데,
내가 참으로 사라진 그 자리가
바로 나 없는 전체마음자리입니다.
(나 없는? – 나라고 하는 상이 없는)
인간의 상식선상에서 보아도 전체마음자리는 내가 없는 자리입니다. 나를 참으로 버리고 죽여 내 스스로가 "어 내가 없어졌네!" "어 내가 없으니까 바로 이것이 전체마음이구나"
이것을 스스로 증득하고 인정하면 그것으로 끝납니다.

이것이 1차 목표입니다.

어느 정도로 죽여 없애야만 하냐면

자기 눈에 보이지 않을 정도로 없애야 합니다.

지금부터 그 방법을 자세히 말씀드리겠습니다.

다 위에서 말씀드렸던 내용입니다.

간단하게 간추려보면,

첫 번째, 마음으로 해야 합니다.

이 공부는 마음공부입니다.

몸이 아닌 마음으로 하기 때문에 목숨을 끊을 수가 없는 것입니다. 몸으로 행위하는 게 아니니까요. 오직 마음으로 하는데 무엇을 못 하겠습니까.

마음으로 못할게 뭐 있습니까.

두 번째, 철저히 수용해야 합니다.

철저히 수용은 확실하게 인정하란 뜻입니다.

진정한 수행은 자기 자신과의 싸움에서 참으로 자기를 진정으로 이길 수 있는 인내력과 강한 집중력, 그리고 강력한 수용이 필요합니다.

그중에서도 강력한 수용! 절실하게 필요한 대목입니다.

아무리 인내와 집중을 한다 해도

본인 스스로가 아니다 하면 그건 아닌 것으로 끝나고 맙니다. 그렇게 해서는 죽었다 깨나도 못 넘어 갑니다.

이것이 정말 힘든 과정입니다.

제가 가장 권하고 싶고, 가장 쉽고, 가장 빠른 방법은 바로 수용입니다. 무조건 수용하십시오.

이것만이 깨닫는데 제1의 초석을 다듬는 것입니다.

세 번째, 아주 잔인하고 실감나게 진짜 실행할 정도로 마음을 다 바치십시오. 자기 몸에 욕도 하고 정을 완전하게 떼십시오. 징그러운 몸으로 보십시오. 빨리 죽어 없어져라 난도질을 하십시오. 온갖 신무기란 무기는 다 동원 하십시오.

네 번째, 매 순간 단 한 찰나도 놓치지 마시고 꾸준히 하십시오..나는 없고 사라졌음을 항상 느끼십시오.

있다고만 느끼면 그 순간 과감하고 처참하게 죽이십시오.

아주 습관화가 되어야 합니다.

다섯 번째, 몸과 의식을 자주 분리시키십시오.

몸과 의식이 딱 떨어져야 합니다. 몸 따라가지 마시고

의식으로는 내 몸이 없다 없다만 확인 하세요.

마음

(비록 원문과는 조금의 차이는 있겠지만)

여기 유명한 원효스님의 땅막과 무덤이야기를 잠깐 소개해 드리면, 신라시대(661년) 의상대사와 함께 불교공부를 위해 당나라(당시 중국)에 가던 중

어두워지는 산속에서 큰비를 만나게 되지요.

비를 피할만한 장소를 찾던 중에 아늑해 보이는 굴을 찾게 되어 노숙을 하게 되는데, 잠을 자다가 목이 말라 잠에서 깨어 어둠속을 더듬다가 바가지 속에 든 물을 마시고, 갈증을 해소한 뒤 다시 잠이 들지요.

그런데 다음날 날이 밝고 나서 보니 아늑한 굴이라 생각했던 곳은 무너진 무덤이요, 자신의 갈증을 해소해준 물이 구더기가 가득한 해골바가지에 고인 썩은 물이었음을 본 순간, 어제 밤에 마셨던 참으로 시원한 감로수 같던 그 물이 바로 이 물이었나 하는 생각과 더불어, 순간 밖으로 뛰어나와 토를 하던 중, 원효대사는 큰 깨달음을 얻게 됩니다.

그때에는 정말 극락과도 같이 편안한 곳이 바로 이 무덤이었으며, 얼음장같이 속을 시원하게 해 준 감로수가

해골의 썩은 물이었다는 것

즉 자신이 어떻게 생각하느냐에 따라서,

모든 것이 다 달라 보인다는 점입니다.

마음이 일어나므로 온갖 현상이 다 일어나고,
마음이 사라지므로 굴과 무덤이 감로수와 해골 썩은 물이 둘이 아니구나,
세계는 오직마음이요,
모든 존재는 오로지 생각에서 나올 뿐이다.
마음밖에는 그 어떤 것도 없는데,
어디서 따로 그 무엇을 구하겠는가?
나는 당나라에 가지 않으리라.
그러면서 다시 돌아왔다는 유명한 원효 마음법이 있습니다.
바로 이것이 정답입니다.
이 정답을 알려드리려 지금까지 온갖 잡소리를 다했던 것이지요.

정답을 밝히다

나는 무엇인가?

선각자들이 가장 많이 사용하는 말이
앞에서 간단히 말씀드렸지만
'일체전체 모든 것이 다 허상이고 꿈이며 마음작용이다'
라는 말들을 많이 사용합니다.

깨닫고 난 이후의 결과론적인 말이지요.

모든 것이 다 허상이고 꿈이면 도대체 무엇이란 말입니까.

바로 **마음**입니다.

이제 아시겠지요. 이미 대략 짐작들은 다 하고 계셨을 것입니다.

인간 실생활에서 하도 많이들 사용하는 말이라

그러나 막상 말로들은 마음마음 하지만

마음을 제대로 알고 제대로 쓸 줄은 잘 모릅니다.

한마디로 마음의 주인이 안 되어서 그런 것이지요.

마음의 주인이 되는 게 이 공부의 하이라이트 끝맺음입니다.

이게 되는 단계입니다.

마음이 의인화해서 일체유심조로 나타난 것이 곧 '나'입니다. 결국 '나' 도 마음의 상에 지나지 않습니다.

마음을 신격화하면 그것이 신이라 합니다.

일체 전체 모든 것이 다 허상이고 꿈이며 마음작용이라는 것은 일체전체 모든 것이 다 마음이고,

그것이 일체유심조로 잠시모습을 나타낸 것이 만상 만물입니다. 이렇게 본다면 마음 아닌 게 없습니다.

모든 게 다 마음입니다.

성경에 이런 말이 있습니다.

〈하나님은 아니 계신 곳이 없다〉
이 말의 본뜻이 무엇입니까.
바로 마음을 두고 하는 말입니다.
여기서의 하나님은 마음을 신격화시킨 것입니다.
마음 아닌 것이 무엇입니까.
일체전체 모든 것이 다 마음입니다.
자 이제 지금부터 마음이야기를 해봅시다.

마음 2

우선 여러분들의 이해를 도모하기 위하여
마음을 분류해 보기로 합시다.
이건 어디까지나 여러분들을 쉽게 이해시키기 위한,
나만의 방편일 뿐입니다.
원래 마음을 분류한다는 것은
엄격히 말씀드려 있을 수 없는 일입니다.
깨닫지 못한 인간들의 말장난에 불과한데,
사실 깨닫고 보면 마음을 분류할 수 없음을 분명히 압니다.
단지 존재의 중심이 어디에 있냐에 따라,
개체마음도 낼 수 있고, 전체마음도 낼 수 있습니다.

이점 깊이 참작하시면서

마음에는 개체마음과 – 전체마음으로 나누어 봅니다.

여기서는 서로 상대성적인 면으로 보아도 상관없습니다.

여기에 본래마음이 있는데,

본래마음은 개체마음과 전체마음이 하나로 합쳐진 마음으로서 한마음이라고도 표현합니다.

그때 그때 편의상 그 상황에 맞춰 표현하면 됩니다.

각 마음을 설명드리면,

○ 개체마음

사람마음·인간마음이라고도 하며,

우리들의 육감으로, 감지하고 느낄 수 있는

모든 물체의 상이 가지고 있는 마음입니다.

물질이 이에 속하고, 상으로 표현되며,

일체유심조가 그 대표적인 개체의 발현입니다.

일체유심조!

일체 모든 것은 다 마음으로 이루어졌다.

〔생각에서 물질이 나온다〕

이것이 바로 마음으로는 충분히 가능한 일입니다.

또한 저는 개체마음을 물질의 마음,

의식의 마음이라고도 합니다.

여기서 한 가지 중요한 사실은

개체마음이라 해서

깨닫지 못한 마음이라고 단언해서는 안 됩니다.

깨달음을 이룬 깨달은 마음도, 상을 가지고 있으면 개체마음이라 하는데, 깨달아 새롭게 거듭난 개체로서

전체를 가진 개체마음이라고들 표현합니다.

부활한 예수님!

대각을 이루어 수많은 중생들을 교화시키는 부처님!

등이 그 대표적인 분들입니다.

한마디로 아주 쉽게 표현해보면,

깨달음과는 무관한 〈상이 가진 마음〉 저는 이렇게 표현합니다.

○ **전체마음**

사실 전체마음을 말과 글로 표현한다는 이 자체가

어찌 보면 모순에 가까운데,

진리적인 측면으로 흔하게 말하는 내용으로 표현해봅니다.

개체마음의 상대성으로 비물질의 마음이 이에 속합니다.

전체마음은 우리가 밤에 꿈도 꾸지 않는 깊은 잠에 빠진 상태, 이것을 전체마음이라고도 하는데,

이때는 무의식의 상태라 전혀 의식을 못하는 상태입니다.

그래서 무의식의 마음이라고도 합니다.

개체마음의 상대성적인 마음이지만

이 책의 중요 쟁점으로 말씀드리면,

'나' 즉 이 개체가 없는 마음자리를 저는 전체마음이라고 합니다.

(여기서의 없음은 느낌의 한 표현입니다)

저는 〈나 없는 마음자리!〉

〈'나'라고 하는 상이 없는 마음자리!〉라고도 표현합니다.

(멍 때리는 초점이 한곳에 집중된 상태, 쏠림)

전체마음을 이렇게도 표현합니다.

나 없음의 자리를 스스로 깨칠 때는

무의식이 아닌 의식으로 확연하게 느끼는

깨달음을 증득하는 참으로 중요한 자리입니다.

즉 개체마음이 전체마음을 스스로 증득해서,

전체마음을 아는 느끼는 깨달음을 이루는 자리입니다.

그래서 저는 전체마음이 깨닫는 과정에서는 반드시 있어야 한다고 보기 때문에 이 자리에서 전체마음을 말하는 것입니다.

또 한 가지 중요한 것은 전체마음은 무의식의 마음이기 때문에 개체마음으로는 결코 근접할 수 없지만

개체가 완전하게 사라진, 상태에서는

전체마음을 스스로는 느낄 수 있는데,

그 때의 의식은

〈개체의 의식을 가진 전체의 의식〉 그것으로서

한마디로 무의식을 의식화하고 있는 그 자체입니다.

저는 이것을 **나없음의 의식 혹은 신의 의식**으로 표현합니다.

(나라고 하는 '아' 의식이 참으로 사라진,

전체의식 자리를 무의식이라 저는 말씀드립니다.

중요한 것은 무의식이라 해서 의식이 없는 것이 아닌,

의식으로 표현 불가능한 상태라는 것이지,

전체가 된 개체는 다 느낄 수 있는 것입니다.

의식이 아예 없다면 무의식 또한 아예 없음을 아셔야 합니다.)

전체마음이라는 것도 지금까지 위에서 여러 번 말씀드렸지만 개체마음이 있어 전체마음이 있음을 아는 것이지,

개체마음이 없다면 전체마음도 드러날 수가 없는 것만은 사실입니다. 드러날 수가 없다면 전체마음이 무슨 소용입니까.

이것이 바로 상호의존적인, 연기적인 마음입니다.

삼라만상 일체 전체 모든 것들이 상호 의존적이고 연기적인 것도, 서로가 서로를 표현해주고 존재하게 해 주는 역할을 하기 위해서입니다. 이 둘을 모두 다 겸비한 것이

다음에 나올 본래마음=한마음입니다.

○ 본래 마음=한마음

이 마음이 이 책의 주핵심입니다.

위에서 설명 드린 개체마음과 전체마음이 합쳐진 하나의 마음, 즉 한마음을 본래마음이라 합니다.

앞에서도 간단하게 표현해 드린
'자유로운 영혼'이 바로 여기에 속합니다. 쉽게 말씀드려
개체마음인 의식과 전체마음인 무의식,
이 둘을 겸비한 마음입니다.
이 말이 무슨 말 인고 하니,
의식과 무의식을 다 낼 수 있는 마음으로서
의식으로는 창조인 일체유심조를,
무의식에서는 무한한 가능성을 내는 마음입니다.
이 둘을 다 같이 겸비하고 있는 것이 곧 본래마음입니다.
사실 전체마음, 본래마음을 나누는 그 자체가 별 큰 의미는 없지만
개체마음이 전체마음을 증득하는 과정에서
증득과 동시 한마음이 되는 그것을 확실하게 하기 위해,
본래마음으로 명명했습니다.
만일 전체마음과 개체마음 이 둘로만 나누어진다면,
전체마음을
증득한 마음과
증득치 못한 마음으로,
나누기가 어렵지 않을까, 하는 제 개인적인 생각입니다.
이 역시도 쉽게 깨닫게 해드리려 하기 위한
나만의 방편 수단입니다.
여기서 주목할 사항은

하나님, 부처님, 즉 신의 마음은 어느 마음이냐? 이것입니다. 한번 말씀해보십시오.

답변:

저는 깨닫기 이전엔 전체마음으로 보았습니다.

그러나 막상 깨닫고 보니까,

전체마음이 아닌 본래 마음이었습니다.

그 이유는

개체마음을 낼 줄 알아야 하기 때문입니다.

만일 전체마음만 가지고 있다면 개체마음을 낼 수가 없습니다. 하나님, 부처님, 신의 마음은 전체마음뿐만이 아니라

개체마음도 낼 수 있어야 합니다.

그래야 완전한 것이지요.

하나님, 부처님, 신은 완전 그 자체 아닙니까?

여기서 한 가지 매우 중요한 사항은

본래마음의 체, 상, 용은 그 마음의 능력을 말함입니다.

본래마음에 상이 생기면 그건 이미 개체마음입니다.

본래마음에 개체마음이 있는 것은

창조의 능력이 있음을 뜻하는 것일 뿐입니다.

저는 마음을 이렇게 세 가지 마음으로 간단히 분류해서

설명을 드렸습니다.

사실은 마음! 하면?

본래마음! 한마음! 으로 받아들여져야 합니다.

이 말은?

마음! 속에 이미 개체마음, 전체마음이 다 들어 있는 그 상황이 되어 있어야 한다 이 말입니다.

개체마음, 전체마음이 각각따로따로 별개로 있는 것이 아니라 이것입니다.

오로지 한마음(본래마음)뿐입니다.

이것이 바로 견성입니다.

마음! 그 자체가 되어있는 것입니다.

이게 상당히 정말로 중요합니다.

마음을 해체하다

마음을 좀 더 깊이 알아보도록 하겠습니다.

대승기신론에서는 마음을 3가지로 분리해서 논하는데,

저에게는 너무나 큰 가르침을 준 것 같아,

여기 나름대로 알기 쉽게 설명 드리려 합니다. 순간 순간 명상하면서 답을 한번 풀어 보시지요. 많은 공부가 되실 것입니다.

체(體)

상(相)

용(用)

체, 상, 용은

삶 즉 생명의 근본바탕이며, 모양이고, 작용을 의미합니다.

간단히 알기 쉽게 표현해보면,

여러분 스스로가 바로 근본바탕의 근원인 체(體)입니다. 한마음인 모양이 곧 상(相)이고,

그 한마음을 쓰고 내고하는 작용 그것을 용(用)이라 합니다.

여러분 스스로가 바로 체대, 상대, 용대 이렇게 3대로 이루어졌습니다. 사람 뿐 만이 아니라, 일체전체 모든 것들도 다 그 나름대로의 3대로 되어있다는 것, 이 3대가 하나의 완전체를 이루고 있습니다.

이것을 개체적인 상황으로 예를 들어 본다면 이렇지 않을까요. 우리가 그림을 그리려면, 가장 기본적인 도화지가 있어야 하고, 그 도화지에 그림을 표현해주는 색연필이 있어야 합니다. 도화지와 색연필이 준비 되어 있으면, 그 다음엔 무엇이 있어야 합니까? 그 도화지에 어떤 그림을 그려 넣어야 할지를 결정짓는 미술가가 있어야 되겠지요. 여기서 미술가가 도화지에 색연필을 이용해 그림을 그립니다.

미술가를 체라 표현할 수 있고,

도화지를 상이라 표현할 수 있으며,

색연필을 용이라 표현해봅니다.

완성된 그림이 곧 우리들의 삶입니다.

그림을 다 그려놓고 보니 미술가의 마음에 전혀 들지 않습니다. 도화지를 찢어 버리고, 새로운 그림을 다시 그립니다. 집도 그려놓고, 들마루에서 사과를 먹는 남녀도 그려놓고, 밖에는 그 사람이 타고 다니는 자동차도 그려놓고, 뜰 앞에 조그만 정원에 꽃도 그려놓고, 그 정원 옆에 어미 소와 송아지가 풀을 뜯고 있습니다. 하늘엔 잠자리와 나비가 날아다니고, 옆으론 강이 흐르고, 그 강 건너편산엔 소나무가 푸른빛을 띄우며 바위틈새에 뿌리를 박고 있습니다.

이 그림에서 몇 가지 질문을 드립니다.

질문: 여기서의 주인공, 주체가 되는 것은 무엇입니까?

질문: 이런 그림을 그려야 되겠다는 마음을 낸 자가 누구입니까?

질문: 그림이 마음에 **들지 않아** 도화지를 찢어 버린 자가 누구입니까?

질문: 그림을 완성시켜 놓은 자가 누구입니까?

질문: 그림을 관람하는 자가 누구입니까?

한번 답해보세요.

결국 미술가가 마음을 내서 그림을 그렸습니다.

이렇게 본다면.

미술가가 주인공이고,

미술가가 마음을 낸 자이며,

미술가가 그림을 그린 행위자이며,

미술가가 완성된 그림을 감상하는 관람자입니다.

미술가가 주인공도 되고, 마음을 낸 자도 되며,

행위자도 되고. 관람자도 됩니다.

여기서의 가장 큰 핵심은 미술가! 그림을 그려야 되겠다는 마음! 완성된 그림! 입니다.

모든 것에 주체가 되고 근본이 되는 것을 체(體)라 합니다. 체가 마음을 내서 일체유심조로서의 모양을 상(相)이라 합니다. 상의 성품대로 마음을 쓰는 것을 용(用)이라 합니다.

그렇다면 이 그림에 나오는 집, 사과 사람, 자동차, 정원, 꽃, 강아지, 하늘, 잠자리, 산, 강 소나무, 바위, 뿌리는 누가 만들었습니까. 바로 미술가입니다. 위의 모든 것들은 어디서 나왔습니까. 미술가의 마음에서 나왔습니다.

위의 상황을 주의 깊게 보면 뭔가 와 닿는 게 없습니까.

누구를 지칭하고, 그 자가 누구입니까.

바로 당신이고, 나입니다.

물질계의 모든 것이 결국 누가 있어 있습니까.

결국 창조자가 누구입니까.

내가 있어 일체 전체 모든 것들이 다 있음을 명심하십시오.

체는 주체이면서 마음의 실체라고 하며, 법신이 이에 속합니다.

상은 마음의 근원이고 공덕 상으로서 보신이 이에 속합니다. **용**은 마음의 씀씀이로서 성품그대로 마음을 쓰는 화신이 이에 속합니다.

다들 중요하지만 저 개인적으론
용이 참으로 중요하다 봅니다.
쉽게 말씀드려 어떤 상으로 모습을 나타냈든,
어떤 마음을 쓰냐에 따라 많은 것이 달라집니다.
우리가 삶에서 흔히 하는 말로,
〈마음먹기 나름〉이 바로 용을 두고 하는 말입니다.
나타난 모든 상 들을 마음의 내용물이라고도 합니다.
이렇게 본다면 체, 상, 용이 별도로 각각 있는 것이 아니라,
결국 내가 바로 체, 상, 용이며, 곧 마음의 모든 것입니다.
이것을 확실하고 정확하게 알아야 합니다. 이것이 초견성이며, 중요한 것은 이렇게 해서 아는 것이 아니라,
스스로 증득해서 알아야 한다는 것이지요.
그런 다음 마음 그 자체가 되어야 합니다.

즉 마음의 주인공이 되는 것입니다.

이것이 바로 되는 것, 즉 견성입니다.

마음 그 자체가 된다는 것은 마음의 주인이 된다는 것이고, 마음의 주인이 되면 휘둘림이 전혀 없이 마음을 자유자제로 부릴 줄 아는 그 상태가 됩니다. 그야말로 완전한 주인의 자리에 드는 것이지요. 마음의 체 자리에 제대로 거하는 것입니다. 그리고 마음을 내고 거두고 하면서 그에 합당한 상도 만들어 냅니다. 본래마음 그 자체가 된 자가 바로 하나님, 부처님입니다.

분명한 것은
개체마음도 체, 상, 용의 마음을 가지고 있다는 것입니다.
그러기 때문에 삶에서 나름대로 창조도 하고,
또한 마음도 내고, 들이기도 하고 하는 것이지요.
여기서 많은 사람들이 착각을 합니다.
개체마음이 본래마음 인줄로,
제가 이렇게 마음을 3가지로 분리해서 설명하는 이유가
바로 여기에 있습니다.
나 없음의 전체마음을 스스로 증득치 못하고,
생각으로 개체마음을 전체마음으로 둔갑시켜,
본래마음이 되었네,
하는 사람들이 우리 주위에 간혹 간에 있습니다.

그럴 경우 육신의 옷을 벗으면,

본래마음자리를 찾아들어가지 못하고 방황하기 시작합니다.

삶에서도 만상만물과 하나를 이루는

한마음을 낼 수가 없습니다.

이점이 참으로 중요합니다.

그래서 나없음의 자리를, 반드시 스스로 증득해야 한다고 누누이 말씀드리는 것입니다.

개체마음의 체, 상, 용에만 빠져있기 때문에

이런 결과가 나옵니다.

체, 상, 용은 본래마음자리에서의 체, 상, 용이 되어야 합니다.

개체마음과 전체마음의 차이점이 무엇인줄 아십니까.

개체마음은 자기라고 하는 '아' 만을 내는 마음으로, 한계를 갖고 분별하는 마음을 내면서

자기 자신만의 이익을 추구하는 마음밖에 못 냅니다.

그러나 전체마음은

자기라고 하는 '아'를 내지 않는 마음입니다.

개체마음은 왜 한계와 분별하는 마음을 냅니까.

유한한 상을 가지고 있기 때문입니다.

전체마음은 무한 그 자체입니다.

또한 분별하는 마음을 낼 그 대상이 존재치 않기 때문에 분별하는 마음을 내지 않습니다.

개체마음엔 무한이 없습니다. 유한만이 존재할 뿐입니다.

믿거나 말거나 한 마음 이야기

우리들의 삶에서 마음의 중요성을 참으로 절실하게 느낄 수 있는 경전의 한 구절을 소개합니다. 이 글이 별것 아닌 믿거나 말거나 한 이야기에 불과할 런지 몰라도 무언가 큰 의미를 부여하고 있음을 저는 분명히 암시하고 있다고 봅니다. 그래서 글로 한번 올린 것입니다.

모든 사람들은 이 삶에서 태어나면 반드시 늙고, 병들고, 죽는데, 왜 그런 줄 아십니까.

부처님 출가 이전의 경에 보면, 부처님께서 어린왕자였을 때,
네 개의 성문으로 출타하는 내용이 나오는데,
그 내용을 간추려서 보면 이렇습니다.

동쪽 성문을 벗어나서는 머리는 마른 풀처럼 빛이 바래고 몸은 그가 짚은 지팡이처럼 바짝 마른 노인이 숨을 헐떡거리

면서 저쪽에서 걸어오고 있는 것을 보았고, 화려한 궁중에서만 자란 태자는 일찍이 그와 같이 참혹한 노인을 본 적이 없었습니다. 생애 처음으로 늙음을 본 것이지요.

며칠 뒤, 이번엔 남쪽성문을 벗어나서는 길가에 누더기를 뒤집어 쓴 채 쓰러져 신음하는 사람이 있었는데, 얼굴은 파리하고 팔다리는 뼈만 앙상한 병든 자를 보게 되었고, 화려한 궁중에서만 자란 태자는 일찍이 그와 같이 병든 자를 본 적이 없었습니다. 생애 처음으로 병듦을 본 것이지요.

며칠 뒤, 이번엔 서쪽성문을 벗어나서는 죽은 시체를 앞세우고 슬피 울며 지나가는 행렬과 마주치게 되었고, 화려한 궁중에서만 자란 태자는 일찍이 그와 같이 죽은 자를 본 적이 없었습니다. 생애 처음으로 죽음을 본 것이지요.

며칠 뒤, 북쪽성문을 벗어나서는 생애 처음으로 출가사문을 보았다는 내용이 나옵니다.

불교 경전의 이 내용들에서 저는 어떤 큰 의미를 부여해봅니다.

사람이 태어나서 왜 늙는 줄 아십니까.

바로 상대가 늙는 것을 보고, 듣고, 그래서 알기 때문에 자기도 그렇게 늙는 줄로 아는 것이고, 그래서 늙는 것입니다. 만일 상대가 늙는 것을 보거나, 듣거나, 알지 않았다면, 자신 역시도 전혀 늙지가 않습니다.

사람이 태어나서 왜 병이 드는 줄 아십니까.

바로 상대가 병듦을 보고, 듣고, 알기 때문에 자기도 그렇게 병 드는 줄로 아는 것이고, 그래서 병이 드는 것입니다. 만일 상대가 병드는 것을 보거나, 듣거나, 알지 않았다면, 자신 역시도 전혀 병들지 않습니다.

사람이 태어나서 왜 죽는 줄 아십니까.

바로 상대가 죽는 것을 보고, 듣고, 알기 때문에 자기도 그렇게 죽는 줄로 아는 것이고, 그래서 죽는 것입니다. 만일 상대가 죽는 것을 보거나, 듣거나, 알지 않았다면, 자신 역시도 전혀 죽지가 않습니다.

비록 믿거나 말거나 한 이야기로 돌려 버릴지는 모르지만
저는 그 내용이 전혀 허무맹랑하다 보지는 않습니다.

물론 누구든지 다 그렇게 생각하실 것이라 사료되오나, 그래도 비록 부처님 출가이전이지만 경에 쓰여져 있다는 것은 무언가를 분명하게 암시해주는 내용이라 저는 보고 있습니다.

저도 깨달은 각자 중에 한 사람으로서 마음이 모든 것을 다 일으키고, 만들고(창조), 유지시키고, 파괴시키는(소멸) 대단한 힘을 가지고 있음을 참으로 깊이 느끼고 있습니다.

이렇게 말씀드리니까, 마음 따로 저 따로 인 것 같아 매우송구하오나, 마음을 풀어서 말씀드리다 보니 그렇게 표현이 된 것입니다.

마음이 인간 개체의 삶에 세뇌되다보니, 몸 역시도 그렇게 변화되어가고 있는 것은 사실입니다.

제가 이 책 본문 첫 장에 무인도에 대한 가상적인 이야기를 한 적이 있습니다. 윗글 내용대로 본다면,

무인도의 그 아이는 자신의 일생일대를 통해서,

생로병사에 대해선 전혀 모름으로 거기에 영향을 받지 않으리라 봅니다.

단 그 아이에게 윤회에서 말하는 전생이 있었다면, 그 전생의 삶이 간접적인 점재의식의 영향을 조금씩은 받을 수 있겠지만 인간들의 삶과는 무엇이 달라도 분명하게 다른, 부분이 있지 않을까 저는 조심스럽게 말씀드립니다.

중요한 것은 이 책의 주제인 세뇌입니다.

세뇌부분에서는 많은 차이가 있을 것이라 사료되오며, 물론 물질계에 존재하는 모든 것들은 변화의 과정을 다 겪고 있어, 인간의 육신인 몸 역시도 물질이므로 변화하는 것은 당연하

다, 볼 수 있지만 인간은 마음을 굴릴 수 있는 능력을 갖추고 있으므로, 몸도 자유자재로 컨트롤할 수 있다는 뜻에서 위와 같은 말씀을 드리는 것입니다.

그렇다면 이 자리에서 마음을 바꾼다면 어떻게 되느냐?

물론 바꾼 그 마음 그대로 다 됩니다. '한번 보여 봐라!' 여기서도 인간은 「0+1=1」의 공식을 펴고 있습니다. 이 공식을 가지고서는 죄송하게도 제가 이 자리에서 마음을 바꾼다 해도 바꾼 그 마음을 여러분들은 절대로 볼 수도, 느낄 수도 없습니다.

한마디로 그 공식을 가지고 있는 당신의 육근, 즉 안, 이, 비, 설, 신, 의로는 제가 펴는 마음을 그 무엇으로든 감지할 수가 없습니다. 이것은 차원이상의 마음작용으로서 본래마음 그 자체가 되지 않고선 감히 상상도 할 수 없습니다.

여기서는 알아듣기 쉽게, '여러분들은 공식에 세뇌 되어져서 전혀 감지하지를 못한다고' 표현할 수밖에 없습니다. 그것도 모르고 상대는 전혀 감지하지를 못 하기 때문에 못 믿는 것이고, 의심하고, 핑계를 댄다고, 혹은 말도 안 된다는 둥, 엉뚱한 말만 계속 되풀이 합니다.

신이 바로 옆에 있어도, 못 알아보는 것과도 똑같습니다.

성경에도 이와 비슷한 내용이 있지요.

'깨어있어라' 인간은 참으로 위대합니다. 그런 위대한 인간이 삶 속에서 한계를 갖고 분별하는 마음을 내면서 개체의 나약한 한 인간으로 스스로 변모되어 버렸습니다.

완전 그 자체인 본래가

개체의 삶속에서 자신의 본성을 하나씩 하나씩 잃어가면서 병에도 걸리고, 늙어가면서 끝내는 죽기까지 합니다.

심지어는 본래의 신성까지도 망각하고,

신의 종속자가 되면서 신에 복종하며,

끝내는 매달려 구원까지 청합니다.

마음의 세뇌가 이렇게까지 가리라곤 그 누구도 몰랐습니다.

지금 제가 하고 있는 이 말도, 귀에 들어오지 않고 뭔 말인지, 전혀 이해도 못하면서 자꾸만 시험해 보려 온갖 이야기들을 다 동원하려는 마음만을 내는 사람도 분명히 있습니다. 충분히 이해는 하고 있지만 저 역시도 어쩔 수가 없습니다. 이런 점이 참으로 안타까울 뿐입니다.

깨닫고 난 이후도 참으로 중요

깨닫고 난 이후의 모든 행을 보림(保任)이라 합니다.

저는 깨닫는 것 못지않게 중요한 과정이 또한 보림이라 봅니다. 우리 삶에서 흔하게 하는 말로 '다된 밥에 코 빠뜨린다'라는 말을 합니다.

보림의 잘못됨이 바로 이것을 두고 하는 말이지요.

어렵고 힘들게 깨달았는데
다시 퇴전이 돼버려서는 안 되겠지요.
퇴전의 가장 큰 요인이
바로 퇴전이라는 용어에 있다고 저는 보고 있습니다.

깨달음의 공부가 인간 삶에서의 흔하게 쓰는 공부라 생각해서는 절대로 안 됩니다.

그런 공부와는 차원 그 자체가 완전하게 다르지요.

한마디로 깨달음은 자기 자신의 마음에 주인이 되는 것인데, 주인이 자기 집을 버리고, 남의 집에 들어가 다시 하인노릇을 하는 주인이 있습니까. 인간적인 말로, 정신이상 아니면, 뭔가 한참 부족하고, 뒤떨어진 바보이든가 그렇지 않으면 그럴 이유가 없겠지요.

퇴전이라는 용어가 참으로 잘못된 것입니다.
퇴전이라는 용어 때문에 다 된밥에 콧물 빠뜨리듯이
자신의 공부 됨됨이를 의심하기 시작합니다.
'이거 자꾸 원상으로 돌아가는 것 아니야!'
이러면 이 공부 말짱 헛것이 돼버립니다.
일체전체 모든 것이 다 마음작용인데 자기 마음의 주인이 그런 마음을 네게 되면 어떻게 되겠습니까?

진짜 마음먹는 대로 돼버립니다. 이것이 퇴전입니다.

이 자리에서 분명하게 말씀드리지만,

본인 스스로가 인정하지 않으면 깨달음에 퇴전이란 없습니다. 깨달음은 불퇴전입니다.

마음이라는 게 처음 체험하면, 그 당시, 그 순간에는 대단함을 느끼고 상당히 충만되지만

어느 일정시간이 흐르면서 덤덤해지고 안착되면서 자리를 잡으면, 그 자리에서 끔쩍도 안합니다. 그 자리밖에 모르지요. 이 상태를 잘못 판단하여 원상으로 돌아간다고들 생각합니다. 절대 그렇지 않습니다. 새롭고 충만된 느낌은 떨어지지만

그것이 퇴전이라고 말해서는 절대 안 됩니다.

흔히들 깨닫고 나서, 깨달은 자의 한계들을 또다시 만듭니다.

깨달은 자는 이렇게 저렇게 해야 하고, 돼야 하며, 이런, 저런 것들이 항상 나와야하고, 능력도 되고, 항상 여여한 그 상태여야하며, 변해야 하고,

일체전체 모든 것을 다 품고 포용해야 한다.

깨닫지 못한 사람들과는 뭔가 달라도 달라야하고, 행위나 말, 생각하는 사고방식 등이 전혀 새로워야 된다는 깨달은 자만의 독특성을 내 세우고 있는데,

이런 모든 것들이 깨달음의 관념을 개념을 한계를,

또다시 만들고 짊어지는 결과를 초래하게 됩니다. 그래서 다시 깨달은 자 들만의 굴레에 빠져들게 되는 것이지요.

모든 것을 무조건 사랑해야하고, 감사해야하며, 고마워해야 하는 등에 또 걸려 듭니다.

이것이 깨달음의 상이 아니고 무엇이겠습니까?

다시 자기만의 상에 걸립니다.

그것이 깨달음의 완전한 상태입니까?

깨달음이 깨달음의 상태를 유지하고,

항상 자각을 하고 있어야만 되는 것인가?

완전함이라는 것이 이루어 질 때,

그때서야 비로소 깨달음이 달성되는 것인가?

그렇다면 본래마음 그 자체가 되었다는 것도,

결국 자기만의 한 생각에 불과하다 볼 수밖에 없는 것이지요.

일체전체 모든 것이 다 본래마음 그 자체에서 나왔으므로, 본래마음 그 자체가 마음을 내고, 들여 일체유심조로서 상을 만들고, 그 상의 성품에 따라 각기 마음을 쓰는 그것이 바로 만상만물의 모든 것으로서 완성인데, 거기에 무슨 깨달음의 자각과 한계, 관념, 유지가 또 필요한 것입니까.

참으로 잘못된 것이라 생각합니다.

개체인 내가 아직 깨닫지 못한 수행자이고(수행자상)

나는 인간 개체인 ○아무개이고(한계)

나는 아직 멀었고(분별 심)

이런 등이 개체의 발목인데, 여기서 벗어나지 않고선 절대로, 결코 깨닫기가 힘들다고 해놓고서, 이제 깨닫고 난 그 상태를 계속 유지하라는 것은 결국 또 하나의 깨달은 자의 발목을 잡는 것과 다름이 없습니다.

한마디로 내 자신의 완전한 깨달음에 의문의심을 품어

다시 묶이는 어리석음을 또 범하고 있는 것입니다.

진짜 제대로 깨우쳤다면

이런 것들에서 완전하게 벗어나야 합니다.

그것이 바로 대 자유입니다.

그렇지 않으면 또 하나의 한계에 파묻혀,

내 본래마음을 제대로 컨트롤 하지 못하는

의타적 마음으로 변하게 되어 있습니다.

이 점을 참으로 주의 깊게 보십시오.

물론 보림의 한 과정 일수는 있지만

그것이 깨달음의 상이 돼서는 절대로 안 된다 봅니다.

자신감을 가지십시오.

본래마음 그자체가 완전하고 확실하게 되십시오.

흔들리지 마십시오.

절대로 본래 그 자체가

깨닫지 못한 개체로 다시 변하지는 않습니다.

〈이미 일여의 경지를 체험했고,

또한 아무 때나 일여를 이룰 수 있지 않습니까.

완전하게 하나 되는 마음을 가지고 있고,

이제 상대를 가르칠 수 있는 대 스승님 이며,

무한한 가능성 그 자체인데, 무엇이 두렵습니까.

본래마음이 무엇입니까?

개체 마음도 본래마음에서 나온 것이고,

전체마음도 본래마음에서 나온 것입니다.

결국 이 두마음을 다 낼 줄 아는 것이 완전함입니다.

그래서 한마음이라 하지 않습니까.

이 한마음을 다 낼 수 있는 자가 곧 신입니다.

물론 신이 신의 마음을 낼 때,

한계와 분별하는 마음도 낼 수도 있지만

그건 어디까지나 그런 능력을 가지고 있다는 것이지,

한계와 분별하는 마음을 결코 내지는 않습니다.

나는 확신하고 있습니다.

그 이유는?

한계와 분별하는 마음, 그것이 원죄와 무명의 시발점이고,

그 시발점 때문에 인간 개체에 빠져든다는 것을

누구보다도, 너무나도 잘 알고 있기 때문입니다.

깨달은 사람이 감히 살인을 할 수 있겠나?

이 말과 같은 맥락으로 받아들였으면 하는 것입니다.

체가 상과 용을 마음대로 내고들이는 창조자이지만
여기서의 창조는
인간적인 용어로, 유익한 창조인 것입니다
즉 모든 것에 도움이 되는〉

여기서 또 한 가지 분명하게 알아 둘 것은, 위에서 말씀드린 개체마음을 깨닫지 못한 인간 개체마음으로 인식해서는 결코 안 됩니다. 깨달은 개체마음으로, 거듭난 개체마음으로 인식하시기 바랍니다. 깨달은 사람이 깨닫기 전의 한계와 분별하는 마음을 갖고 낼 필요가 있습니까?

퇴전! 불퇴전!
공부가 됐다, 안 됐다!
이런 등의 마음은
깨닫지 못한 인간 개체들만이 갖는 마음입니다.
깨달은 사람이 퇴전이나 불퇴전,
공부가 됐고, 안 됐고 가 어디 있습니까?
이런 것을 논하고 거기에 빠지는 그 자체부터가 문제 아닙니까? 깨달은 각자는 이런 것들로부터 다 벗어나야 되는 게 마땅합니다. 저는 이 말씀을 드리는 것입니다.
보림이 바로 이것을 올바르게 하는 게 보림입니다.

일반인이 본 깨달은 자

일반인들은 깨달은 자를 어떻게 보고 있나?

참으로 중요한 사항이라 한번 올려봅니다.

깨닫고 보니까 일반인들이 보는 대하는 관점 또한 대단합니다. 깨달았으니 모든 일들이 다 잘 되고 막힘이 전혀 없는

인간적인 말로,

무엇을 하든 만사형통이라는 생각들을 많이 합니다.

심지어는

삶속에서의 사적인 로또복권 당첨번호 좀 알려 달라는 둥, 주가 변동 상황을 예측해 달라는 둥,

자신의 사후에 대한 말을 해 달라는 둥,

마치 무속인 들과 같이 그런 것들이 다 보이고,

능력 또한 대단할 것이라는 관념들을 가지고 있습니다.

품위가 다르고, 근엄하고, 광체가 나고, 인자하고, 곱고, 자비하고, 평화로운 뭔가 틀려도 확실하게 틀린,

한마디로

일반인들의 깨달음에 대한 상들을 내 보이는 사람들이 의외로 참 많습니다.

충분히 이해할 수 있는 부분이지만

깨달음은 그런 인간적인 삶의 풍요를 충족해주는 것이 절대

아닙니다.

깨달음은 마음의 변화과정으로서

마음의 열림과 함께

마음의 의식전환 이것이 바로 깨달음입니다.

분명한 것은

본래마음자리엔 위에 말씀하신 일반인들의 관념과 관점의 차원이 절대로 아닙니다.

만사형통이니 로또니 주가니 사후니 등 위 말씀의 모든 내용들은 깨닫지 못한 일반 인간 개체들의 생활 삶이고, 한 생각들에 불과할 뿐입니다.

물론 행위적인 내용들은 분명하게 변화 될 수 있지만

그것도 깨닫고 난 이후의 꾸준한 보림 과정에서 서서히 변화되어가는 것임을 말씀드립니다.

이것이 일반인들이 깨달은 각자들에게 갖는

그들만의 상입니다.

깨달음은 결코 절대로 그런 것이 정말 아닙니다.

삼라만상 일체전체 모든 것들이 다 허상이고 꿈인 마음작용임을 확연하게 일깨워주는 마음의 체, 상, 용입니다.

삼명육통

육신통에 대해서도 한 말씀드립니다.

삼명은?

천안통의 지혜인 천안명(미래세)

숙명통의 지혜인 숙명명(과거세)

누진통의 지혜인 누진명(현재세)

육통은?

6신통력 이라고도 하는데, 이것을 풀이해보면,

신족통: 자유로이 원하는 곳에 나타나고 갈 수 있는 것

천안통: 나와 상대의 미래를 자유자재로 볼 수 있는 것(미래)

천이통: 사람이 듣지 못하는 모든 소리를 다 들을 수 있는 것

타심통: 상대의 마음을 꿰뚫어 볼 수 있는 것

숙명통: 나와 상대의 과거세를, 운명 상태를 아는 것(과거)

누진통: 현세의 모든 번뇌를 끊고 깨달음에 이르는 것(현세)

흔히들 깨달은 사람이 반드시 갖춰야 할 신통력이라고들 하고, 심지어는 이 신통력을 발휘하냐, 못하냐에 의해서,

깨달음의 척도를 논하기도 하는데,

그렇다면 솔직히 묻고 싶습니다.

깨달은 선각자 중에 과연 이런 신통력을 자유자재로 구현할

수 있는 사람이 있나? 의구심이 갑니다.

그 이유는?

과연 이런 신통력이 깨달음과 어떤 연관이 있고,

깨달은 각자에게 왜 필요하냐? 이것입니다.

나는 깨달았고, 완전 그 자체임을 만방에 고하기위해서?

대 자유하며, 무한자임을 밝히기 위해?

그렇지 않으면 중생들을 구원하기 위해 반드시 필요한 것인지?

제가 본문에서 인간과 신의 차이점에 대한 말씀을 드렸습니다. 신이 가지고 있는 그 능력을 인간들이 어떻게 감지할 수 있나? 이런 질문을 드린 적이 있지요?

신이 모든 능력을 완전하게 다 보여주고 나타낸다 해도

그것을 알 수 있는 자가 과연 있겠습니까?

좀 더 쉽게 말씀드려, 여기 완전한 신이 당신의 옆에 있다고 가정해봅시다. 당신은 그가 완전한 신인지 알 수 있습니까? 어떻게? 어떤 방법으로? 물론 몇 몇 가지의 신비한 초능력과 신기에 가까운 특수기술을 발휘할 수는 있겠지만 그것만으로 그가 신임을 단정 지을 수는 없습니다.

그럼 어떻게 해야 합니까? 신의 가장 기본적인, 완전함과 대 자유함, 무한자임을 알아내는 방법? 이건 본인 스스로가 되 보지 않고선 도저히 불가합니다.

이 말이 무슨 뜻입니까? 결국 인간이 말하는 신도, 신 그 자체가 되지 않고선 감히 신이라 할 수가 없다는 말입니다. 신도 내가 있지 않고선 신도 없습니다.

이 말은? 내가 곧 신이라 이것입니다.

내가 신이 되지 않고선, 완전함이든, 대 자유함이든, 무한자임을 알 수가 없다는 뜻이지요. 완전함, 대 자유함, 무한자는 나 이외에는 절대로 결코 알 수가 없습니다. 완전함, 대 자유함, 무한자는 본인 스스로밖에는 모릅니다. 결국 그것을 아는 자! 100% 다 누릴 수 있는 자는 바로 '나' 이며 '당신'입니다.(그 이상의 설명은 본문을 참조 하십시오)

그래서 신도 내가 있어 신이 있다고 하는것입니다.

내가 바로 그 능력을 낼 수 있는 유일한 존재이고, 나만 느끼고 감지할 수 있으며, 행하고 누릴 수 있습니다.

바꿔 말해 내가 곧 신이라 이것입니다.

위의 육신통도, 부처님께서 아라한과 같이 펼 수 있는 신통이라 하셨는데,

저는 절대로 그렇게 보질 않습니다.

부처님이나 아라한이 육신통을 부릴 줄 모른다는 말이 아니라, 육신통 그 자체가 부처님께서 직접 펴신 법이 절대로 아닐 것이라 보는 것이지요.

2500여 년 전에 글도 없던 시절, 말로(구전으로)만 전해 내려오는 과정에서 여타 외도 신앙들의 믿음이 뒤섞여, 차후

에 글이 생기고 경전을 만드는 과정에서 많은 외도의 법들과 경전에 참여한 제자들의, 자신이 생각하고 이해한 법을 불교 경전에 많이 삽입시키지 않았나 봅니다.

그 이유는 육신통의 내용에서

누진통만 빼놓고, 나머지는 깨달음과 어떤 연관이 있으며,

그런 상황에서 왜? 신통력이 열려야만

깨달음으로 인정해 주었는지에 대한 의문이 갑니다.

과연 부처님께서 그랬을까요.

만일 깨달음에 그런 신통력까지 나와야 한다면, 무지한일반인이나 대중들은 결코 깨닫기가 참으로 힘들었을 것입니다. 깨달음이 어느 특정계급층에나 통용이 되고, 특수한 사람들에게만이 필요했다면, 부처님의 출가 이전사상에 큰 문제가 있다고 봅니다. 부처님께서 왕자의 몸으로 무엇이 모자라, 중생들을 위해서 손수 깨달음에 입문하셨겠습니까. 사상이 완전하게 틀리지 않습니까.

솔직히 말이 나왔으니 말씀드리지만, 본문의 내용에서도 언급했는데, 불교의 경전이 아니 성경 역시도 마찬가지입니다. 하지 마라, 해야 한다, 돼야 한다, 지켜라 등 대다수 온통 금기사항이고, 그 내용이 너무나도 어렵고, 요즘같이 학식이 많이 발달하고 교육열이 높아도, 경을 대하면 이해는커녕 뜻도 모르는 내용이 너무나도 많습니다. 그럴 진데 그 당시 어려운 환

경에서 경을 통해서 깨닫는다는 것은 거의 상상도 못할 정도로 아주 희박했을 것입니다. 정말 부처님의 깨달음이 그렇게도 난해하고 어려우며, 감히 누구나 엄두를 못 낼 정도의 높은 학문이었는지? 깨달음을 너무나도 높게 치 받들어 놓은 것도, 몇몇의 부처님 추종자들이었을 것이라 사료됩니다.

최근에 명상센터 등에서 깨달았다고 하시는 분들을
불교 교단에서는 단 한 분도 인정 안 한다는 말을 들었는데,
정말 깨달음이 그렇게도 힘든 것입니까?
그렇다면 명상센터 등에서의 깨달음은 무엇이란 말입니까.

굳이 불교의 법과 연관지어,
위의 육신통을 제 나름대로 풀어보면 결국 이렇지 않을까요.
깨달아 본래마음 그 자체에 거하면, 그것이 곧 누진통이고,
거기서 마음의 용을 내는 것이 천안통, 천이통이며,
그 마음을 낸 그 상태 즉 상! 이 곧 신족통입니다.
일예로, 본문에서 말씀드렸지만 본래마음이 어떤 꽃과 하나가 된다 가정해보면, 그것이 곧 타심통이고,
일체전체 모든 것들이 본디 허상이고 꿈임을 아는 것이 결국 숙명통 아닙니까.

여기서 제 솔직한 심정으로 육신통을 논해 보겠습니다.
육신통은 깨닫지 못한 사람들에게겐 신통력이 될 진 몰라도

깨달은 각자에겐 신통력이 아니라,
당연한 것이고 마땅히 그렇게 되어야 할 기본입니다.
여기서 분명히 말씀드리고 싶은 것은,
상을 가지고서 이 육신통을 논하고, 풀기 때문에 신통력 등의 말이 나옵니다.
이렇게 본다면 속된 표현으로,
상대의 전생, 현생, 미래생을 내다보는 무속인은
다 깨달아 완전 그 자체일까요.

인간 개체는 6가지 감각 기관을 가지고 있습니다.
안이비설신의 이것을 육근(六根)이라고도 하지요.
다 마음의 작용에 속하지만 그 작용에 의해 상으로 나타난 것입니다.
그러나 본래마음 그자체인 체의 자리엔,
상과 용을 낼 수 있는 능력이 있는 것이지,
상이 체의 자리에 있으면,
그것이 인간 개체들이 섬기는 바로 우상입니다.
그건 참으로 잘못된 견해입니다.
즉 용과 상이 체가 될 수는 없는 것이지요.
이 말은 안이비설신의가 체에서는 나왔지만
이 육근이 체가 될 수는 없다는 말입니다.
체의 자리에서는

안이 바로 천안을 뜻하고,

이가 바로 천이를 뜻하며,

비가 바로 누진을 뜻하고,

설이 바로 숙명을 뜻하며,

신이 바로 신족을 뜻하고,

의가 바로 타심을 뜻합니다.

바로 체는 위 6가지의 능력을 가지고 있다는 뜻입니다.

깨어난 사람은 일체 모든 것을 다 하늘눈(천안)으로 보고,

깨어난 사람은 일체 모든 소리를 하늘귀(천이)로 들으며,

깨어난 사람은 지금 여기(누진)에만 거하고,

깨어난 사람은 진리에 말(숙명)만 하고,

깨어난 사람은 신의 몸(신족)과

깨어난 사람은 신의 의식(타심)으로 존재한다는 뜻입니다.

저는 육신통을 이렇게 해석하고 보고 있습니다.

육신통에서 어떻게 비가 누진이냐 하면, 비(鼻)는 코로 냄새 맡는 감각기관 인데,

다른 다섯 가지의 감각기관은 물질만을 감각할 수 있으나,

코의 냄새 맡는 감각은 물질, 비물질을 다 포함하고 있으며,
바로 지금 이 순간의 냄새를 못 맡으면 그냥 사라져버리는

지금 여기 즉 현세(now)를 뜻한다 해서 누진으로 보는 것입니다.

설(舌)을 숙명으로 보는 것은, 설(혀)은 불교에서 말하는 업보의 근원인 동시에 마음의 표상이므로 숙명으로 보는 것입니다.

신(身)은 몸으로서 몸을 나투고 오고가는 신족으로 보는 것이지요.

의(意)는 마음으로서 상대의 마음과 하나가 될 수 있어 타심으로 보는 것입니다.

비록 필자의 한 생각으로 이렇게 나누어 보았지만
인간의 얼굴에서 가장 중심에 있는 코의 작용이 가장 중요하다 필자는 보고 있습니다.
깨달음은 바로 이 자리 거기가 **누진명**이고,(지금여기now)
하늘눈으로 모든 것을 다 내려다보는 눈이 곧 **천안명**이며,
혀가 있는 입이 화의 근원으로 입을 함부로 놀리면 세치도 안 되는 혀가 자신의 몸을 베이는 결과를 초래함으로(천기누설) 항상 입조심, 말조심을 해야 하는 **숙명명**, 이것이 바로 삼명입니다. ※여기서의 천기누설은 거짓말 꾸며낸 말 등 입조심 말조심을 하라는 깊은 의미가 포함된 용어입니다

지금까지의 설명에서 가장 중요한 핵심은 삼명육통(三明六

通)의 신통력이 아니라,

육근이 육신으로 화한 것이 곧 삼명육통임을 확실하게 알아, 본래마음 그 자체에서 상이 용을 통해, 육통을 내고들이고하는 그 작용이 바로 삼명육통임을 분명히 알아야 한다는 것입니다.

결국 깨닫고 보면,

우리 모두는 삶에서 삼명육통을 항상 내고들이는 신묘한 능력을 갖추고 있는 참으로 위대한 신의 행을 행하고 있는 것이지, 뭐 별도로 삼명육통의 신통력을 내는 것이 아니라 봅니다.

삼명육통은 하나님, 부처님, 신의,

안, 이, 비, 설, 신, 의입니다.

본래마음 그 자체에 상과 용의 능력이 있고,

그 능력이 곧 천안, 천이 누진, 숙명, 신족, 타심이라 이것 아닌지요. 저는 이렇게 보고 있습니다.

그래서 '깨달은 각자는 육신의 능력을 다 낼 수 있어야 한다' 는 그 말이 〈육신통을 다 내고 부릴 줄 아는〉으로,

와전되지 않았나 저는 결론지어 봅니다.

이 점에 대해 우리 한번 깊게 관해봅시다.

무조건 경전에 나와 있다고 해서 그것이 법이다,라고 못 박는다면, 경전만을 달달 외울 수밖에 더 있습니까?

깨달음이 무에 필요합니까?

이제 세월도 많이 바뀌었고, 인간의 두뇌도 많이 발전해서 초 과학의 시대에 들어왔으면, 거기에 맞는 경전도 연구 검토해보는 것이 타당하지 않을까,

하는 제 개인적인 바람도 이 자리에서 말씀드려봅니다.

경은 절대로 고치거나 변형해서는 안 된다는 낡은 사고방식이 종교를 퇴색시키고 있습니다.

언제 적 경을 지금까지 그대로 안고

거기서 깨달음을 갈구하니,

그 깨달음이 예전이나 지금에나 제대로 터집니까.

시대적인 상황과 초 과학의 발달을

결코 무시해서는 안 된다 봅니다.

굳이 이런 말씀까지 드려서 참으로 죄송한데, 경의 법이라는 것이 전래과정에 많은 변화와 외곡, 그 나라의 토속 민속 신앙과의 융합 등이 이루어져, 본래의 취지와는 많은 차이가 있을 수가 있음을 분명히 말씀드립니다.

특히 불교는 중국이라는 대국을 거쳐 우리나라에 들어오다 보니, 말과 글이 달라 본문과는 번역과정에서 상이 하는 경우가 많을 수도 있습니다.

그래서 말씀드리는 것인데, 각 사찰마다 매일 예불을 드리는 과정에서 반드시 한번쯤은 꼭 올리는 반야심경법문의 마

지막 주문부분이 제 개인적으로는 약간의 문제가 있지 않나, 하는 뜻에서 조심스럽게 한 말씀 올립니다.

현재 주문의 형태를 보면,
'아제 아제 바라아제,
바라승아제
모제사바하'
주문을 푸는 것은 그 주문에 담겨있는 신비를 파괴하는 것이라 금기로 되어있는 것으로 알고 있는데, 위 주문의 형태도 삼보(불, 법, 승)로 이루어져있다 보고 있습니다.

'아제 아제 바라아제(승) 바라승아제(법) 모제사바하(불)'
이 주문의 형태는 부처님을 완전한 신으로 묘사한 주문으로 알고 있습니다.
저는 이점에 대해서 약간의 다른 해석을 하고 싶습니다.
이 책 처음부터 말씀드렸던 인간은 원래부터가 완전 그 자체입니다. 완전 그 자체인 신이 삶에서 세뇌되어 인간이 된 것이지요. 이렇게 본다면, 결국 신과 인간은 같은 동일선상에 있는 것이 아닐까요. 즉 인간이 신이고, 신이 인간이다. 지금 현재의 주문형태로는 인간 따로 신 따로 이지만
동일선상으로 본다면 아마 이렇지 않을까요.

'아제 아제 바라(승) 아제 바라승(법) 아제 모제 사바하(불)'
동일선상으로 봐야 할 또 하나의 이유는
결국 깨닫고 보면 내 안에 모든 것들이 다 있음을
더 나아가 일체전체 모든 것과 하나가 될 수 있는
즉 인간과 신을 분별치 말자는 깊은 뜻도 포함되어 있습니다.
분별하면 신을 너무나도 높이 치켜세워, 인간이 깨닫는데 너무나 큰 어려움을 겪고 있기 때문입니다. 이 내용이 무애 그리 중하냐? 하면 우리말에 이런 말이 있지요.

'아버지가 방에 들어가신다'
똑같은 글자인데 그 띄어 쓰는 음절에 따라,
'아버지 가방에 들어가신다'
현재의 주문으로 본다면,
'아버지 가방에 들어가신다'
라고 저는 보고 있습니다.
뜻 자체가 완전하게 뒤바뀌어지는 것입니다.
이런 우를 범할까 한 말씀 올립니다.
너무나도 예민한 사항이라 감히 조심스러우나,
올바른 주문이 그 주문을 푸는 최고의 열쇠이기 때문에
한 말씀 올리는 것입니다.
이 점 한번 깊이 참작해 보심이 어떠신지요.
이건 어디까지나 제 개인적인 한 생각이고 한 말씀입니다.

크게 개의치는 말아주십시오.

최종적인 결론

자 이제 본격적인 결론을 지을 때가 된 것 같습니다.

제가 이 책 첫머리에서 개체의 입장에서 글을 쓴다고 했습니다. 이제 본래의 입장에서 결론을 지어보도록 하겠습니다.

깨닫기 전에는 이 삶의 모든 것들이 다 진실로 보였고,

그래서 이 삶에서 일어나는 모든 것들의 결론 역시도 이 삶에 다 포함되어 있는 줄 알고 무던히도 찾아 헤매었습니다.

그러나 어느 것 하나 결론이 나질 않았고,

자꾸만 미궁 속에 더 깊숙이 빠져만 들어가고 있었습니다.

나름대로 이 문제가 해결되었다 싶으면 새로운 문제가 발생되고, 또한 그 문제를 해결하면 해결하는 과정에서 또 다른 문제가 붉어지는 악순환이 거듭됐지요.

이것이 바로 개체의 삶이고 그들만이 짓는 한 생각들입니다. 막상 깨닫고 보니까,

개체의 삶 속에서는 절대로 결코 무슨 일 이든 해결할 수 없음을 깊이 깨달았습니다.

그래서 제가 여러분들에게 최종적인 결론을 내린다면,

'현생에서 반드시 깨달아라' 저는 이 말을 여러분들에게 최종적으로 꼭 드리고 싶습니다.

이 말씀을 드리는 이유는

그 첫째가 깨달음에 관심을 가졌을 때 깨치라는 것입니다.

내적인 종교에서는 **인연**이라고 표현을 하는데,

깨달음과 관련된 종교 및 각 수련, 수행단체 등을 총괄해서 말씀드리면, 현 삶에서 깨달음이나 종교, 수련, 수행에 관심을 갖고 있다는 것은 본래에 임할 시기가 되어있다는 암시를 본래가 주었다고 생각해도 좋습니다.

사실 제 자신도 이글을 쓰면서 항상 마음에 걸림이 있는 것도, 저랑 아주 가까이에 있는 제 집식구 한사람 구원도 못하는 주제에 제 3자를 구원하겠다고 이 짓거리를 하는 이놈이 어떻게 보면 참으로 잘못 된 줄을 알면서도 한편으론 어쩔 수 없음을 느낍니다.

누구의 잘잘못이 아닌, 제 자신 스스로가 상대에겐, 깊은 에너지 파장을 심어줄 정도의 깊이가 있는 면면을 보여주지, 못하고 있다는 그것이 문제라면 아주 큰 문제입니다.

이 공부는 말로, 글로 하는 게 아님을 절실히 느끼고 있습니다. 본래의 자리에서 본래의 행을 함으로써 변화된 모습을 보임과 동시, 무한한 에너지파장이 나와

상대를 감화시키는 그로 말미암아, 상대 스스로가 자연스럽

게 그를 따르고 그를 스승으로 삼아 공부에 임하는 것이 가장 바람직한 방법이라 저는 확신하고 있습니다.

이 공부도 여느 공부와 같이

억지로 혹은 아무리 좋은 설득을 한다 해도

받아들이는 본인 스스로가 아니다 하면 아닙니다.

또한 이렇게도 볼 수 있습니다.

그에게는 본래에 임할 시기가 아직 안되었다는 암시일 수도 있습니다.

여러분들이 이 책을 선택한 것도,

본래에 임할 시기가 되었다는 증표이기도 합니다.

이런 좋은 기회를 그냥 넘기신다면, 언제 또 이런 기회를 맞이하겠습니까?

그 둘째가 이 삶은 개체의 삶입니다.

개체만이 살아갈 수 있는 조건과 환경을 갖추고 있습니다.

이 말은 개체는 유한한 삶을 삽니다. 유한한 삶을 살기 때문에 상대와 피치 못할 생존경쟁을 해야 하고, 그로 말미암아, 거기에 수반되는 육체적인 고통과 정신적인 고통이 항상 뒤따를 수밖에 없습니다.

그 고통은 정해져 있지 않아 어느 때 어떤 고통과 좌절을 느끼고, 당할지도 본인 스스로가 전혀 모르고 삶을 살아가고 있습니다. 비록 현 생에서는 무난한 삶을 살았다 해도 인간 개체에서 벗어나지 않는 한, 어느 생에 어떤 고통 속에 빠질지는 모릅니다. 그래서 현 생에서 꼭 반드시 깨달아야 된다고 말씀드리는 것입니다. 개체의 삶은 언제, 어떻게, 어떤 식으로 변할지 모르기 때문에 항상 불안 그 자체입니다.

현 삶에서 반드시 깨치십시오.

비록 완전하게 되지는 못 했어도 깨치기만 해도 이 개체에서는 최소한 벗어날 수는 있습니다. 본문에서 말씀드린 대로, 깨치는 것은 절대로 시간을 필요로 요 하지는 않습니다.

지금 당장 이 자리에서도 마음만 바꾸면 깨칠 수 도 있는 게 이 공부입니다. 내가 누구임을 스스로 증득하면, 그때부터 존재의 중심을 본래에 놓고, 육신의 옷을 벗을 때까지 꾸준한 자각만 해도 절대로 늦지는 않습니다.

진정으로 한번 해보십시오.

참으로 중요한 요점

깨닫고 보니까, 깨달음이라는 게,

여러분들이 생각하는 그런 단순미묘한 것이 절대로 아닙니다. 개체가 생각하고 보는 모든 관념과 관점과는 그 차원 자체가 완전하게 다릅니다.

왜 이 삶을 꿈과 허상으로 보라는 지를 확연하게 실감할 수 있습니다. 개체는 죽었다 깨나도 깨닫고 난 이후의 그 실상을 상상내지는 그 이상의 그 어떤 것으로도, 감히 흉내 낼 수 없는 완전 초월된 상태입니다.

저는 **'인간 삶은 한마디로 본래가 내는 마음자리에 불과하다'**라고 서슴없이 말씀드리고 싶습니다.

'그 마음자리에서 개체마음이 작용을 합니다'

마음작용이므로 실체가 없습니다.

그 마음을 내고 드리는 본래가 실체이므로

마음자리에서는 실체가 없는 것이고,

그래서 꿈과 허상이라고 하는 것입니다.

개체인 인간 삶속에서는 오로지 이야기만 있습니다.

이야기 속에서 아무리 실감나는 이야기를 해도 그건 모두가 다 이야기일 뿐입니다. 이야기 속에서 아무리 성공을 하고 잘나간다 해도 그것 역시 이야기이고 한갓 꿈일 뿐이며, 반대로 실패를 하고 좌절의 고통 속에서 헤맨다 해도 그것 역시도 이야기이며 꿈입니다. 또한 이야기 속에서는 그 어떤 결론도 나질 않습니다. 그냥 제자리에서 항상 맴돌 뿐입니다. 돌고 돌아 제자리를 찾는다 싶으면,

그 자리 역시도 이야기 속 일 뿐입니다.

개체는 이야기 속에서 이야기만 하다가 이야기로 사라집니다. 제가 개체의 입장에서 글을 쓴 이유도, 이야기 속에서 이야기를 하다보면, 자연스럽게 제 말을 이해하고 따라오게 되며, 깨달음에 쉽게 응하여, 마침내는 깨달아서, 본래의 자리에 안착할 수 있기에 이 방법을 택한 것입니다.

개체의 삶은 항상 의문의심이 끊이지 않는 삶입니다.

또한 그 의문의심은 개체의 상태에서는 결코 해결될 수 없는 의문의심이고, 더 나아가 답을 다 알려 준다 해도 〈이게 뭔 소리여〉만 반복할 뿐, 도리어 자기 자신의 견해와 생각만을 강력하게 주장할 뿐입니다.

한 의문의심이 멈추면 또 다른 의문의심이 생기고, 그 의문의심을 푸는 과정에서도 새로운 의문의심이 생기며, 이렇게 계속해서 이어집니다.

그 이유가 어디에 있다고 보십니까.

바로 '나'라고 하는 인간 개체에 머물러 있기 때문입니다. 인간 개체는 유한합니다. 유한하기 때문에 끊임없는 의문의심이 꼬리에 꼬리를 물고 이어집니다. 그러다 보니 인간 개체의 삶은 항상 불안 그 자체입니다.

잠시도 편할 날이 없습니다.

여러분이 지금 그 상태이기 때문에 더 잘 아시리라 봅니다. 아니 안다기 보다 실제로 느끼실 것입니다.

서두에서도 잠깐 말씀드렸지만(여기서도 개체 인간적인 관점으로 말씀드리면) 내가 왜 태어났고, 이 삶속에서 내가 무엇을 하는지도 모르고 있습니다.

태어나서 지금까지 한 일이 무엇입니까.

한마디로 이 몸 잘 먹고 잘 살기위해서, 상대와 경쟁한 것밖에는 더 있습니까. 그 결과로 성공을 했던 실패를 했던, 결국에는 왔던 길로 다시 되돌아갈 일밖에는 없습니다. 냉정하게 묻건대 이런 삶을 살려고, 다시 태어나라면 다시 태어나겠습니까.

아주 유명한 스님께서 많은 사람들 앞에서 법문을 펴시는데, 어느 나이 지긋한 분이 스님께 질문을 합니다.

질문: 스님, 사람이 죽으면 어떻게 됩니까?

스님: 죽어보시면 아십니다.

질문자는 스님의 그 답변에 영 마음이 차지 않아 비슷한 질문을 계속 반문했지만 스님 역시 똑같은 말만 계속 하셨습니다. 나중엔 질문자가 제풀에 꺾여 고개만 갸웃거리면서 양이 안찬 표정으로 제자리에 앉았습니다.

그도 그럴 것이 스님의 답변은 그냥 평범한 말 받아치기 정도로 밖에 여기지 않았던 것이지요.

'죽으면 어떻게 되냐? 죽어보면 알 것이다.'

누구든 흔히 할 수 있는 말 대답정도의 말, 그러니 질문자는 얼마나 허망했겠습니까.

여러분!

여러분도 저 질문자와 매 마찬 가지입니다. 스님도 몰라서 누구든 다 말할 수 있는 아주 평범한 답변을 하신 것으로 알고들 있겠지만 저는 그렇게 보질 않습니다.

스님은 아주 정확한 답변을 똑바로 해 주신 것입니다.

제가 이 책의 핵심적인 요지를 간단히 말씀드린다면,

〈모든 것은 다 마음먹기 나름이다〉라고 말씀드립니다.

삼라만상 일체전체 모든 것이 다 마음입니다.

마음 아닌 게 단 하나도 없습니다.

나도 마음, 너도 마음, 신도 마음, 악마도 마음, 마음이 마음을 내고 들여 일체유심조의 상이 나오는데, 그 상 역시 마음의 내용물, 똥, 찌꺼기입니다.

그 마음의 주인공이 나(신)이고,

주인공인 내가 어떤 마음을 내냐에 의해서

그것으로 되기도 하고, 또한 거기로 가기도 합니다.

이게 정답 아니고 무엇입니까.

인간 각 개개인의 마음은 본인(당사자) 스스로밖에 모릅니다. 질문자의 마음을 스님이 어떻게 압니까.

질문자의 마음이 사후가 있다면 그 사후로 가는 것이고,

모른다면 모름으로 가는 것이며,

사후가 없다면 없음으로 가는 것이지요.

이 얼마나 정확한 답입니까!

개체는 개체의 삶속에 파묻혀 이것도 해보고 저것도 해보며, 그 속에서 뭔가를 이루고, 되려고, 나름대로 최선을 다하며 그것이 전부인양, 거기에 모든 정열을 다 바치는 삶을 살고 있지만

본래는 개체의 삶을 내고들이는 관망자로서 지켜보는 자일 뿐입니다.

본래가 내는 마음작용이 바로 개체의 삶입니다.

본래가 마음을 내지 않으면, 개체와 개체의 삶은 그 순간 다 사라집니다. 그것이 바로 블랙홀이며 소멸입니다. 본래가 점 하나 딱 찍으면, 그것이 화이트홀이고 창조이며 개체의 드러남이고, 개체의 삶이 시작됩니다.

결국 거시적인 관점으로 보면 개체와 개체의 삶이란 모두 다 본래가 짓는 마음작용에 불과하다 이 말입니다. 이것을 미시적인 관점으로 개체의 입장에서 보십시다. 개체가 마음으로는 무엇을 못 합니까? 여러분 자신의 마음으로 그 무엇인들 못하겠습니까. 비록 상상이라 하지만 세계 제1의 갑부도 될 수 있고, 세계의 왕도 될 수 있으며, 무엇이든 다 될 수 있습니다.

마음으로는 충분히 가능하나, 개체 스스로서는 그렇게 될 수가 없습니다. 없는 게 아니라 불가능한 일이지요. 이것이 개체의 한계입니다. 그와 반면에 본래는 될 수 있습니다.

〈이 양반 농담도 지나치지 어떻게 그것이 가능한 일이냐?〉

그래서 개체라고 합니다. 개체이기 때문에 개체의 사고방식으로는 말씀하신 데로, 도저히 불가능한 일이라고, 농담이라고 말을 합니다.

거기에 대한 제 답변은

'본래가 돼보십시오. 그러면 충분히 가능한 일입니다'라고. 이것은 3차원적인 사고방식으로 4차원을 이해 못하는 것과도 같습니다. 3차원 사고방식으로 어떻게 4차원 사고방식을 이해할 수 있습니까. 그러나 4차원은 3차원을 충분히 이해할 수 있습니다. 너무 허무맹랑하다고 말씀하실 진 모르지만 그것도 개체 마음입니다.

사람들은 육근과 육식에 의한 것만 감지하고 믿으려 합니다. 그것은 태어날 때부터 이미 거기에 익숙해져 있기 때문입니다. 한마디로 습관화 되어 버린 것이지요. 육근과 육식을 벗어난, 사람의 의식이 아무리 넓어 보았자 개체의식에 준합니다.

사람들이 말하는 제일 크고, 제일 넓고, 무한대라고 하는 이 우주도, 하나의 '상'으로서 개체에 불과합니다. 우주에서 보면 보이지도 않는 지구상의 사람들이 현재까지 우주에 가 본 곳이라곤 오직 달밖에 없습니다. 비록 가 보지는 않았지만 알고 있는 사실로서는 태양계의 행성정도, 좀 더 나아가 은하계의 은하수, 거기서 좀 더 나아가 소 우주, 더 나아가 대우주 정도입니다.

이 역시도 개체인 사람이 내는 것이고, 개체가 내는 '상'이므로 이것도 다 개체입니다. 대우주보다도 더 큰, 혹은 지구상의 사람들 말고도, 몇 백배, 몇 천배 더 발달한 지능을 갖춘 우주인의 이야기, 비록 개체의 입장에서는 상상으로 가정해보지만 저는 충분히 가능하다고 봅니다.

그 이유는 우주에서도 아주 조그만 태양계의 행성인 우리 지구상에도, 오대양 육대주가 있고, 생김새, 생활습관이 다 다른 민족이 공존 하듯이 우주를 벗어난 행성에도 본래의 측면에서는 충분히 가능한 것이지요.

4차원이 아닌 5차원, 6차원 더 나아가 10차원, 그 이상인 사고방식을 갖고 있을 수도 충분히 있다고 봅니다. 한계를 벗어나면 무한 그 자체 아닙니까.

본래 그 자체는 무한 그자체입니다.

무한에 끝이 어디 있고, 걸림이 어디 있으며, 시작이 어디 있고, 각, 면, 질, 방향이 어디 있습니까. 본래의 마음이 그러합니다. 본래가 내면 시작이고, 본래가 거두면 끝이 됩니다.

그럼 그 본래가 누구입니까.

사람이라면 사람이고, 신이라면 신이고, ○아무개라고 하면 ○아무개입니다. 결국 돌고 돌아 와보니 바로 나입니다.

이 나는 개체인 나가 절대로 아닙니다.

개체를 내고들이는 본래인 나입니다. 지금 현재는 개체의 형체로 살고 있는 나이지만 그것도 본래가 낸 나입니다. 여기서 참으로 중요한 또 한 가지를 깨칩니다. 그것은 바로,

본래가 개체를 내서, 개체의 삶을 잘 살고, 잘 놀다가 다시 본래에 드는 이 모든 것을 다 아는 것이 바로 **깨달음에 본질**입니다.

즉 깨닫는 것은 쉽게 말해 내가 누구임을 아는 것인데, 알고 보니, 본래가 개체를 통해 이 삶에서 한바탕 잘 놀다가 다시 본래에 임하는 그것임을 알겠더라 이것입니다. 깨달음 속에 깨달음의 본질이 들어있다는 말이 되겠지요.

결국 내가 누구임을 알려고 깨달음에 임했다가 내가 본래임을 알면서 더 나아가 이 삶까지도 알게 되었다 이 말입니다. 깨달음 속에서 깨달음에 본질까지도 깨닫게 된 것이라는 말입니다.

그렇게 보면, 이 삶은 개체의 삶인 동시에 본래의 놀이 동산인 셈이 됩니다. 이것을 거시적인 관점으로 보면, 본래는 지구라는 놀이동산 이외에도, 수많은 놀이동산을 각처에 갖고 있을 수도 있고, 창조도 합니다.

이번에는(이 삶에서는)지구놀이동산에서 놀았으니, 다음에는 어떤 놀이동산에서 놀 것인지는 본래만이 아는 내는 본래의 권한입니다. 그 본래의 권한을 바로 여러분 각자 스스로가 낼 수 있다는 것입니다.

본래가 여러분 각자이기 때문이지요.

그 정도의 의식이 되어야지, 의식이라 할 수 있는 것 아닙니까? **이렇게 되려면 본래에 들어야 합니다.** 본래에 들어보아야지 다음 놀이동산도 내고, 들이고 마음대로 하지요. 그래서 깨달으라는 것입니다.

개체는 들숨과 날숨으로 삶을 영위하지만
본래는 창조와 소멸로서 자신을 드러냅니다.
창조가 의식이고 소멸이 무의식입니다.

내적인 종교에서는 무명이 어느 날 갑자기 홀연히 생긴다 말들 하는데, 그것은 잠깐의 순수의식상태에서 나라고 하는 한계가 지어지면서 분별 심이 생기는 그 사이를,그렇게 표현한 것이라 저는 보고 있습니다.

그것을 내적인 종교에서는 '찰나'라고도 하지요.

아무리 좋은 조건을 다 갖춘다 해도 이 지구상에서의 태어남은 결국 무명에 다 빠지게 되어있습니다. 삶 자체가 무명이라 해도 과언이 아닙니다.

창조된 모든 것들은 변화를 하게 되어있고 언젠가는 소멸하게 되어있습니다. 생의 원인이 노병사의 결과입니다. 생이 곧 창조이고, 창조는 개체의 발현입니다. 무명이 어느 날 갑자기 홀연히 생긴 게 아니라, 개체의 발현에 의해서 스스로 씌워지는 것입니다. 외적인 종교의 원죄와 같은 맥락입니다.

그 근본적인 큰 문제를 해결하기 위해서는 어떻게 해야만 합니까? 다른 방법이 없습니다. 개체에서 벗어나는 방법 이외에는 그 해결 방법이 없습니다.

몇 몇 깨달은 각자들의 말씀을 빌리면, 중생구제를 위해서, 육신의 옷을 벗은 다음에도 다시 현생에 태어난다 말씀하시는데, 현 생에 다시 오게 되면, 오는 그 순간부터 상대를 구제하는 게 아니라, 본인 스스로부터 다시 깨달아야 합니다.

완전하게 온다 해도, 이 책의 제목과 서두에서 말씀 드렸던 인간개체의 삶에 다시 세뇌 될 수밖에 없습니다.

그래서 부처님이나 예수님도 오셔서, 손수 깨치시고, 스스로를 바쳐서 완전함 그 자체가 되신 분들입니다.

현 삶에서 깨달아, 완전 그 자체로서 거듭나, 대 자유인으로서 무한한 가능성을 유감없이 펼치고 접는 본래로서 관망도 하고 즐기기도 하면서 이번에는 대우주를 벗어나, 신세계에 새로운 에덴동산도 만들어 보십시오.

부처님 손바닥보다도 작은 태양계의 지구상에서 니가 옳다, 내가 옳다, 서로 주장 해본들, 점하나 딱 찍는 것에 불과합니다.

한마디 덧붙인다면,

인간은 속된 표현으로 제일 밑바닥인 분자구조로 되어있습니다. 물질분자 세상에 살고 있는 물질로 된 최하위의 존재입니다. 최하위인 물질분자는 형체도 복잡하고 제약이 많이 따르는 아주 저차원의 복잡한 분자 구조로 되어 있습니다. 그래서 삶이 더 복잡하고 힘들며 어려운 것인지도 모르지요.

우리가 영화에서 보는 ET 보다도 솔직히 더 못한 존재라면,

여러분은 어떻겠습니까. 영화에서의 그 상황대로 본다면, 영화에 나오는 ET는 분자구조가 아주 간단하면서도 과학은 엄청나게 발달되어있지요. 그런데 지구상에 살고 있는 인간들은 어떻습니까? 이것이 우리들 인간입니다. 이후의 상상은 각자 스스로가 알아서 생각하십시오.

독자 여러분들!

이제 깨달음에 대한 정의를 한번 내려 볼까 합니다.

주 핵심은 위에서 말씀드린,

〈모든 것은 다 마음먹기 나름이다〉 입니다.

깨달음이 무엇인가?

지금까지의 답변으로는 '내가 무엇임을 아는 것'. 이 답변은, 깨달음의 개념적인 순수한 정답인 것이고, 좀 더 풀어서 논리적으로 답변을 한다면,

'존재의 중심이동'이다, 라고 저는 답변 드리고 싶습니다.

맨 앞 용어 정리 서두에 잠깐 말씀드린,

의식전환이 바로 이것을 두고 하는 말이었습니다.

깨닫고 난 이후의 보림, 자각 활동이라 볼 수 있지요.

이 책의 내용으로 보면, 존재의 중심이 인간 개체로부터 시작됩니다. 인간 개체가 한계와 분별 심을 갖게 되었고, 그것이 무명과 원죄의 뿌리가 되면서 또한 삶 속에서 세뇌될 대로 세뇌 되, 윤회의 깊은 수렁에 빠져 깨닫지 못하면, 전생이니 현생이니 후생이니를 전전하게 됩니다.

개체의 삶은 오로지 자기 자신밖에 모르는 욕망과 집착 속에서 상대와 끝없는 경쟁에 휘말리는 삶이지만 깨달음과 동시 존재의 중심이 본래에 있으면, 모든 것이 다 달라지 게 됩니다.

본래 그 자리에 지금까지 제가 말씀드린, 한계와 분별 심이 어디 있고, 무명과 원죄가 어디 있으며, 윤회가 어디 있고, 전생이니 현생이니 후생의 삶이 어디 있습니까.

생, 노, 병, 사가 있습니까.

더 나아가 운, 운명, 숙명, 업이 있습니까.

자기라고 하는 욕망과 집착 또한 없습니다. 결국 개체의 모든 의문의심은 인간 개체의 삶속에 빠져있기 때문에 비롯된 것들이지,

사실은 모든 의문의심이란 원래는 없는 것입니다.

그렇다면 이 모든 것들이 다 없는 것인가.

인간 개체들이 말하는 있고 없고를 벗어나, 그것을 내지 않

을 뿐입니다. 이점을 참으로 진실로 아셔야 합니다. 내면 있는 것이고, 안내면 없는 것입니다.

마음이기 때문에 가능한 일이지요.

마치 이 글 맨 앞장에서 예를 든,

벚꽃나무에서 존재의 중심이 하나하나의 벚꽃에 있는 것과

존재의 중심이 한 그루의 벚꽃나무 그 자체에 있는 것과의 차이와 같습니다.

이것이 깨달음에 대한 제 개인적인 최종결론입니다.

이것 역시도 본인 스스로가 깨달음으로서 아는 되는 사실임을 명심하십시오. 이렇게 보니까,

결국 본인이 다 만들고 그 안에 빠져서 별짓거리를 다하다 정신 차리고 보니까,

본래인 내가 꾸는 꿈이더라 이것입니다.

꿈도 지독한 악몽이며 너무나도 리얼하여 거기에 다 빠져 헤맵니다.

이것이 인간 모두의 삶입니다.

끝맺음

우선 독자님들께 진심으로 감사드립니다.

그리고 끝까지 읽어주셔서 고맙습니다.

그러면서도 너무 죄송스럽습니다.

공연히 또 하나의 짐을 짊어드리게 해 드린 점, 사실 지금까지 제가 말씀드린 모든 내용들은 내 관점에서 비롯된 내 개념이고, 내 생각이며, 내 이야기일 뿐입니다. 내 깨달음 역시도 나만의 결론적인 해석에 준 한 것이지, 반드시 그렇다는 것은 독자님들의 판단에 맡길 뿐입니다.

모든 사람들은 이미 다 완전한 그 자체입니다.

완전한 그 자체가 존재의 중심을 잠시 인간 개체에 두다보니, 본래를 망각하고, 개체가 본래인양 삶에 푹 빠져 있었던 것입니다. 비록 개체에 푹 빠져있지만

그래도 본래 그 자체는 의식적 무의식적으로,

인간 개체를 본래의 자리로 매 순간 인도하고 있습니다.

현 삶에서 아무리 어렵고 힘들어도 그때그때를 무사히 넘기고, 얼마간의 시간이 흐르고 나면, 다 흘러간 추억거리에 지나지 않습니다.

제가 여러분들에게 죄송하다는 것은 이런 짓거리를 굳이 안 하고, 그냥 내 버려두어도, 언젠가는 여러분 스스로가 다 본래에 무사히, 안착해서 들어가게 되어있는 것을 공연히 성급히 들쑤셔놓아, 마음만 너 산란하게 만들어 놓았다는 것에 대한 말씀입니다.

(단지 그 언젠가는의 그날이 말 그대로 언제일진 모르지만) 깨달음이네, 수행이네, 본래네, 전체네, 개체네 등을 내세워서, 열심히 최선을 다해서 즐겁게 살아가고 있는 여러분들을 공연히 충동질했다 이것입니다. 이점 여러분들에게 진정으로 사죄드리고, 이 삶의 모든 것들에 주인은 바로 여러분 스스로임은 반드시 잊지 말아주십시오. 창조의 주역이 바로 당신입니다. 당신이 어떤 창조를 하느냐에 따라, 당신의 삶이 결정지어 지는 것입니다.

현 삶에서 잘사는 것도 당신이 창조하는 것이고, 못사는 것도 당신이 창조하는 것이며, 성공하는 것도, 실패하는 것도, 잘난 것도, 못난 것도, 좋고, 나쁘고도, 태어나는 모든 조건 또한, 거시적 관점으로, 어제 게으른 자는 오늘 게으른 자로 나타납니다. 이 역시도 당신이 창조하는 것입니다. 이와 같이 당신에게서 일어나는 모든 것들은 다 당신이 창조했습니다.

심지어는 이 삶 역시도 당신이 창조했고, 더 나아가 이 우주 역시도 당신이 창조하질 않았습니까. 당신이 우주까지도 창조했다고 하니까, 의아해 하시겠지만 당신이 창조했다는 것은 곧 당신이 있다는 것입니다.

즉 당신이 있어 모든 것들이 다 있다는 내용과 같습니다.

'내가 있어 있다' 참으로 중요한 말입니다. 모든 사람들은 자기 스스로의 창조대로 삶을 잘 살아가고 있습니다. 명상용어로는 '다 지꼴(모양)대로 꼴 갑을 떨면서 산다'고들 하는데 다 자신이 창조한데로 그대로 산다는 뜻입니다.

또 한 가지 중요한 사실은 삶의 모든 것에는 옳고 그름이란 원래부터 없는 것입니다. 각자 스스로가 갖고 있는 자기만의 잣대가 있어, 그 잣대에 부합되면 옳은 것이고, 부합되지 않으면 그르다는 자기만의 평가만 있을 뿐 입니다.

특히 종교단체나 명상수행단체 등에서 부르짖는 자기들만의 법상들, 참으로 깊이 생각해볼 문제입니다. 자기가 믿는 종교만이 정통이고, 상대가 믿는 종교는 사이비에 이단으로 전락시키는 그자! 또한 바로 자기 자신입니다.

명상수련·수행단체들의 수장들 대다수가 자신의 깨달음과 수행법만이 정도이고, 올바르며, 가장 빠른 수행인 동시, 이렇게 하지 않고서는 도저히 깨칠 수가 없다는 관념이 초심자에게 또 하나의 방황을 부추기는 결과를 가져옵니다.

진리에 정답과 오답이 어디 있습니까.

문제를 낸 그분의 기준 아닙니까.

그 기준이라는 것은 그분의 창조 능력입니다. 왜 자기의 창조능력에 상대가 들어와서, 거기에 맞춰지기를 바라고, 거기에 맞으면, 정답이라 인가를 내주고, 안 맞으면, 오답이라 재수행을 하라고 하는 것은 어찌 보면, 그 사람을 더 힘들고, 어렵게 만든다는 것을 왜 모르시는지요. 인가라는 것도 깨달은 자기만의 틀이고, 자기만의 공부 기준 아닙니까.

꼭 그 틀을 넘고, 기준에 도달해야지 깨달아 완전한 그 자체가 되는 것입니까? '공부는 꼭 그렇게 해야 한다, 그것이 안 되면 안 된다' 이런 논리가 누구의 논리입니까. 인간 개체들 삶에서의 그들 스스로 만든 논리인 것이지, 본래의 자리에 이런 논리가 어디 있습니까?

제발 '해야 한다, 안 된다'의 한계를 만들지 마십시다.

본래의 자리에 「0+1=1」이 정답이고, '0+1=0'은 오답입니까?

이런 논리는 개체들의 삶에서 자기들만의 정해진 논리입니다. 본래의 자리에서 보면, '0+1=0'도 될 수 있고, 「0+1=1」도 될 수 있으며, 또한 둘 다 안 될 수도 있습니다.

한마디로, 딱 정해진 한계가 없는 아니 없으면서도 있을 수도 있는 한계를 지어 낼 수 도 있는 게 또한 본래입니다 한마디로 내기 나름입니다. 여기서 낸다는 것은 창조입니다. 창조는 내가 내고 싶은 대로 낼 수 있습니다. 그 창조의 능력이 바로 나에게 있다는 것이지요.

그렇다고 내가 본래 누구임을 안자가 창조의 능력으로, 개체들이 말하는 마구니나 악마 같은 것을 창조할리는 더더욱 없을 것이고, 진정으로 바라건데,

개체 삶의 모든 방식을 본래에다가 개입시키지는 정말 말아주십시오.

개체의 삶도 본래에서 다 나왔습니다.

본래에서 나왔다고 다 맞는 것은 또한 틀린 것은 아닙니다. 본래마음자리엔 맞고 틀리고가 없지 않습니까. 맞고 틀리고의 분별 심은 인간 개체만이 하는 것입니다.

우리는 본래, 한계가 없는 대 자유인으로서 그 어디에도 걸림이 없는 창조의 무한한 주체자입니다. 비록 지금 현재는 개체에 안주해 있지만 자신의 깨달음과 수행법만이 최고라는 그것부터 내려놓음이 인간 개체가할 일이라 봅니다.

「0+1=마음」입니다.

'개체가 사라져야 하나님과 부처님 신이 활짝 드러납니다'

이것은 한계가 아니라 순리입니다.

「0+1=마음」 이것 역시도 순리입니다.

이점을 정말로 알아주셨으면 합니다.

책 내용 중에 한계와 분별 심을 가장 경계의 대상으로 삼으라,

입이 마르도록 외치면서 한편으론 온갖 한계와 분별 심으로 갈라놓고 분리해서 설명을 드린 점 이 자리에서 다시 한번 진심으로 사죄드립니다.

많이 헤매셨지요? 아니 속된 표현으로 많이 헷갈렸지요?

특히 전체니, 개체니, 전체마음이니, 개체마음이니에서

사실은 모두다 하나입니다.

이 하나가 참 진리입니다.

단지 여러분들의 이해를 최대한 도모하기 위해

방편으로 나누어 놓은 것에 불과했을 뿐입니다.

그렇다고 지금까지의 모든 비밀의 말씀을 다 알려주고 또한 알았다고 해서 앎으로만 끝내지 마시고,

스스로 깨달아서 본래 그 자체로 거듭나지 않으면 이 책의 모든 내용도 한갓 무용지물이 된다는 것을 마지막으로 분명히 말씀 드립니다.

이 책을 마무리 지으면서 결론을 내려야 할 게 있지요?

죽으면 어떻게 되나? 사후가 정말 있는 것인가?

나는 누구이고?

어디서 와서, 어디로 가며?

삶을 살아가는 그 목적이 무엇인가?

신이 있는가?

운, 운명, 숙명, 업이 있고 실제로 거기에 영향을 받는 것인가?

등의 많은 물음표? 그 답이 무엇이겠습니까?

여기까지 오셨으면 어느 정도 감은 잡았으리라 봅니다.

위 물음표의 답을 각자 정해보는 마지막 명상을 해봅시다.

마지막 명상

이 책을 끝내면서 마음을 가다듬고 편안함으로 모든 것을 정리하는 명상을 해보십시다.

이 책의 내용을 전체적으로 다시 한번 떠 올리시면서 나는 무엇인가.

삶이 무엇인가.

이 모든 것이 다 마음임을 진정으로 스스로 깨쳤습니까.

마음 그 자체가 참으로 되었습니까.

본래마음자리에 스스로 들 수 있습니까.

아니면 그 답을 그냥 알고만 있는 것은 아닌지.

이 모든 비밀은 오직 나만이 알고 있는 내 깨달음의 척도로 보시면 됩니다.

(명상 시작)

(명상 끝)

어떻게 답이 다 나왔습니까?

답이 무엇입니까?

위 의문들의 최고의 정답은?

〈당신이 생각하는 그것!〉

바로 이것이 최고의 정답입니다.

모든 것이 다 당신이 생각하는 그것 그 자체가 되는 것입니다.

수고 많으셨습니다.

지루하시지나 않으셨는지요?

아무쪼록 꼭 이루길 진심으로 바라면서 수련원에 입문하실 때나, 기타 궁금한 점이 있으면 하시라도 연락주세요. 조언 정도는 해 드릴 수 있습니다.

끝까지 탐독해 주셔서 너무나도 감사드리고, 이 책을 사랑해 주십시오. 저를 이 자리까지 인도해 주신 제 스승님께 지면으로나마 큰 3배 올립니다.

존경하고(), 감사드리며(), 사랑합니다().

마지막으로 제 개인적인 순수한 견해를 간단하게 밝히고자 합니다.

[제 개인적인 견해]

이제 제 스스로의 견해를 사심 없이 말씀드리고자 합니다.

이건 어디까지나 위 본문의 내용과는 무관한 제 개인적인 견해입니다. 제가 본격적인 깨달음과 인연을 맺은 지 근 20년이 됩니다. 물론 깨달음에 관심을 가진 것으로 치면 50년 가까이 된 것 같습니다.

제가 말씀드리려는 견해는 제 개인적인 취향과 성격 등에 준해서 선호하는 것을 말씀드리는 것입니다.

옳고 그름을 나누기위해서, 하는 것이 아님을 분명하게 알아주시길 바랍니다.

나름 깨달아 보겠다고 이런 저런 수련·수행도 많이 해본 사람으로서 그간에 가장 크게 와 닿는 부분이 있었다면 몸으로 하는 행입니다. 의외로 내적인 종교보다는 외적인 종교에서 깨어난 분들이 많이 양산되고 있는 현 실정입니다.

이 공부를 하면서 참으로 의아함을 느끼는 것이지만 외적인 종교는 법이나 어느 정해진 수련의 방법이 없이 간단하게, 몸으로 행위하는 그것이 전부라 해도 과언이 아닙니다.

제가 왜 이런 말씀을 드리느냐 하면, 비록 마음에서 몸이 나왔지만 몸으로 하는 모든 행위들이 마음을 쉽게 변화시키는 큰 역할을 하고 있다는 사실입니다. 마음공부에서는 참으로 중요한 사항이라 말씀드리는 것이지요.

죽이고 버리는 수련법이 비록 마음으로 하는 것이지만 몸을 상대로 하는 것이므로 아주 빠른 결과를 보는 것도 바로 여기에 있는 것입니다.

수련을 하다보면 어쩔 땐 진짜 죽어버릴까 하는 생각으로, 몸을 마구 다룰 때가 있습니다. 운동장을 숨이 넘어갈 정도로 달려본다든지, 그러면 의외로 마음에 안정감이 들면서 몸은 힘들어도, 의식은 맑아지는 경우가 종종 있습니다.

그 이외에도, 삶에서 잡생각, 망념망상 등이 많이 나오는 경우를 보면, 몸이 편했을 때 그런 것들이 많이 나오는 만큼, 적당한 움직임, 일, 활동, 운동이 마음을 건전하게 하는 방법임을 알아두시면 아주 좋습니다.

수련 중에도 그런 잡다한 생각들이 들면 참지마시고, 나오셔서 몸을 강하게 움직여 주는 것도, 다음공부에 많은 도움을 준다는 것 알아두세요.

어린아이들이 낮에 몸을 많이 쓰는 놀이를 한 그날 밤에는 잠을 아주 잘 자는 것도 바로 그 원리입니다. 몸이라는 것이 보배같이 아끼고 보호만 하면 마음까지도 지장을 초래해서 게을러지고 나태 해지는 아주 악순환을 가져옵니다. 이런 마음을 정화시키는 가장 좋은 방법이 바로 몸을 쓰는 것입니다. 위에서 말한 운동뿐만이 아니라 고된 일을 하는 것도 좋습니다.

초견성을 이루고 나서 되는 공부인 견성은 어떻게 되느냐.

의문과 반문 혹은 기다림도 있을 것입니다. 이 자리에서 분명하게 제 소신껏 말씀드리는데,

나 없음의 자리를 참으로 제대로 올바르게 증득하셨다면, 더 이상의 수련은 필요 없이

이제부터 본격적인 수행공부를 하시라고 권해 드립니다.

수행공부는 말 그대로 몸으로 행위를 하는 공부입니다.

그 대표적인 사례가 봉사활동이지요. 어떤 봉사가 되었든 몸으로 하는 봉사는 이것저것 가릴 필요 없이 무조건 그냥 다 하시면 됩니다.

나 없음의 상태에서 하는 모든 행위가 여러분들을 진정한 견성으로 이끌어 주고 있음을 저는 확신합니다.

보는 놈을 보는 자! 주시자 관법! 존재의 중심이동! 심안! '하나' NOW! 법신(본성) 보신(한마음) 화신(우주의식)의 삼위일체! 절대긍정!

이런 것들이 견성에서 하는 것인데, 몸의 행위를 중점적으로 하면서 동시에 꾸준한 자각을 동반하면 됩니다.

여러분들이 이 삶에서 최종적으로 해야 할 일이 거듭난, 부활한 이 몸을 힘들고 어려워하는 사람들을 위해 다 바치는 일입니다. 결코 그 어느 조건이 붙지 않는 자활봉사만이 진정한 우리들이 해야 할 마지막 일입니다.

개인적인 봉사활동은 제약이 많이 따르고, 구하기도 힘들고 해서 차후 여러분들의 의견을 모아 결정지을까 하오니, 많은 동참 부탁드리며, 모임이 형성되어 봉사활동 행위 중에 중간중간 견성의 중요한 부분은 설명으로 대체하려 합니다.

(충분히 가능하고 또한 그렇게 해야 견성을 빨리 이룹니다)

이것이 진정한 살아있는 견성 공부입니다.

대전에서

바위 일심화 올림

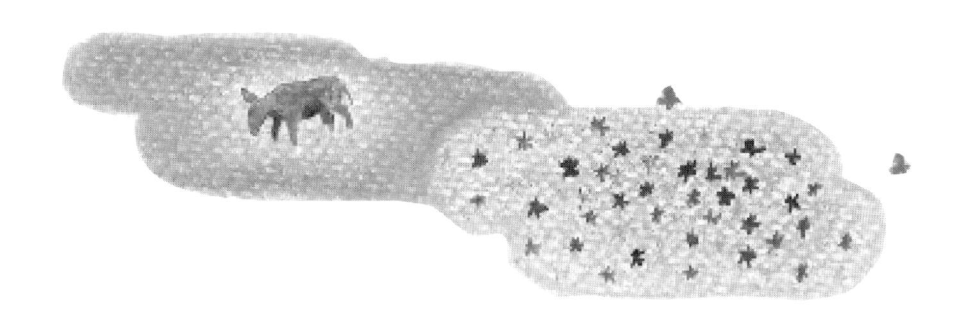

세뇌

박병용 지음

발 행 처 · 도서출판 청어
발 행 인 · 이영철
영 업 · 이동호
홍 보 · 천성래
기 획 · 남기환
편 집 · 방세화
디 자 인 · 이수빈 | 김영은
제작이사 · 공병한
인 쇄 · 두리터

등 록 · 1999년 5월 3일
(제321-3210000251001999000063호)

1판 1쇄 발행 · 2020년 5월 20일

주 소 · 서울특별시 서초구 남부순환로 364길 8-15 동일빌딩 2층
대표전화 · 02-586-0477
팩시밀리 · 0303-0942-0478

홈페이지 · www.chungeobook.com
E-mail · ppi20@hanmail.net
I S B N · 979-11-5860-847-7(03190)

이 도서의 국립중앙도서관 출판시도서목록(CIP)은 서지정보유통지원시스템 홈페이지(http://seoji.nl.go.kr)와 국가자료공동목록시스템(http://www.nl.go.kr/kolisnet)에서 이용하실 수 있습니다.(CIP제어번호: CIP2020016490)